拒絕遊牧

——流浪教師的修辭策略

廖惠珠　著

序

　　師資班畢業後正處於茫然失措時，一次與同學的聚會中，幸運地獲知母校臺東大學要開辦暑期班語文教育研究所，彷彿黑暗中見一曙光，有了新的努力方向，教檢考完後便立刻和同學一起加入報考的行列，再次幸運地一舉中的順利進入研究所就讀，進入更高的學術殿堂，開始學習的另一旅程。琪玉，謝謝你帶給我這麼寶貴的訊息，才有今日這般成就的我。

　　整份論文能催生首要感謝是指導教授周慶華，感謝您當初有愛心，願意接收資質平庸的我；感謝您過程中除了為我的論文煩心，還要為我的前程擔心；感謝您這麼地看重我，讓我對未來充滿更多的自信；更感謝您憂心我沒錢可花，願意自掏腰包投資這前途堪慮的我。

　　唸書過程滋味是苦澀的，感謝家人不但沒有給予我壓力還鼎力支持，才能由苦轉甘、甜蜜在心。同時要感謝的是一路相挺、默默支持的師資班戰友，在我為報告打拼、徹夜未眠的同時，在網路線上的另一端陪我共同熬夜找尋資料；在我為論文苦惱不知如何著手的同時，提供許多意見。麗琪，交到你這個摯友真是我的福氣。開心地回顧三年來的暑假，慶幸有個師資班好友佩佩一同努力，讓生活不覺苦悶；幸運地和研究所同學結識，意爭、淑芬、璧玉、明玉、靜文、秀芳、玉滿、麗娜、湘屏，相處和樂地像一家人，寫論文之餘偶爾和教授一同聚餐、出遊，簡直是個神仙家族，原來寫論文也可以如此自在愜意。

最後要感謝我的論文口考教授簡光明老師以及簡齊儒老師，謝謝你們為我割捨難得的假期，百忙之餘還要熬夜看論文、找錯誤，口考時提供許多寶貴的建議，讓我再一次看清自己的疏失以及有待改進的地方，讓這份論文更顯完善。

我國師資培育政策的重大轉變影響甚鉅，目前僧多粥少的情況下，國中、小教師甄試的錄取率不斷創新低，領有合格教師證的儲備教師們，必須年年轉戰、四處巡迴教學而居無定所，實足以稱之為「流浪教師」。這樣特殊的社會情況，是危機或是轉機；這種特有的角色，只能順應潮流還是應該掌控時勢；這般特別的微妙關係，更激發出流浪教師面對問題時該有的智慧。處於後現代與網路時代的情境中，語言的表達與傳達更趨於多元、多變，巧用修辭方式能讓語言的溝通增添畫龍點睛的效果，善用全方位考量、整體性搭配的修辭策略，可扭轉乾坤為人際關係帶來豐碩的效益。一般大學教育學程、學士後職前教育學分班所培育的合格教師，兼具有教育及其他專業的雙重知識背景，甚至擁有社會實務經歷，但面對茫然未知的前景，身陷舉步維艱的泥濘，如何找出因應策略與自處的方法，卻是當下應迫切思考的問題。思考有何自我優勢、探究如何激發自我潛能、積極組織最佳的修辭策略、以及挖掘新時代當中的利基（niche）；讓自己無論欲堅持教職之路、想另遷其他職場就業、或是開創自己事業天空，諸如補習業、產品行銷、金融保險、企業講師培訓、大眾傳播業、學術仲介、廣告文案及說故事等行業，舉凡電視購物、線上互動式教學、網路商品行銷等數位科技產業，抑或遠赴偏遠地區說故事、無償性質的解說員等公益活動等，皆能化危機為轉機並掌握時代的脈動，走往安定的康莊大道，從此拒絕遊牧，不再繼續流浪。

目　次

圖　次

表　次

第一章　緒論

第一節　研究動機與問題

耳邊輕輕傳來一首歌，一首很快就觸動我心弦的歌，心中情感立刻隨之波動起來，歌曲中這樣描述著：

幸福的路　　　　　劉若英演唱

這裡我不會留太久，早就想好，要走的路，

全心付出，不怕苦，去找幸福，我看見在不遠處；

一路慶幸貴人幫助，一路也有人勸退出，

託你的福，我不哭，不怕辛苦，眼淚於事無助，

自己走這一段路；

如果我孤獨，別只為我哭，給我你一句祝福，

這一條路，是未知數，沒有人擁有地圖，

我明白現在自己身在何處，

我很在乎走這條路，有天能找到幸福，

臉上每個表情都可以回顧，

都有我的故事，我會找到幸福，等哪天為我歡呼。

這是劉若英《聽說》專輯當中的那首〈幸福的路〉，於 2004 年 10 月推出。2005 年 6 月 12 日引發「教師，不要流浪」的新聞事件，報導一群經由網路上結合的實習老師所組成的「拯救國教大聯盟」，發

起數萬人大遊行，以抗議政府漠視師培政策不當造成的惡果，讓絕大多數的準教師變成沒有學校可任教的流浪教師（王以仁，2005）；對具備為人師表資格的準教師們而言，其實要跨出這一步真的不容易，但是人才難出頭，只好逼得教師上街頭；再輔以〈幸福的路〉做為襯托的背景音樂，更是讓人引發共鳴且增添幾分無奈。那年，我剛從國立臺東大學的「學士後國民小學教師職前學分班」也就是所謂的「國小師資班」修畢，取得學分證明書；接續下來半年的實習時光、通過國小教師檢定、取得國民小學教師證書、成為合格教師後，正式踏上流浪的旅程，期盼躋身於國小教師的行列。

多數人皆因懷抱著教育熱忱與夢想，奮而走進教職這條路，若能順利取得一份固定收入的工作，就等於擁有一個安穩的生活。對剛畢業的莘莘學子而言，未來的前途不會渺茫、徬徨；就一對甜蜜情侶而言，感情的基石不用擔憂崩塌陷落；就一對恩愛夫妻而言，婚姻的維繫不怕破碎斷裂。因此，縱使夢醒時分正視的是現實社會的殘酷無情，面對的是令人無助、時不我與的感慨，仍舊告訴自己不會流浪太久，且早已想好要走的路，既然已踏入就會全力以赴不輕言放棄，就算此行孤獨艱苦一個人走也不輕言哭泣；儘管眾人對此前景不看好或是覺得這想法太傻，只要有人在背後支持與鼓勵就感到慶幸而動力加倍；雖然「何時能到」是個未知數，雖然沒有地圖可指引「如何到達」的捷徑，但是心裏對教職之路嚮往的熱度可是從未冷卻，畢竟這是自己真的在乎、真的想走的路；至少已知的是去「做」就對了，因為「做」雖不能保證會成功，但可保證的是「不做」一定無法看見成功。當時心中的感受難以言喻，〈幸福的路〉已為我做了最好的詮釋。

2006 年第一次參與教師甄試的激戰，第一次為自己編擬作戰計劃，秉持最高原則「只要考期不衝突」，不管位於何處、不論名額多

寡、不計付出代價一律都考。看著電視裏播報的新聞事件「金門外島今年成為臺灣考生參加教師甄試的熱門地點，計有八百多人報名，預計錄取 15 名，可說搶破頭，但數百名報考者昨天受到碧利斯颱風影響，無法順利搭機抵達金門，非常著急，四處求救，有人甚至淚灑機場……」（李木隆、戴安瑋，2006）；「中部地區昨天約有百名考生與家長，原本要赴金門參加國小及幼稚園教師甄試，沒想到金門機場天候不佳，飛機無法正常起降，班機不能從清泉崗機場起飛，氣得在機場抗議，有人還當場還急得流下眼淚來，……」（苗君平，2006）；「金門縣政府昨天舉行國小及幼稚園教師甄選考試，南部考生昨天清晨到高雄小港機場準備搭飛機趕考，因立榮及復興航空公司調度不出加班機，無法讓考生優先登機，約 10 名考生被迫放棄應考……考生大歎說：『可惜一年來的努力，就化為烏有』、『很難過，一年就等這麼一次』、『沒想到連應考的機會都沒有』……」（藍凱誠，2006），當時的酸楚一一浮現腦海，幸運的是那 10 名被迫放棄的考生中沒有我，可喜的是所搭乘的班機正常起飛，可賀的是順利平安降落金門尚義機場，可悲的是考試結果早在預料中。那天在飛行的途中突然遇上亂流，心情急轉直下擔憂不已，到達時又因起霧的關係，飛機在金門上空中多盤旋了十分鐘才能降落，從天空中鳥瞰料羅灣，迷霧矇矓的美景，似乎在對我暗示著遠方看不清、未來看不清，「看清」這首歌此時浮上心頭繚繞著：

　　　　　　　　看清　　　　　　　　輕鬆玩樂團演唱

　　我媽媽說我病了，怎麼在眉上有兩個眼睛，
　　隨便跟著流行的步伐，卻怎麼也看不清；

　　我朋友說我病了，而且還病得真的不輕，

　　明明知道他不是你的，卻怎麼也不死心；

　　我想看清，卻越看越不清，

　　我以為我已經到達天堂，卻怎麼還是失望，

　　我想看清，卻越看越傷心，

　　眼淚是種成長後的懲罰，還是珍貴的代價，誰懂我的心；

　　總是有那麼多的關口在等候，因為有那麼多的理由在牽拖，

　　總是有那麼多的希望在寄託，要我不要忘了，自己最初的夢。

原本，就擁有國際貿易及企業管理的背景知識，是在幾經思量、考慮自我優劣情勢、及多面向綜合分析後，才毅然決定轉而投入教職之戰，這無非是想圓多年前早已編織好的美夢，想尋覓能發揮教育熱忱與可盡情講演的舞臺；從一開始的轉換跑道到全心投入、考上師資班的喜悅、通過百分之六十篩選率的教檢、領取到合格教師證的感動，一路上雖無法平步青雲、扶搖直上，卻也能苦盡甘來嘗到努力的果實，以為已經到了心中的天堂，竟只差臨門一腳怎麼還是失望，叫人怎甘心輕言放棄最初的夢，仍想握住一絲在手中；但是數次下來的履戰履敗，漫天飛舞的塵沙與臉上的淚珠，不但讓我看不清、更傷心，且自己都快說服不了自己，開始懷疑到最後是否能夠擁有。哭泣，已沒有任何意義。

　　2007 年隨著 1 月份開播的「超級星光大道」而急速竄紅的楊宗緯，所有精彩的演唱以及個人獨特的風格，很快成為眾人的焦點話題，就讀彰化師大四年級的準教師背景立即吸引我的目光。思考著「有捨才有得」的道理，在有所堅持的同時是否也有所捨棄，是否該試著跳脫開來從旁觀看，重新省思、嘗試去走被自己排拒在外

的路，也許能意外覓得通往另一美夢的道路。〈在我們小時候〉經常編織著當老師的美夢，每到八月四日就會對自己說：〈祝我生日快樂〉，同時不忘祈禱美夢的實現，多年後終於等到曙光出現，開始無論晴天還是〈雨天〉都勤勉不倦，只〈因為我相信〉即將與美夢〈明天見〉，已找到一個〈靠岸〉的港口，誰知創新低的錄取率〈讓每個人都心碎〉，榜單就像在對我訴說：〈可惜不是你〉，內心裏已〈哭了〉許多次；這條路要繼續還是早放棄實在叫人〈左右為難〉，看到楊宗緯在另一領域大放異彩，也想鼓足勇氣把〈手放開〉飛翔到更廣闊的天空，這不是〈背叛〉一向堅持的教師夢，而是對未來有了全新的〈領悟〉。（楊宗緯影音部落格，2007）許多老師在講臺上教書時是唱做俱佳的諧星、學生是最忠實的觀眾，如同歌手在演唱時是舞臺上耀眼的一顆明星，只要有真材實料，就會擁有超級粉絲；同理，在人生舞臺上只要有才華、能秀、懂得行銷自己，就算不是明星也會是舞臺上不可或缺的七彩霓紅燈。那麼，做什麼？如何做？強烈的研究動機在我心中正式引爆。

　　流浪教師想要擺脫流浪的命運只有兩種路徑，一是設法考上教師甄試，二則飛到更高處鳥瞰遠方，轉向或是開創其他行業，尋覓另一個夢想的殿堂；也就是說除了垂直式思考之外，該再嘗試加入水平式思考。電視上可口可樂 2007 年 8 月發行的年度廣告歌曲〈暢飲快樂〉，不斷的在持續加溫：

暢飲快樂　　　　　　　南拳媽媽演唱

　　拂曉的曙光，灑落草原上，
　　讓夢想不再只是一個夢想；

　　希望的光芒，滲透了海洋，

　　可口可樂和你一起創造希望；

　　我暢飲快樂，放肆塗鴉屬於我的青春，

　　用心彩繪時間的巨輪，不畏艱困；

　　我鼓動著翅膀，飛到最高鳥瞰遠方，

　　尋覓著夢想中的殿堂，愛滾燙胸腔；

　　我暢飲快樂，放肆塗鴉屬於我的青春，

　　用心彩繪時間的巨輪，不畏艱困；

　　你暢飲快樂，編織傳說中成就的圖騰，

　　用堅持與毅力抵禦寒冷，無所不能。

風行全球一百多年、橫掃全世界近兩百個國家、征服三分之二人類渴望的飲料明星「可口可樂」，最初不過是一位美國的藥劑師約翰潘伯頓（Dr. John S. Pemberton），在自家後院東弄西搞所調配出的「藥水」，（可口可樂臺灣官方網站——關於 Coke，2008）當時他就是不只運用垂直式思考一心鑽研更好的藥水，同時更運用了水平式思考，讓自己跳脫原有的規範，想出「飲料」這一條路線，於是開始了這個美國「飲料」的傳奇。「許多人，平素只採取唯一的思考方法，那是論理的思考和分析的思考——也稱為垂直思考的方法。這種垂直思考法，非常清楚地朝著一定的路線，上上下下，以求前進。」「在一個地方掘下一個洞，在另外一個地方照樣可以掘下一個洞。垂直的思考法是在同一個洞裏往更深的地方去掘，而水平的思考法便是在另外一個地方，設法再掘一個洞看看。換言之，水平思考是離開固定方向的規範，而向別的若干不同的規範去移動探索的。」〔黎波諾（Edward de Bono），1989：8～9〕相同的道理，在垂直思

考的思路之下，如何運用修辭策略使流浪教師能在口試、試教時脫穎而出、取得較大勝算以擺脫遊牧生活？此為研究問題之一；在水平思考的連結、創新之下發展，發展出一套與自我優勢連結、與個人語言風格連結、與社會需求做連結、與內心潛在的創意做連結的完善修辭策略，探討如何運用完善的修辭策略攻佔各個職場？如何運用完善的修辭策略創造個人事業天堂？總之，如何為流浪教師尋找其他出路？此為研究問題之二。至於詳細論述及內容探討都將在第五章、第六章及第七章當中一一呈現。再次提醒自己，相信不畏艱困就可無所不能，學習「可口可樂」一起創造希望，只要〈看清〉自己，就可導航到〈幸福之路〉，不久必定可體驗〈暢飲快樂〉的滋味。

第二節　研究目的與方法

「女為悅己者容」、「士為知己者死」、「人為財死，鳥為食亡」，許多行為的產生背後皆有其目的存在；反之，目的是決定許多行為發生與否的關鍵。還記得曾經一炮而紅的臺灣 e-bay 廣告，唐先生打破蟠龍花瓶篇：

> 這位是唐先生，五年前他意外的打破了太太的蟠龍花瓶，
> 自從那天起，他的生活就變了，
> 他希望在做不完的家事中，努力洗滌自己的罪惡，
> 終於有一天，唐先生上了 e-bay 的網站，
> 竟然找到了一個一模一樣的花瓶，
> 他們一同慶祝生命的新起點，

> 唐先生因為開香檳而打破了第二個蟠龍花瓶，
> 那天晚上唐先生又回到了 e-bay 的網站。

（You Tube──ebay 廣告唐先生，2008）

可憐的唐先生為了不小心打破家中的一個花瓶，從此過著暗無天日的懺悔生活，努力做家事，幫老婆剪趾甲……等，所有行為的目的只在於求得老婆諒解。後來唐先生竟然在 e-bay「找」到一模一樣的花瓶，從此博得老婆的歡心，再度過著甜蜜的生活。仔細想想其實我們在買東西的時候，或多或少都會有「找」這樣的現象，逛街購物也可以想像是「找」東西購物；這家全球最大的網路拍賣公司之一，砸下了大量的廣告費，主要目的無非就是在對消費者發出強烈訊息，也就是 e-bay 幫你「找」到你想要的。幫流浪教師「找」到想要的，這正是本研究目的之一；無論是來自修畢教育學程或是來自修畢師資班的流浪教師，原本就擁有其他領域的專業知識，決定轉換跑道選擇教職這一途徑，無論所投入的精神、情感或是珍貴時光，其價值都是難以衡量、估計，若要再次轉換航線，難免會捨不得放開，既然如此就必須鎖定目標、全力出擊，讓自己成為考場中的「無敵鐵金鋼」。教師甄試雖不致於需過五關、斬六將，卻也是千軍萬馬激戰的場面，就算通過筆試這首要關卡，更重要的決戰賽是在於複試，一旦有機會進入口試、試教戰場時，怎容許一絲一毫的誤差或失算，怎忍受只差臨門一腳的遺憾；所以企盼藉助本研究的加持，運用語言的修辭策略，能為自己、更為其他有志一同的伙伴們增強戰鬥力，讓自己、更讓其他有志一同的伙伴們榜上有名；望評審在千千萬萬茫茫人海裏，覓得認認真真苦苦培育出的一顆珠；幫流浪教師「找」到想要的，代流浪教師上網拍賣、賤售蒙古包。

　　面對來勢洶洶臺灣 e-bay 的威脅，拍賣網站的龍頭老大 Yahoo 當然不甘示弱，並利用同一支廣告的話題人物唐先生、同樣打破蟠龍花瓶的背景故事，製作「唐先生完整續集篇」的廣告，並且更大量的作宣傳。內容是這樣的，話說唐先生又打破了老婆心愛的花瓶，這次更嚴重被趕出家門流落街頭，到了網咖發現大家都上 Yahoo 拍賣，他也上了這個拍賣網站，結果找到了一卡車一模一樣的蟠龍花瓶；Yahoo 所要強調的是不只能幫你「找到」想要的，而且能幫你「找到更多」想要的。幫流浪教師「找到更多想要的」正是本研究目的之二；有些事若無法「得到」，至少也會「學到」，儘管教師甄試路程遙遠，縱使暫時無緣「得到」教師一職，相信經過甄試的歷練後也「學到」許多；試著靜下來傾聽自己心裏的聲音，也許能將內心想要的聽得清清楚楚；有時觀點的轉換只需一瞬間，也許就提供自己一個新的視覺焦點；經常和自己對話，設法挖掘自我潛能，必定會發現一個全新的自己；不管是因為經濟壓力或是因為個性果斷、自信而想重操舊業；不管是因為發展個人潛在特質而想接受新的其他行業挑戰；不管是因為不捨放棄夢想而想從事相關性質的補教業；或是大膽創新自我突破而想設立新興行業追求成功；冀望能透過本研究後續章節的深入探討、巧用各個向度研擬的完備修辭策略，幫助所有的流浪教師們順利「找到更多想要的」。

　　研究問題既已擬定，研究目的也已確定，再加諸研究方法的搭配，更能顯現「如虎添翼」的成效、達到「旋乾轉坤」的玄妙。恰如「PayEasy」的經典廣告「想盡辦法篇」：

　　　　我愛上了一個女人，她總是不出門，

　　　　為了見她一面，我試過各種方法，

「小姐，送 PIZZA。」「我沒有叫 PIZZA 啊！」

「有人送花給你喔！」「我對花過敏耶！」

「免費的巧克力試吃喔！」「我吃飽了耶！」

我還曾經綁架妹妹的狗，

「要不要收養流浪狗？」「我的貓怕狗耶！」

甚至，獻出我所有的存款，

「恭喜你喔！中了現金十萬元。」「你詐騙集團吧！」

這是第九十九次失敗，也是最後一次，

「請問有訂 PayEasy 嗎？」「有，請上來。」

PayEasy 陪你 Shopping 一輩子。

「咦！我有訂高麗菜嗎？」……

（You Tube──PayEasy 想盡辦法篇，2008）

廣告中的男主角為見女主角一面，想盡辦法做試誤實驗共使用了九十種方法，卻盡告失敗，終於在第一百次實驗成功，找到開啟她的心靈之鑰－PayEasy，足見「找對方法」有多麼重要。在本研究的方法中將運用到現象主義方法、社會學方法、符號學方法、美學方法、心理學方法等數種語文的研究方法。

　　「現象學方法，是解析語文現象或以語文形式存在的事物所內蘊的意識作用的方法。……現象學方法所要施力的意識作用（意向性），就成了所謂的『現象』的意涵。這種現象觀為現象學方法所專屬，而不跟一般所見的現象學混同。一般所見的現象觀約有兩種情況：一種是觀念論的現象觀，它指的是依感覺所呈現的形式（而不論它的本質）而為我們認知的對象；而這跟只能間接認知（推理）的本體相對立。一種是現象主義的現象觀，它指的是『凡是一切出

現者，一切顯示於意識者，無論它的方式如何。』」（周慶華，2004：94～95）本研究的第二章及第三章當中，將藉助現象主義的現象觀此一方法進行研究。第二章將針對流浪教師、儲備教師及修辭定義，利用文獻的探討及彙整做一明確的釋義；為求研究之詳細而對辭格用分類的方式來予以介紹；再以自己意識所及的對象蒐蘿、組織成一套修辭策略；最後盡己之能力求完善，選擇性的併入後現代與網路時代情境做一探究。第三章則欲揭露流浪教師的現實處境，除了先瞭解臺灣整個師資培育政策的發展外，另將教師甄試錄取率遽跌以致教師一職難求的現狀、準教師們目前安身立命於何處等困境據實以報。

　　本研究的第三章、第四章、第五章、第六章以及第七章中，皆需仰賴社會學方法予以輔佐進行研究。所謂社會學方法是指「研究語文現象或以語文形式存在的事物所內蘊的社會背景的方法……。大體上有兩個層面：一個是解析語文現象或以語文形式存在的事物是如何的被社會現實所促成；一個是解析語文現象或以語文形式存在的事物又是如何的反映了社會現實。這兩者都可以稱為『文本社會學』；差別只在前者可能需要用到觀察和調查等輔助性的手段，而後者只須逕自去解析就行了。」（周慶華，2004：87～89）在第三章中真實「報導」了流浪教師的現實處境，無疑是在反映社會現實的狀態。而在第四章到第七章裏，我將蒐蘿目前社會中相關行業的現況資料並詳加分析，以作為提供流浪教師另謀他途的廣泛選擇，過程中也可窺見許多語文現象或以語文形式存在的事物，是如何的反映了社會現實。

　　接續要提及的是符號學方法。「符號學方法，是研究符號的方法。當中符號，包括一般符號和語言符號；……所有的傳播、溝通

等活動，都是以符號為媒介；而所要研究的就是該符號的本質及其
發展變化規律，還有該符號的意義以及該符號和人類多種活動之間
的關係等等。」（周慶華，2004：61）在本研究第四章、第五章、第
六章以及第七章當中，都會運用到符號學方法。第四章將介紹修辭
的形式及其應用策略，為使溝通達到畫龍點睛的功效，可善用辭格
重復搭配運用的技巧，並配合不同的場合、不同的情境或需求，以
發展出不同修辭的應用策略；第五章除了將修辭策略描繪出概略的
輪廓外，更以具體的行業來加以舉例說明，如教師甄試、補習業、
產品行銷、金融保險、企業講師培訓、大眾傳播業及創新的學術仲
介等，為免掛萬漏一，特地將未提及的部分歸類在「其他」這一節。
第六章更加入新時代社會情境的考量，省思如何化被動為主動，不
但順應期更能掌控整個社會脈動，進而促成社會進化，將修辭策略
發揮至極致。第七章將綜合以上幾章的各個重點內容，建構一套流
浪教師修辭策略的理論，達到本研究的目的。在第四到第七的章節
裏，無論是口說語或書面語的傳播還是溝通等活動，都是以符號為
媒介，因此不會讓符號學方法有缺席的情況。

　　「心理學方法，原是指研究人的心理現象的方法，在這裡是特
指研究語文現象或以語文形式存在的事物內蘊的心理因素的方
法。……這種相關語文現象或以語文形式存在的事物內蘊的心理因
素的解析，可以擴及到一併關照該心理因素的『社會』向度。……
這原有『角色理論』、『強化理論』和『認知理論』等等在解釋個體
的社會行為。……現在要它們轉用來解析語文現象或以語文形式存
在的事物內蘊的心理因素中的『社會』向度成分，大概以強化理論
屬最迫切所需。」（周慶華，2004：80～84）強化理論（行為心理
學）是指「如果做某件事的反應得到鼓勵，那麼做這件事的次數就

會增加。」（張春興，1989：453～454）原心理學方法類型中包括許
多具體的研究方法，其中的「觀察法」是指「自然條件下，對一個
人的行動、言說、表情、動作等進行有目的、有系統的觀察，了解
他人心理活動的方法。」（王海山主編，1998：233～234）以上所提
及的心理學方法、強化理論、觀察法等三種研究方法在第四章、第
五章、第六章以及第七章中，定不難發現蹤跡。會說話難、會說好
話更難，說話前必先深入瞭解對方的心理且略做分析，如此才能達
成良好的溝通關係；第四章到第七章裏所介紹的各行業，想要在職
場上攻無不克、戰無不勝，最大的關係之一正是溝通對象的「心理」。

　　「美學方法，是評估語文現象或以語文形式存在的事物所具有
的美感成分（價值）的方法。」主要以到後現代為止所被規模出來
的「優美」、「崇高」、「悲壯」、「滑稽」、「怪誕」、「諧擬」、「拼貼」
等七大美感類型作為美學的對象，或者被統稱為「美的範疇」。以下
列一表來作說明：

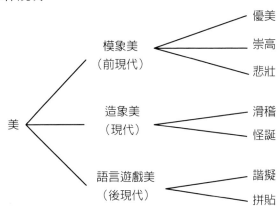

（資料來源：周慶華，2004：132～138）

圖 1-2-1　美的範疇

上述這些美的範疇運用在文學上、戲劇表演或說唱藝術方面，更表現出相得益彰。鑲嵌在第四章到第七章的內容裏，滲透於廣告文宣、口語表達、交涉情境、個人行銷中，必能釋放出潛藏的無限能量。

　　試圖綜合以上各種研究方法，搭配研究問題與研究目的，儘量做到完善、充實，讓此研究達到主要的訴求－實實在在的「飽足感」。

第三節　研究範圍及其限制

　　本節所提及的內容是有關研究的範圍及其限制。研究之所以需要給予一特定範圍及其限制，並不是想將研究套上枷鎖或送入牢籠，而是為求能清楚、明確、掌握主題；如同教師在任教前，必須先針對課程進行教材分析並訂定教學目標一般，以利課程更有效進行。日前，在學校語文教育研究所的辦公室裏，任由視覺隨意掃瞄時，透過感官直覺性的反射我收到了一個強烈訊息，書櫃裏有本周老師的新著作《我沒有話要說－給成人看的童詩》，信手拈來且不自覺的被這些「給成人看的童詩」所吸引住，但印象猶深處是在此書後記的部分，「……頗為愛護我的文史哲出版社老闆彭正雄先生，每次碰面，彭先生都會提醒我：『趕快升等呀！』他看我猶豫了一下，又說道：『論文拿來我給你印。』『我已經出了很多本…』我嚅嚅的說。『那就提呀！』他似乎比我還心急。我又試著找出一些理由諸如『人生有點缺憾比較好』之類的向他表白，但他總是不同意；臨

別時又頻頻的跟我說：『人生要完滿的好！人生要完滿的好！』這種『完滿』的福分，對我來說可能今生都無緣消受。倒是佛瑞曼（Freeman）等著《兒童敘事治療》一書所提到的『不完美的人生比較自由』，會是我繼續引以為座右銘，而向所有關心我的朋友坦誠致意:『饒了我吧！別再問我來世才想傷腦筋的升等事了。』……」（周慶華，2007：194～195）這令我聯想到做研究不也是一樣嗎？與其說研究本身因加上了範圍與限制會略顯不足，而無法到達圓滿，不如說雖然缺少了一角，卻換來了「不圓滿的研究比較自由」的灑脫、奔放。

　　師資培育法自 1994 年 2 月 7 日公布施行後，師資培育政策已由往昔一元化轉變為多元化，由計畫制轉變為儲備制，以下繪製一表便於說明：

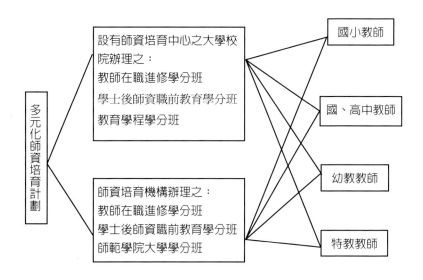

圖 1-3-1　多元化師資培育

教師培育的來源可概略區分成「設有師資培育中心之大學校院」，以及「師資培育機構」兩處，底下分別又有辦理三大類的學分班；前者包含有「教師在職進修學分班」、「學士後師資職前教育學分班」、「教育學程學分班」這三大類；後者則包含有「教師在職進修學分班」、「學士後師資職前教育學分班」、「師範學院大學學分班」等三大類。其中每一大類別還可細分成「國小教師」、「國、高中教師」、「特殊教育教師」、「幼稚園教師」……等各個學分班，每所設有師資培育中心的大學及師資培育機構的規定又不盡相同，因此是否開班及招收何種類別等問題均視各個學校之政策而定。（參考教育部－全球資訊網網站，2008；教育部電子報，2008）與其說是多元化的師資培育計劃，不如說像打了結的蜘蛛網，只能用「一團混亂」來形容，有點說不清不如出走求得雲淡風輕的感慨。

因此本研究首先要界定的是流浪教師所屬範圍，往後將只鎖定「國小教師」進行一番探究，也就是經由「設有師資培育中心之大學校院」及「師資培育機構」，這兩類學術機構所辦理的「教師在職進修學分班」、「學士後師資職前教育學分班」、「教育學程學分班」以及「師範學院大學學分班」的「國小教師」，都是本研究的研究對象。

儘管已思慮嚴密、行事嚴謹，儘管時常因研究而廢寢忘食、神經緊繃，儘管試圖將所有「一網打盡」、「大小通吃」，但就像今年才剛竄紅的星光幫楊宗緯歌手所說：「我是再普通再平凡不過的楊宗緯，卻有著想用聲音感動人的雄心。」終究我只是個平凡的人；研究材料的選擇方面，整個社會面如此寬廣、遼闊，我只能就所瞭解、接觸到的層面予以分析、整理，例如整個研究內容已羅列出教師甄試、補習業、產品行銷、金融保險、企業講師培訓、大眾傳播業、

學術仲介等，其他尚包括廣告企劃、說故事、教師婚姻仲介等如此
眾多向度，但尚有更多無法提及或納入研究的部分，諸如送貨員、
擺地攤等，均是不錯的選擇，這就是為本研究的研究限制所在。可
能由於經驗有限、可能由於能力有限、也可能由於處理資料上的深
度有限，而使本研究有待加強或有待改進之處，因此希冀其他同好、
後進，能再朝此方向付出更多心力，為流浪教師們推波助瀾、付出
關懷。

第二章　文獻探討

第一節　流浪教師與儲備教師

　　所謂的「流浪」，有飄泊、沒有固定的居所之意；網路中、辭典裏所查尋到和「流浪」相關的語詞，有流浪漢、流浪狗以及流浪兒……等，就是沒有「流浪教師」的蹤跡，不過那飄泊的氣息與四處遊移的酸苦，倒是隨處可聞、隨處可嘗。其實，早期的流浪教師的定義跟現在的流浪教師的定義是不一樣的；早期所謂的流浪教師，指的是雖然可以縣市對調，但如果沒有辦法對調到自己想要去的地方，或是沒有辦法對調到他想回鄉教學的地方，則那些無法如願的老師會被稱之為「流浪教師」；而現在流浪教師的定義已有所改變，指的是經由師資培育機構或是一般設有師資培育中心的大學所培育出的學生，無論是師院生、教育學程的學生、或是師資班學生，那些修畢教育學分、完成實習教育、通過教師檢定才領取到教師證的合格教師們，想要成為正式老師卻始終機會渺茫、不得其門而入的，都稱之為「流浪教師」。

　　流浪教師形成的主要原因是社會人口結構的變化，以及師資培育政策的鉅大改變。近二十幾年來，由於高科技發展以及醫療體系的日新月異、一日千里，養生保健的知識、資訊相當普及，人們平均壽命都大幅提高；另外也因為工業發展的影響，以往農業社會重男輕女的觀念普遍消失，加上女性主義抬頭、子女教育經費數目龐大等等因素，出生率已有明顯逐年下降的趨勢；臺灣人口結構在年

齡分布方面，除了已正式進入高齡化社會外，同時也出現了少子化
的嚴重現象。下表所顯示的資料，是臺灣地區自 1981 年到 2006 年
的人口出生數、出生率的變動統計圖表：

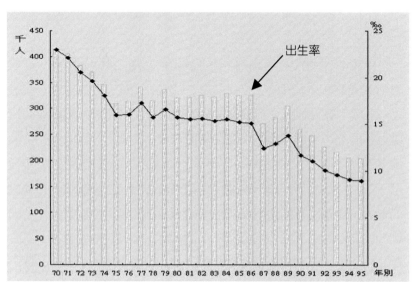

（資料來源：內政部戶政司）

圖 2-1-1　臺灣現住人口出生數（率）變動統計

表 2-1-1　1981 年到 2006 年的人口出生數、出生率的變動統計表

年別	出生人數			出生率‰
	合計	男性	女性	
1981	414,069	213,948	200,121	22.97
1982	405,263	209,457	195,806	22.08
1983	383,439	198,240	185,199	20.56
1984	371,008	192,034	178,974	19.60
1985	346,208	178,336	167,872	18.04
1986	309,230	160,226	149,004	15.93

1987	314,024	163,331	150,693	16.01
1988	342,031	177,687	164,344	17.24
1989	315,299	164,147	151,152	15.72
1990	335,618	176,029	159,589	16.55
1991	321,932	168,865	153,067	15.70
1992	321,632	168,488	153,144	15.53
1993	325,613	169,486	156,127	15.58
1994	322,938	168,444	154,494	15.31
1995	329,581	171,118	158,463	15.50
1996	325,545	169,484	156,061	15.18
1997	326,002	170,047	155,955	15.07
1998	271,450	141,462	129,988	12.43
1999	283,661	148,042	135,619	12.89
2000	305,312	159,726	145,586	13.76
2001	260,354	135,596	124,758	11.65
2002	247,530	129,537	117,993	11.02
2003	227,070	118,984	108,086	10.06
2004	216,419	113,639	102,780	9.56
2005	205,854	107,378	98,476	9.06
2006	204,459	106,936	97,523	8.96
（資料來源：內政部戶政司）				

出生人口數從四十幾萬人下降到二十幾萬人，出生率從 22.97%下滑到 8.96%，下降幅度之大，導致許多學校面臨新生入學人數減量、班級數下降的困境；從經濟學的角度來看，就是說師資的需求量非常小，且政府預估在七、八年之內還難以改善。（中華民國內政部全球資訊網，2008）

　　師資培育法、教師法通過後，除了一般大學開設的教育學程，不論是剛走出校門的大學畢業生，或是尋求轉機的上班族，只要具備大學學歷，人人都可投身教職的行列，為有心夢想當老師的人開啟一個新的契機。以下針對整個多元化的教職體系以圖表方式來作說明：（考情輔導室，2001：79）

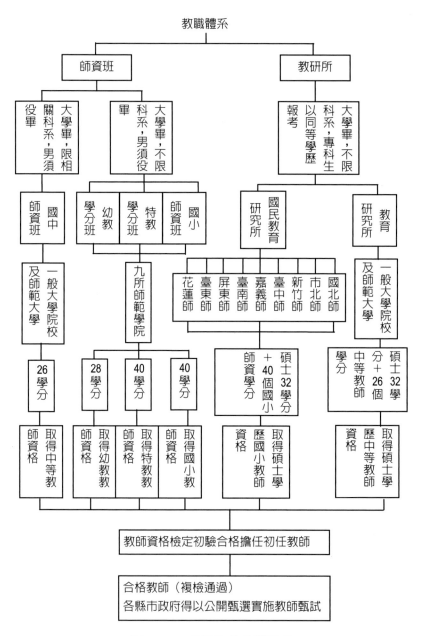

圖 2-1-2 多元化的教職體系

教師在臺灣的社會裏，一向保有相當高的社會地位，「小學教師與建築師、牙醫師及會計師的聲望等級相同。事實上，教師的薪水比一般公務員高，假期又多又長，其工作也較單純，成為許多大學畢業生嚮往的行業，因而有許多大學畢業生希望從事教職。」（林清江，1995：35）以國民小學教師為例，「大學學歷證書」便是通往教職這個國度的護照，而政府所精心設計的兩大航線，一為修畢師資職前教育課程，另一為碩、博士學位附加修畢師資職前教育課程。前者指的是必須先備妥行囊，包括國語文、數學、自然科學（生物、物理、化學）、社會科學（中外史地、公民）、藝能科（音樂、美勞、體育）等，經過師資班及教育學程甄選激烈競爭的嚴格把關，歷時一年、二年不等的飛行期，即可抵達「學分證明書」機場；後者指的是必須先依各個師範院校各別規定整裝待發，經過研究所各大高手相互過招的關卡，歷時二年到五年不等的飛行期，即可降落於「碩博士學位暨學分證明書」機場；到達機場之後的行程、動線便合而為一，兩者都需要經過教師資格檢定的篩選與檢驗，才能通行順利出關；最後乘座車程半年、一年不等的實習接駁車，終可到達教職的國度找到幸福的夢想，獲得合格教師證這個高貴、精美的禮品，像這樣，已經領取到教師證的合格教師，正是所謂的「儲備教師」。除了傳統觀念的影響，加上教師的工作特質以及政治、經濟等因素，導致政府大開師資培育之門，同時擁有大學學歷者也大量湧入，造成了儲備教師產出量激增，以經濟學的角度觀看，形成師資供給量大幅上升的結果。

　　綜合以上的陳述，近年來國小師資的需求量急劇下跌，另一方面國小師資的供給量卻大幅上升，導致供給大於需求的嚴重後果，整個教職體系無法達到均衡狀態，讓具備國小合格教師資格的大批儲備教師們，想成為正式的國小教師卻一直不得其門而入；代理教師的聘期為一年一聘，於是每年遠征沙場應戰，每年因考取學校的

不同而造成任教場所移轉，產生教師如遊牧民族逐水草而居的特殊
景象，以「流浪教師」稱呼實在是非常貼切；政府的後知後覺、眼
光短淺造成這種嚴重後果，難怪會引發準流浪教師們的群起抗議，
社會中總是無聲且沉默的教師們竟也走上街頭，可見政府在這件問
題的處理態度上，有多令人氣憤及怨恨。

　　目前有關於流浪教師的研究非常有限，都是從政府師資培育政策
面切入，探討引起流浪教師潮的原因，及從政策面建議與檢討如何解
決，王禮福所著《師資培育政策轉變過程之研究－從「流浪教師現象」
談起》，就是研究此方向的論文。卻無人從社會現實面研究、提供流
浪教師其他的替代方案，也無人探討如何能讓流浪教師於其他行業佔
有一席之地，而這些恐怕才是更直接、更迫切需要解決的問題。

第二節　修辭的定義與類別

　　「說話和寫文章都是為了表達意思。所謂表達意思，不外這麼
幾種：告訴人家一件事或者一個道理，問人家一個問題，要求人家
或是制止人家作某件事，或是發抒自己的一種情感……總起來說，
說話或者作文章有兩點應該做到：起碼得清楚明白，讓人家懂；進
一步要生動有力，好叫人家信服、聽從、感動。」（張至公，1997：
2～3）為了達到以上這些目的，因此必須得好好的來談談修辭。至
於什麼是修辭？許慎的《說文解字》對「修」的解釋是「修飾」的
意思，對「辭」的解釋較複雜。修辭指的就是修飾語辭和文辭的藝
術。歷年來研究修辭的學者，對修辭學或修辭的定義雖然各有不同，
但是大多數仍以《說文》的字義為基礎而去發揮。例如：

陳望道在《修辭學發凡》書中說:「修辭原是達意傳情的手段,主要的為意與情,修辭不過是調整語辭使達意傳情能夠適切的一種努力。」

陳介白在《修辭學講話》書中說:「修辭學是研究文辭之如何精美的表出作者豐富的情思,以激動讀者情思的一種學術。」

黎運漢、張維耿在《現代漢語修辭學》書中說:「修辭,就是在特定的語言環境下,選取適當的語言形式表達一定的思想內容,以增強表達效果的言語活動。」

姚殿芳、潘兆明在《實用漢語修辭》書中說:「修辭學就是研究提高語言表達效果的方法和技巧的一門學科。」

黃慶萱在《修辭學》書中說:「修辭學是研究在不同的語境下,如何調整語文表意的方法,設計語文優美的形式,使精確而生動地表達出說者或作者的意象,期能引起讀者之共鳴的一種藝術。」

董季棠在《修辭析論》書中說:「修辭是研究如何適切地、巧妙地表出作者的情意,使讀者發生共鳴的一種學問。」(引自陳正治,2003:2~3)

總合來說,修辭就是修飾或調整語辭與文辭,使人們在溝通、傳情達意上,能夠更為適切、明確,甚至有力、感動的所有方法。

「語言」是傳情達意的標記,也就是表達思想、交流思想的工具。如用蘭臭表示意氣相投,蘭臭便是一種嗅覺的標記;用握手表示情意相親,握手便是一種觸覺的標記;而最常用又最有用的,卻是一種聽覺的標記,就是口頭的語言;其次,為了留久傳遠起見,又須用文字作中介,把口頭語言寫錄作文字,文字是訴諸視覺的標

記，性質自然和聽覺的語言不同，但與語言很有密切關係。語言學書上往往把口頭語言叫做聲音語或口頭語，文字叫做文字語或書面語。再看聾啞和嬰兒，又頗有用搖頭、擺手、頓腳等裝態作勢的動作來傳情達意的事實，我們談話、演說也還時時利用它來作輔助的標記，所以廣義的語言，是含有聲音語、文字語和態勢語這三種。（陳望道，1989：23）

　　修辭現象有兩大分野，一為消極修辭，另一為積極修辭。在此先列一簡表如下，以便於說明：

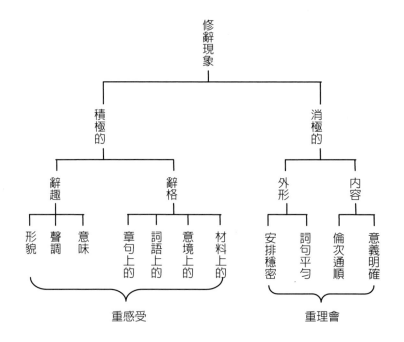

圖 2-2-1　修辭現象的兩大分野

消極修辭是抽象的、概念的，必須處處與事理符合；說事實必須合乎事情的實際，說理論又須合乎理論的聯繫。然而積極的修辭，卻是具體的、體驗的；價值的高下全憑意境的高下而定，只要能夠體現生活的真理，反映生活的趨向，便是現實界所不曾經見的現象也可以出現，邏輯律所未能推定的意境也可以存在。（陳望道，1989：50～52）消極的修辭重在使人「理會」，因多為說理性或記敘性的語言，強調的是清楚、明白的將意思平實的表達出來，所以要求在內容上要達到意義明確、語句通順流暢，在形式上則要具備詞句平均勻襯、整體安排平穩嚴密。積極的修辭除了平實直述順利的表達思想之外，更要達到使人「感受」的目的，而要使人感受，就必須善用一切媒介符號，如語言的聲音、語言的形體、加上富涵適切意義的語言，搭配與內容較為貼切、魅力較為深厚的修辭方法，如此必定可使語文呈現出一種動人的吸引力。

　　修辭是文學的美容師，要使文章或語言生動、感人、柔美，辭格位居最大的幕後功臣；本節將針對修辭的「實用價值」著手，著重於「辭格」也就是「修辭方式」的描述與探討。修辭方式的分類，各家皆有所不同。諸如「陳望道分為：材料上的辭格、意境上的辭格、詞語上的辭格、章句上的辭格等四大類。徐芹庭則分為意境、章句、詞語之修辭法等三大類。董季棠分為意境的寫實與理想、字句的取樸與求新、形式的整齊與變化等三大類。黃慶萱把修辭方式分為表意方法的調整、優美的形式設計等二大類。」（陳正治，2003：8）本節將根據陳望道的分類法，把修辭方式分為四大類來加以詳細說明及舉例。

一、材料上的辭格：

（一）譬喻

　　「思想的對象同另外的事物有了類似點，文章上就用那另外的事物來比擬這思想的對象的」（陳望道，1989：77）、「俗話所說的打比方。凡是說話或寫作時，用一個具體而易懂的事物，來說明另一個抽象而難懂的事物的修辭技巧」（關紹箕，1993：9）、「一種最常見的修辭方法，簡言之，就是『借彼喻此』。通常是以易知說明難知，以具體形容抽象，以警策彰顯平淡」（沈謙，1995：3）、「凡二件或二件以上的事物中有類似之點，說話、作文時運用『那』有類似點的事物來比方說明『這』件事物的」（黃慶萱，2004：321）、「用具體形象、通俗淺顯的事物或道理，來說明比較複雜、抽象的事物或是深奧難懂的道理的修辭技巧」（歐秀慧，2004：109），就是所謂的譬喻。日常生活中，譬喻使用的機率最大、應用範圍最廣，無論說話、作文、宣傳、廣告、說教，或是律師的法庭上辯論，或是外交官的外交辭令，或是綜藝主持人的幽默詼諧內容等，若能加以巧妙運用，既能適切的傳達自己的情意，使對方心悅誠服，又能避免不愉快的氣氛促使妙趣橫生、賓主盡歡，往往可以達成事半功倍的效果。譬喻大致可分為「明喻」、「隱喻」、「略喻」、「借喻」、「博喻」等五種。

　　1、明喻：凡「本體」、「喻體」、「喻詞」三者具備的譬喻，叫作
　　　　「明喻」。（黃慶萱，2004：327）如：

　　「書本就像降落傘，要打開來才有用。」
　　「沒有你，像離開水的魚，快要活不下去。」（任賢齊，〈我是一隻魚〉）

「朋友如同一扇門，能讓視野不同。」（伍思凱，〈分享〉）

「我的心情像土撥鼠挖洞，想找到出口。」（張惠妹，〈牽手〉）

「問君能有幾多愁，恰似一江春水向東流。」（李煜，〈虞美人〉）

「快樂總像點水蜻蜓，煩惱卻如結網蜘蛛。」（鄭明娳，〈葫蘆再見〉）

「雨呀，密密的落著像森林，我呀，匆匆地走著像獵人。」（楊喚，〈雨中吟〉）

2、隱喻：凡具備「本體」、「喻體」，而「喻詞」由「繫詞」及「準繫詞」如「是」、「為」、「成」、「作」等代替者，叫作「隱喻」，亦稱「暗喻」。（黃慶萱，2004：328）如：

「你最愛說你是一顆塵埃，偶而會會惡作劇地飄進我眼裏。」（林秋離詞，〈哭砂〉）

「上課時，時間是跛子，一拐一拐地還摔了一跤；下課十分鐘，他又成了賽跑選手，呼──地衝過了。」（林智敏，〈時間〉）

「淚是珍珠，滴碎在夕陽西天紅的寂寞裏。」（沈懷君，〈孤燕〉）

「詩是我心靈的故鄉。」（黃永武，〈詩與美〉）

3、略喻：凡省略「喻詞」，只有「本體」、「喻體」的譬喻，叫作「略喻」。（黃慶萱，2004：332）在古人的名言與通俗的諺語中，有許多略喻的例子。如：

「良禽擇木而棲，良臣擇主而事。」

「佛靠一柱香，人爭一口氣。」

「好男不當兵，好鐵不打釘。」

「衣服固然會破舊，知識照樣會折舊。」

「天不出無用之人，地不長無用之草。」

「強摘的瓜果不會甜，強撮的姻緣不會圓。」

「人善被人欺，馬善被人騎。」

4、借喻：凡將「本體」、「喻詞」省略，只剩下「喻體」的，叫
　　作「借喻」。（黃慶萱，2004：334）如：

「撒了滿天的珍珠和一個又圓又白的玉盤。」（楊喚，〈夏夜〉）

「松柏後凋於歲寒，雞鳴不已於風雨，彼眾昏之日，固未嘗
無獨醒之人也。」（顧炎武，〈廉恥〉）

「一個巴掌拍不響。」

「一顆老鼠屎，壞了一鍋粥。」

「三天打魚，兩天曬網。」

「不要把所有的雞蛋放在同一個籃子裏。」

5、博喻：本體只有一個，卻用許多「喻體」來形容說明，叫作
　　「博喻」。（黃慶萱，2004：341）如：

「客有吹洞簫者，倚歌而和之；其聲嗚嗚然，如怨如慕，如
泣如訴；餘音嫋嫋，不絕如縷；舞幽壑之潛蛟，泣孤舟之嫠
婦。」（蘇軾，〈前赤壁賦〉）

「我的思念是不可觸摸的網，我的思念不再是決堤的海。」
（李碧華，〈心雨〉）

「試問閑愁都幾許？一川烟草，滿城風絮，梅子黃時雨。」
（賀鑄，〈青玉案・春暮〉）

「而我永遠是匹黑馬，是夾在他們中間的未知數，我是零，
也是無限大。」（張系國，〈解鈴者〉）

「過去的日子如輕烟，被微風吹散了，如薄霧，被初陽蒸融
了；我留著些什麼痕迹呢？我何曾留著像游絲樣的痕迹呢？」
（朱自清，〈匆匆〉）

「阿寬伸出食指，向對方開示：『眾生平等如一。一可以是潺
潺溪流，也可以變成彩霞千萬；一可以是高山峻嶺，也可以
是百千眾生的吶喊。一即一切，一切即一。』」（國片卡通，〈禪
說阿寬〉）

（二）借代

什麼是借代修辭法？「所說事物縱與其他事物沒有類似點，假
使中間還有不可分離的關係時，作者也可借那關係事物的名稱，來
代替所說的事物。如此借代的，名叫借代辭。」（陳望道，1989：84）、
「借用其他名稱或語句，代替通常使用的名稱或語句的修辭方法，
是為代借。」（沈謙，1995：312）、「在談話或行文中，放棄通常使
用的本名或語句，而另找其他名稱或語句來代替。」（黃慶萱，2004：
355）這就是借代。借代係運用與本體相關的事物來代替，以求行文
鮮活生動。其中最常見者有三類：一是以特徵代替本體。二是以部
分代表全體。三是以具體代替抽象。

以特徵代替本體：在古典詩文中遍拾即是。如「慟哭六軍俱縞
素，衝冠一怒為紅顏。」「紅顏」在此指陳圓圓；「六軍不發無奈何，
宛轉蛾眉馬前死。」「蛾眉」即楊貴妃；「自古妒蛾眉，胡沙埋皓齒。」
「皓齒」指美麗女子；「我堂堂鬚眉，誠不若彼裙釵女子。」「鬚眉」
指男子；「思黃髮之言，名垂於後世。」「黃髮」指老者；「黃髮垂髫，
悉如外人。」「垂髫」指小孩。

以部分代表全體：往往以身上器官代替人。如夏菁〈雨中〉「在雨中，我們咒咀左腳，安慰右腳。俯視現實的泥沼，仰望空中的幻景。」分別以「左腳」、「右腳」代替自己。「左腳」是現實中身不由己的自身，「右腳」是表有理想遠景的自身；淡瑩〈飲風的人〉「那年，左肩剛披上秋色，右肩已落滿雪花及鄉愁。」以「左肩」、「右肩」代替身上。並藉著「左」、「右」的對比，強調時間飛逝。

以具體代表抽象：往往以身邊景物為之。如鍾玲〈小石城之晨〉「若是人們不把自己的心靈向彼此敞開，只為了些因襲的偏見而不接納對方的存在；若是人們只會在彼此之間砌牆，而無意於築橋；烏托邦、理想國將永遠只是幢幢空中樓閣。」分別以「牆」代替冷漠、閉塞，以「橋」代替溝通、開放，可說同嘆共慨，心有戚戚焉。（張春榮，1991：110～118）

（三）映襯

在語文中，將兩種相反的觀念或事物對立比較，從而使語氣增強，意義顯明的修辭方法，是為映襯。其中又可分為三類，反襯、對襯以及雙襯。

反襯：對於一件事物，用恰恰與此事物的現象或本質相反的詞語予以形容描寫。（沈謙，1995：82～83）如：

> 「我達達的馬蹄是美麗的錯誤，我不是歸人，是個過客。」
> （鄭愁予，〈錯誤〉）
> 「有運動家風度的人，寧可有光明的失敗，決不要不榮譽的成功！」（羅家倫，〈運動家的風度〉）
> 「每次論戰，對象一定是個可敬的敵人。」（余光中，〈掌上雨〉）

「世界其實很小，無限寬廣的是心。」（廣告用語）

「想起那阿里山看雲海和日出，那剎那的印象是可以留存到恒久的。」（余中生，〈想起頭城〉）

對襯：對兩種不同的人、事、物，從兩種不同的觀點加以形容描寫，是為「對襯」。無論是古典詩文、現代文學中，均極為常見。（沈謙，1995：92）如：

「有缺點的戰士畢竟是戰士，完美的蒼蠅也終竟不過是蒼蠅。」（魯迅，〈戰士與蒼蠅〉）

「自由世界最大的缺點：是有錢不能共享；共產社會最大的優點：是有苦必須同當。」（邱吉爾名言）

「肝若好，人生是彩色的；肝若不好，人生是黑白的。」（廣告用語）

「親賢臣，遠小人，此先漢所以興隆也；親小人，遠賢臣，此後漢所以傾頹也。（諸葛亮，〈出師表〉）

雙襯：針對同一個人或同一件事物，從兩種不同的觀點予以形容描寫，恰成強烈的對比。（沈謙，1995：104）如：

「那是最好的時代，也是最壞的時代；那是智慧的時代，也是愚蠢的時代；那是信仰的時代，也是懷疑的時代；那是光明的時季，也是黑暗的時季；那是有希望的春天，也是絕望的冬天。」（狄更斯，〈雙城記〉）

「我是個極空洞的窮人，我也是一個充實的富人——我有的只是愛。」（徐志摩，〈愛眉小札〉）

「他是一個活著沉默，但卻死得勇敢的人。」（逯耀東，〈揮手〉）

「以後在課堂上偶一回頭，一定會觸及他眼鏡後一雙又凝住、又游移的目光。」（鍾玲，〈輪迴〉）

（四）摹狀

在陳望道的《修辭學發凡》中，名為摹狀（陳望道，1989：98）；黃慶萱的《修辭學》則認為「摹狀」一詞易使讀者誤會僅為視覺所得各種形狀色彩的摹繪。其實摹寫的對象，不僅為視覺印象，同時也包括聽覺、嗅覺、味覺、觸覺等等的感受，所以改稱為「摹況」。是摹寫各種境況、情況的意思。（黃慶萱，2004：67）

視覺摹寫：乃是根據眼睛所見，描述內心對外界事物的形象、顏色、光影等等印象的感受。（陳正治，2003：108）如「那大大小小的花，紅的、黃的、紫的、白的，開在那片綠色的草原上，構成了一幅美麗的圖畫」、「陽光平鋪在窗外的草坪上，把草尖上的露珠映成了一粒粒亮晶晶的珍珠」（吳敏顯，〈綠窗〉）、「那是短短的兩排洋灰房子，沒有斜斜的屋頂」。（柯慶明，〈風雨荒村〉）

聽覺的摹寫：乃是根據耳朵所聽，描述內心對外界事物的聲音感受。有的將這種寫法，叫做「摹聲」。（陳正治，2003：109）例如「此地很安全，市聲彌留著，這種健忘症是幸福的，雀何為而喃喃，像是為靜，為靜打著拍子」（余光中，〈蓮池邊〉）、「院子裏風竹蕭疏，雨絲紛紛灑落在琉璃瓦上，發出叮咚之音，琉璃窗也砰砰作響。」（琦君，〈下雨天真好〉）

嗅覺的摹寫：根據鼻子所聞，描述內心對外界事物的氣味感受。（陳正治，2003：111）例如「陽光更濃了，山景益發清晰，一切氣味都蒸發出來。稻香撲人，真有點醺然欲醉的味兒」（張曉風，〈到

山中去〉)、「霧水和著松脂氣息，涼涼，香香的空氣，一下子進入我的心田之中，精神為之一振。」(張心梅，〈心在高原〉)

味覺的摹寫：就是透過舌頭品嘗，描述外界事物味道的感受。(陳正治，2003：112)例如「北平尋常提到江蘇菜，總想著是甜甜的膩膩的」(朱自清，〈說揚州〉)、「米飯上沾著鴨子油，鹹鹹潤潤的，格外芬芳好吃。」(劉震慰，〈故鄉之食〉)

觸覺的摹寫：乃是透過肌膚、肢體與外物接觸，再經過內心的感受而把它寫出來。(陳正治，2003：112)例如「柚樹的葉影再緩緩的移動，移上我的臉頰的是幾朵擠碎的陽光，到這裏，它成了一種柔軟的撫摸」(蕭白，〈山鳥的歌〉)、「秋天的夜，總是很美的，它並不寒冷，只是清涼。」(陳醉雲，〈禪與螢〉)

（五）雙關

所謂雙關，就是「用一語詞同時關顧兩種不同事物的修辭方式。」(陳望道，1989：99)例如「楊柳青青江水平。聞郎江上唱歌聲；東邊日出西邊雨，道是無晴卻有晴。」(劉禹錫，〈竹枝詞〉)其中「道是無晴卻有晴」的「晴」字，諧音雙關「情」，一方面關顧第三句「東邊日出西邊雨」晴雨的「晴」，一方面關顧「聞郎江上唱歌聲」情意的「情」。雙關修辭法，常是「話裏有話，弦外有音」，是一種間接表達的方式，可讓文學作品有更含蓄、耐人尋味的效果，但有時若引喻失當也會使人會心一笑，產生逗趣、開懷的「幽默」以及「笑果」；例如「有一次，上國文課時，老師為了了解這位僑生的中文程度，就隨口問問他一些相關的成語。『你可不可以說出一句成語，來形容一個人很開心的樣子？』國文老師出了一道題目，又說：『不過，這個成語中最好能有個數目字，比如一、二、三、四……』這個僑

生想了一想，很高興的說：『我知道了，含笑九泉！』哈！好一個『含笑九泉』！全班同學莫不捧腹大笑，年紀老邁的國文老師，也差點沒暈倒過去。」又如「一位政大羅姓教授十分感概今日中學生的國文程度極為低落，也對當前國文教育提出警訊。羅教授舉例說道，有一個以前我教過的中學畢業生來信說，羅老師，自從您走了、從我們學校離開後，害得我們『痛失良師』，大家都深深地懷念您。羅教授面帶微笑地繼續說，當時我看了又氣又好笑，什麼『痛失良師』啊！後來，我就回信給這個學生，告訴他，我現在過得很好，還是『音容宛在』！」（戴晨志，1996：50～52）

（六）引用

「在行文中插入別人先前已經說過的話，包括別人的言論、公認的史料、格言、諺語及典故，稱為引用。」適當的引用，可增加語言的說服力，有時還可使語言顯得幽默風趣，給人深刻的回味。（歐秀慧，2004：121）文學史上援引成語、俗語的例子很多，如果說「成語」是流行於知識分子間書面語言的固定詞組，那麼「俗語」就是流行於社會大眾間口頭語言的固定詞組了。而從實際使用方面來觀察，俗語的使用甚至比成詞更普遍。（黃慶萱，2004：132）在此舉例說明如下：

> 「西出陽關，何止不見故人，連紅人也不見了。」（余光中，〈丹佛城〉）
> 「曾文正公說：『作人從早起起』，因為這是每人每日所做的第一件。」（梁實秋，〈早起〉）
> 「然而『英雄無用武之地』，縱有緯地經天的手段，終付一場

春夢！」（天然癡叟，〈石點頭〉）

「古人說：『一技在身，勝過良田千頃。』有專技的人，他的『技術』就是求職的本錢，這種人最能得到老闆的賞識與重用。」（連照雄，〈最美的時刻〉）

「俗語兒說的『行行出狀元』，又說『好漢不怕出身低』，哪一行沒有好人哪！」（〈兒女英雄傳〉）

「『山不在高，有仙則名』，張果老的『仙跡』和傳說，使北嶽增添了神祕傳奇的色彩而更加引人入勝。」（何力，〈名山覽勝〉）

（七）仿擬

　　陳望道在《修辭學發凡》中，「為了滑稽嘲弄而故意仿擬特種既成形式的，名叫仿擬格。」（陳望道，1989：112）但黃慶萱認為其所指的仿擬實際是狹義的仿擬——仿諷；「刻意模仿前人作品中的語句形式，甚至篇章格調藉由原作在讀者心中早已存在的熟悉印象，引發出新的特殊的旨趣，有時更帶有嘲弄諷刺意味的，叫做仿擬。」（黃慶萱，2004：93）仿擬分為「擬句」和「仿調」二種類型，是廣為應用的修辭法，無論日常生活、文章、報章雜誌，甚至是現代廣告標語也大量採用仿擬修辭。例如家有「閒」妻、一家之「煮」、「騎」樂無窮（摩托車）、隨心所「浴」（熱水器），大「降」之風（銀行降低利率）、沒沒無「蚊」（蚊香）……等等；又如：

　　　　「一吸毒成千古恨，再回頭已是骷髏身。」（反毒標語）
　　　　「『一失足成千古恨，再回頭把孩子生。』臺灣去年一年當中，十九歲以下的小媽媽生下三萬多嬰兒。」（新聞標題）

「松下問童子，言師追繳去。只在股市中，跌深不知處。」
（網路詩）

「融資依山盡，斷頭入海流。欲增維持率，再賣一層樓。」
（網路詩）

「打聲、罵聲、吵架聲，聲聲入耳；閒事、雜事、無聊事，
事事關心。」

「闊人已騎文化去，此地空餘文化城。文化一去不復返，古
城千載冷清清。專車隊隊前門站，晦氣重重大學生。日薄榆
關何處抗，煙花場上沒人驚。」（何家幹，〈崇實〉）

「才不在高，應付就行；學不在深，奉承則靈。斯是科室，
唯吾聰明。庸俗當有趣，流言作新聞；談笑無邊際，往來有
後門。可以打毛線，練氣功。無書聲之亂耳，無國事之勞神。
調資不落後，級別一樣升。古人云：『樂在其中』。」（張代山，
〈科室銘〉）

（八）拈連

又叫順連、關連或連物。所謂拈連，是指在語文中，敘述甲乙
兩件事物時，將本來只適用於甲事物的語詞，拈來用在乙事物上，
使甲乙兩件事物自然地連在一起的一種修辭技巧。拈，是將某一語
詞從通行的語言環境，拈到一般不可通行的語言環境；連，是使兩
種不同語言環境同時出現，並且把甲乙兩件事物連在一起。（蔡宗
陽，2001）例如：「無言獨上西樓，月如鉤，寂寞梧桐深院鎖清秋。」
（李煜，〈相見歡〉）其中的「鎖」字，這裡順勢拈連「清愁」二字；
「一夜東風，枕邊吹散愁多少？數聲啼鳥，夢轉紗窗曉。」（曾允元，
〈點絳唇〉）其中的「吹」字，本來不敘述「愁」字，這裡順便拈連；

「天寒熱淚也凍成冰，凍不住心頭的愛和恨。」（阮章竟，〈送別〉）
「凍」字本來敘述「冰」，這裡順勢拈連「心頭的愛和恨」；「山風吹
亂了窗紙上的松痕，吹不散我心頭的人影。」（胡適，〈秘魔崖月夜〉）
「吹」字本來是敘述「窗紙上的松痕」，這裡順勢拈連「我心頭的
人影」。

（九）移就

「遇有甲乙兩個印象連在一起時，作者就把原屬甲印象的性狀
形容詞移屬於乙印象的，名叫移就辭。」我們常見的，大概是把人
類的性狀移屬於非人的或無知的事物。（陳望道，1989：120）例如
「孫悟空在旁聞講，喜得抓耳撓腮，眉花眼笑，忍不住手之舞之，
足之蹈之。」（吳承恩，〈西遊記第二回〉）又如：

> 一隻迷路的狗
> 闖進了一片澄黃的世界
> 牠緩慢地踱著
> 雕刻出一道蜿蜒細碎的腳印
> 海水簇擁上來
> 抹去當中的幾段
> 牠沒有回頭
> 繼續迎著從山坳吹來的風
> 開始想像未來的旅程
> 兩隻蒼鷹在上空很快的推算出牠過去的身世
> 還有什麼可以形容被人遺忘的這個時刻
> 狗要找尋牠的家（周慶華，2007：57）

車開不開都無所謂

我已經決定了

路的一邊是海的一邊是山的

中間沒有人要的全歸我

小野柳的豆腐不要笑

我坐一下也不會防礙風化

還有都蘭的河水小心爬累了跌下來

你不看看東河的吊橋是怎麼斷的

再過去聽說有個漁港最喜歡誇耀了

一天到晚都要人家叫他成功

我看只有三仙臺和石雨傘最無辜了

一個自從留不住仙人的鞋印後便換來一座拱橋的詛咒

一個還沒有嚐到愛情的滋味就在苦撐一季又一季的烈陽和冷雨

呵呵　我這樣一坐就到了大港口

轉眼石梯坪也將要送給我心涼的海風

遊客們都別進來打擾

我要靜靜的看姑娘孵夢（周慶華，2007：55～56）

二、意境上的辭格

（一）比擬

　　「凡形容某一件事物，將它原有的性質假設或轉變成另一種本質截然不同的事物，就叫做比擬。」（關紹箕，1993：53）因為容易與「譬喻」混淆，所以黃慶萱是採用于在春創造的名詞「轉化」，認

為轉化可分成「人性化」（擬物為人）、「物性化」（擬人為物）、「形象化」（擬虛為實）等三類。

　　人性化（擬物為人）：就是把事物當做人而加以描述的修辭法（陳正治，2003：29）。例如：

> 我是泥燕哥哥
>
> 他是泥燕弟弟
>
> 泥燕哥哥帶著泥燕弟弟要飛向藍天
>
> 泥燕爸爸說那裏太陽很毒辣
>
> 會把我們的翅膀烤焦
>
> 我們只好跟著媽媽在河面上低飛
>
> 一邊保護翅膀
>
> 一邊尋找失落的藍天（周慶華，2007：91）

> 有一群小草默默轉身離開，
>
> 數頭牛繼續在交頭接耳那一家的草料肥又香。
>
> 第一隻高聲說：走，釣烏龜去吧。
>
> 於是四隻，優雅的晃進山水裏圍坐，默讀山水。
>
> 一尾魚，頻頻回頭看著那最最甜蜜的餌，
>
> 最後，還是和一陣煙走了，坐在大樹下的煙塵，
>
> 時不時聽到窸窸窣窣的落葉說著東家長西家短，
>
> 昨天的青草又讓誰家的牛氣暈了……真是不快樂呀！
>
> 那藍藍的海，背著一座醫生一樣的山，
>
> 吐著泡泡想，一截老老的木頭扮起了夕陽追捕雲。
>
> （董恕明，2007：166～168）

物性化（擬人為物）：就是把人當作物而加以描述的修辭法（陳正治，2003：32）。例如：

> 「春天來的時候，我們真該學一學鳥兒，站在最高的枝椏上，抖開翅膀來，曬曬我們潮濕已久的羽毛。」（張曉風，〈魔季〉）
>
> 「秋來相顧尚飄蓬，未就丹砂愧葛洪。
>
> 痛飲狂歌空度日，飛揚跋扈為誰雄？」（杜甫，〈贈李白〉）
>
> 「現在總算是逃出這牢籠了，我從此要在新的開闊的天空中翱翔，趁我還未忘卻了我的翅子的扇動。」（魯迅，〈傷逝〉）
>
> 「身為方武男的太太，如果沒有一副鋼筋鐵骨，外加滿身刺蝟，如何身經百戰而不死」（廖輝英，〈不歸路〉）

形象化（擬虛為實）：就是把抽象觀念化做具體人、物的修辭法（陳正治，2003：34）。例如：

> 「你的嘆息，應該被快樂絞殺，而對著明天歌唱。」
>
> （楊喚詩集，〈短章〉）
>
> 「我睡著，鎖滿心的渴望於我的體內。」（方思，〈春醒〉）
>
> 「那就摺一張闊些的荷葉，包一片月光回去，回去夾在唐詩裏，扁扁地，像壓過的相思。」（余光中，〈滿月下〉）
>
> 「勤勞喜歡跟人做朋友。學生跟他做朋友，學業精進了；農人跟他做朋友，稻米豐收了；工人跟他做朋友，事情辦妥了。」
>
> 「飛機聲消失以後，耳朵又聽到了寂靜，但是我的思想卻去追飛機去了。那個半夜還在空中飛著的現代騎士，遼闊的夜空是他的黑色草原。」（子敏，〈深夜三友〉）

（二）諷喻

諷喻是假造一個故事來寄托諷刺教導意思的一種措辭法。大都用在本意不便明說或者不容易說得明白親切的時候。例如「畫蛇添足」、「鷸蚌相爭」、「狐假虎威」等，都已成為口頭常說的成語。這類比方因為故事造得太沒有獨立性，往往非連同描寫背景和說明本意的文辭一起看，不能明曉它到底是在說什麼。（陳望道，1989：123～124）

（三）示現

所謂示現，就是「把實際上不見不聞的事物，說得如見如聞的辭格。」（陳望道，1989：127）或是「透過豐富的想像，運用形象化的語言，將某一個人或某件事物描繪得活靈活現，狀溢目前，讓讀者和身歷其境，親聞親見的修辭方法。」（沈謙，1995：205）陳望道把示現修辭法的種類分為追述的示現、預言的示現、懸想的示現等三種。

追述的示現就是把過去發生的事情，應用想像力，加以繪形繪色的再現出來。（陳正治，2003：53）例如「遙想公瑾當年，小喬初嫁了，雄姿英發。羽扇綸巾，談笑間，強虜灰飛煙滅。故國神遊，多情應笑我，早生華髮。人生如夢，一尊還酹江月。」（蘇軾，〈念奴嬌－赤壁懷古〉）

預言的示現就是把未來將發生的事情，先搬到眼前，使人如見其形，如聞其聲的修辭法。（陳正治，2003：55）例如「桃樹、杏樹、梨樹，你不讓我，我不讓你，都開滿了花趕趟兒。紅的像火，粉的像霞，白的像雪。花裏帶著甜味；閉了眼，樹上髣髴已經滿是桃兒、

杏兒、梨兒！」（朱自清，〈春〉）又如「君問歸期未有期，巴山夜雨
漲秋池。何當共翦西窗燭，卻話巴山夜雨時。」（李商隱，〈夜雨寄
北〉）

　　懸想的示現就是把想像的事情說得真在眼前一般，同時間的過
去、未來全然沒有關係。（陳正治，2003：56）例如「今夜鄜州月，
閨中只獨看，遙憐小兒女，未解憶長安。香霧雲鬟濕，清輝玉臂寒。
何時倚虛幌，雙照淚痕乾？」（杜甫，〈月夜〉）

（四）呼告

　　「話中撇了對話的聽者或讀者，突然直呼語中的人或物來說話
的，名叫呼告辭。」（陳望道，1989：130）「說話或作文中，先呼叫
對方，以引起對方注意，再告訴他要說的事情；甚至突然撇開聽眾
或讀者，直接對所敘的人或事物，呼名傾訴，以表達更為強烈的情
感，都稱為呼告。」（黃慶萱，2004：513）例如：

> 「船呀！我知道你不問前途，儘直奔那逆流的方向。」
> （康白情，〈送客黃浦〉）
> 「中國啊中國，你全身的痛楚就是我的痛楚；你滿臉的恥辱
> 就是我的恥辱。」（余光中，〈地圖〉）
> 「海呀！我聊解你那憤怒的吼叫。海呀！我聽見了你那痛苦
> 的呼吸。」（楊喚詩集，〈海〉）
> 「女郎，單身的女郎，你為什麼留戀這黃昏的海邊？女郎，
> 回家吧，女郎！」（徐志摩，〈海韻〉）
> 「朋友，讓我將春風摺成一枚信封，把這些花英草色、雲嵐
> 煙光，都裝進去，郵寄與你共享。」（王祿松，〈致詞〉）

（五）鋪張

　　說話上張皇鋪飾過於客觀的事實處，名叫鋪張辭。說話上所以有這種鋪張辭，大抵由於說者當時重在主觀情意的暢發，不重在客觀事實的記錄。我們主觀的情意，每當感動深切時，往往以一當十，不能適合客觀的事實。（陳望道，1989：131～132）例如「增之一分則太長，減之一分則太短。著粉則太白，施朱則太赤。」（登徒子，〈好色賦〉）又如「力拔山兮氣蓋世。」（項羽，〈垓下歌〉）

（六）倒反

　　「倒反」是「反諷」的一種。「反諷」又可分為「言辭的反諷」和「場景的反諷」，修辭學上的「倒反」，若採狹義，則僅指言辭的反諷，而把場景的反諷留給「篇章學」；若採廣義，則二者皆包含其中。所以倒反主要指的是言辭表面的意義和作者內心真意相反的修辭法。表面讚賞，其實責罵；表面責罵，其實讚賞。倒反既指意與言反的言辭，所以客觀基礎就跟「映襯」一樣，在於宇宙內在矛盾以及人性內在矛盾；只是「映襯」把這種矛盾雙雙呈現出來，而反諷中的倒反僅呈現其一而意指其相反的另一。修辭方式中另有所謂的「雙關」，是指一語同時關連到兩件事物；「雙關」重點在兩件事物的「相似」，而「倒反」重點在兩件事物的「相反」。（黃慶萱，2004：455）倒反辭可以分作兩類：或因情深難言，或因嫌忌怕說，便將正意用了倒頭的語言來表現，但又別無嘲弄諷刺等等意思包含在內的，是第一類，我們可以稱為倒辭；第二類是不止語意相反，而且含有嘲弄譏刺等意思的，我們稱為反語。（陳望道，1989：136）適切的使用倒反修辭技巧，常能達到破涕為笑、化衝突為和諧的四兩撥千斤之效。例如：

有一對夫妻，經常吵架，吵得很不愉快！後來，先生想要離婚，就到法官那邊去，請求離婚。法官看了一看這對「怨偶」，就問先生說：「你們兩個年紀這麼大了，結婚這麼久了，幹麼還要鬧離婚呢？」先生聽了，很生氣地對法官說：「法官，你不知道，我這個老婆啊，每天都跟我唱反調！」在旁的太太一聽，也很生氣地對老公說：「你才跟我唱反調咧！」先生看太太這麼不可理喻，就大聲回罵說：「你神經病啦！」太太說：「你才神經病咧！」先生愈聽愈氣，又大聲罵道：「妳去死啦！」太太說：「你才去死咧！」在旁的法官聽了，緩緩地說道：「聽起來，你們兩個人的意見還蠻一致的嘛！」（戴晨志，2006：86）

伊莎朵拉・鄧肯（Isadora Duncan）是位偉大的舞者，她有回向蕭伯納提議說他倆應該要在一起生個孩子，「這樣孩子就能繼承我的美貌以及你的頭腦，」她在信上如此寫道。蕭伯納不以為然，回信道：「女士，妳的提議讓我受寵若驚──但情形萬一是鄙人的美貌和您的頭腦，怎麼辦？」〔克萊恩（Allen Klein），2001：98〕

（七）婉曲

　　說話或作文時，不直講本意，只用委婉閃爍的言詞，曲折地烘托或暗示出本意來，叫作「婉曲」。措辭愈委婉曲折，便愈能引起對方的注意和研究的興趣。而看出一組文字表面上所沒有的意義，正是讀者快樂的來源，「婉曲」辭格的心理基礎在此。何況，在效果方面，婉曲的言辭比直接的訴說更容易感動人心，而不致傷害別人的感情呢。（黃慶萱，2004：269）例如：

有個酒鬼貪戀杯中之物，酒醉之後常常誤了大事。妻子多次他，但他怎麼也聽不進去。一天，他的兒子對他說：「爸爸，我送你一個指南針。」「孩子，你留著自己玩吧，我用不著它。」「爸，你從酒吧間出來時，不是常常迷路嗎？」父親聽了兒子的話，如當頭棒喝，受到極大的震撼，從此再也不喝酒了。（陳正治，2003：122）

學校快放暑假的時候，有個孩子對母親說：「媽，暑假的時候，我班的班長要到英國去旅行，副班長要到日本去，排長要去歐洲，跟我坐一起的小毛，也要去東南亞玩。他們都要出國旅行，都要出國旅行呢！」（陳正治，2003：117）

戰國時候，孟嘗君曾為齊國的丞相，齊王駕崩，襄王即位，孟嘗君仍任相位。有一天，襄王對孟嘗君說：「寡人不敢以先王之臣為臣。」孟嘗君聽了，只好辭職回到薛地。（陳正治，2003：118）

（八）誇飾

又稱「誇張」或「鋪張」。凡說話或寫作時，把客觀的事物或現象加以放大、縮小，以強化語文傳播效果的修辭方式，就叫誇飾。可分為「增誇」和「減誇」兩種類別。「增誇」就是對所描述的客觀事物，從多、高、長、大、快、重等方面作過分的形容。又叫「擴大式誇張」。（關紹箕，1993：81）例如：

「讀你千遍也不厭倦」（蔡琴，〈讀你〉）
「我決定愛你一萬年」（萬沙浪，〈愛你一萬年〉）

「為了在你眼中留痕，我可以揮霍一生的吻」

（大小百合，〈為了是你，我的愛人〉）

「我醉了　我的愛人　我的眼睛有兩個你　三個你　十個你

萬個你」（三毛詞，〈不要告別〉）

「為了……，我……挨過三千六百皮鞭，……也情願。」

（費玉清，〈大坂城的姑娘〉）

「一顆顆熱淚燙傷我的臉」（包娜娜，〈熱淚燙傷我的臉〉）

　　「減誇」就是對所描述的客觀事物，從少、矮、短、小、慢、輕等方面作過分的形容。又叫「縮小式誇張」（關紹箕，1993：81）。例如：

　　有兩個「新銳導演」相約到戲院去看電影。當天，戲院播映的是「王導演」所拍的電影；但因內容陳義過高、氣氛沉悶，所以電影散場時，還有觀眾在座位上打瞌睡。「你看，你拍這種什麼電影嘛，難怪觀眾都要打瞌睡了！」李導演對著王導演「嘲笑一番」。隔天，兩個導演又再度到戲院，去看「李導演」所拍的電影。電影演完了，內容也沒什麼高潮、悶悶的，所以也有觀眾睡著了！「你看！你看！」王導演對李導演說：「你的電影也好不到那裏去！還不是有觀眾看得睡著了！」「不！不！不！你搞清楚！這些打瞌睡的觀眾，都是昨天看你的電影就睡著了，睡到現在都還沒醒！」（戴晨志，1996：58）

（九）設問

　　「設」就是設置、安排，「問」就是問題。講話或作文，故意不用敘述的語句而改用疑問句，以引起注意的修辭法，就是設問修辭

法，又可分成「懸問」、「提問」、「激問」等三種。懸問又叫做「疑問」，是懸示問題而沒有答案，讓聽者或讀者自己去尋思答案的修辭法。（陳正治，2003：42）例如：

> 「君自故鄉來，應知故鄉事，來日綺窗前，寒梅著花未？」
> （王維，〈雜詩〉）
> 「春眠不覺曉，處處聞啼鳥。夜來風雨聲，花落知多少？」
> （孟浩然，〈春曉〉）
> 「我們說把握，我們把握些什麼呢？你緊緊地握一把沙，緊緊地握一把水嗎？」（李廣田，〈兩種念頭〉）
> 「但是，聰明的，你告訴我，我們的日子為什麼一去不復返呢？」（朱自清，〈匆匆〉）

　　提問又叫做「問答法」。這是為了提起下文而發問，答案在問題的下面。這種設問，可以凸出語意重點，引起聽者或讀者的注意。（陳正治，2003：44）例如：

> 「甚麼是路？就是從沒有路的地方踏出來的，從祇有荊棘的地方開闢出來的。」（魯迅，〈生命的路〉）
> 「也許，想像總比實際接觸更能增加一份美感吧？因為隔了一段距離，你無法洞悉事情赤裸裸的真相。」
> （陳幸蕙，〈蘋果的聯想〉）
> 「在逃去如飛的日子裏，在千門萬戶的世界裏的我，能做些什麼呢？只有徘徊罷了，只有匆匆罷了。」（朱自清，〈匆匆〉）
> 「翻過來看，什麼事最是樂呢？自然責任完了，算是人生第一件樂事。」（梁啟超，〈最苦與最樂〉）

　　激問又叫做「詰問」、「反詰」或「反問」。這種設問，就是激發本意而問，答案必定在問題的反面。這種修辭法，有問題，但沒有答案。不過，仔細推敲，答案卻很明顯地表現在問題的反面。（陳正治，2003：46）例如：

> 「葡萄美酒夜光杯，卻飲琵琶馬上催。醉臥沙場君莫笑，古來征戰幾人回？」（王瀚，〈涼州詞〉）
>
> 「要是上頭沒有水不斷地來，下頭的水又有什麼用呢？」（藍蔭鼎，〈飲水思源〉）
>
> 「專從書上去學文字，即使學得好，也只是些陳言老套，有什麼用處呢？」（夏丏尊，〈觸發－一封家書〉）
>
> 「兩兔傍地走，安能辨我是雌雄？」（佚名，〈木蘭詩〉）

（十）感歎

　　當一個人遇到可喜、可怒、可哀、可樂之事物，常會以表露情感之呼聲，來強調內心的驚訝或贊歎、傷感或痛惜、歡笑或譏嘲、憤怒或鄙斥、希冀或需要。這種以呼聲表露情感的修辭法，就叫「感歎」。（黃慶萱，2004：37）例如「嗯，凍死了，咪咪沒有兒子了，才更傷心呢！」（謝冰瑩，〈貓〉）「老師怎麼還不去嘛，同學們都盼著您哪。」（楊念慈，〈前塵〉）「為什麼要抱怨那無罪的鞋子呢？你呀！熄了的火把，涸池裏的魚。」（楊喚，〈路〉）「伸手給我啊！親親，我的淚是滿天的星。」（王渝，〈今夜〉）

三、詞語上的辭格

（一）析字

　　在講話行文時，刻意就文字的形體、聲音、意義加以分析，由此而創造出修辭的方式來，叫作「析字」。字音的構成，粗率地說，有聲母與韻母。可以用二個字「反切」而「合音」。以意義言：字與字間，或意義相似，或意義相反，足可由聯想而「牽附」。加上意之引申，義相假借，更可產生「演化」的現象。文字的「離合」為「化形析字」；文字的「借音」、「合音」為「諧音析字」；文字的「牽附」、「演化」為「衍義析字」。所以「析字」實在是一種建立在文字形音義三要素基礎上的修辭方法。（黃慶萱，2004：215）

　　「化形析字」就是利用字形的離合、增損、顛倒等方式構成的析字。（修辭方式，2008）其中離合使用最為普遍，在猜燈謎或字謎教學中經常被應用。例如：

> 「誰道秋下一心愁。」（愁）
> 「處世須存心上刃，修身切記寸邊而。」（忍）
> 「千里姻緣草繩牽，心心相印在心邊。」（懂）
> 「遠樹兩行山倒映，扁舟一葉水橫流。」（慧）
> 「豆在山根下，月亮半空掛，打柴不見木，王里是一家。」
> （豈有此理）
> 「三人同日去看花，百友相逢共一家，禾火二人相對坐，夕
> 陽橋下一對瓜。」（春夏秋冬）

　　「諧音析字」就是利用字聲的相同、相近或聲韻相切來替代或推衍本字的析字。（修辭方式，2008）報章雜誌、電視等標題或廣告

用語常使用「諧音析字」的修辭技巧，利用發音相近、清楚易記的特性，有效達成宣傳產品的效果。例如：

> 「耐斯烏溜溜，請用耐斯 566 洗髮精！」
>
> 「白蘭氏五味子錠，肝苦誰人知。」（甘苦誰人知）
>
> 「阿姨問我幸不幸福，我說我姓陳，不姓福。」（豆豆看世界）
>
> 「今天心情幾？全家便利商店」（今天星期幾）
>
> 「達美樂，打了沒？八八二五二五二，爸爸餓，我餓我餓。」

「衍義析字」就是利用字義的特點，通過代換、牽連、演化等手段構成的析字。（修辭方式，2008）例如：「兵變！燒情敵機車釀禍，軍人落網。」（聯合報新聞標題）「又有人叫她『真理』，因為據說『真理是赤裸裸的』。鮑小姐並未一絲不掛，所以他們修正為『局部的真理』。」（錢鍾書，〈圍城〉）

（二）藏詞

將大眾所熟知的成語、諺語、格言、警句，只說一部分，藏去所欲表達的詞語的修辭方法，是為「藏詞」。依表達的形式而分，藏詞有「藏頭」、「藏腰」、「藏尾」三種類別。（沈謙，1995：372）

藏頭就是藏起引用語句的前頭詞語，以後面呈現出來的部分語句，代替前頭詞語（陳正治，2003：188）。例如「你要知道，我們都是耳順之年了，晚年喪子，多大打擊！」（朱西甯，〈我與將軍〉）「不僅女人如此，男人也有太陽無限好的恐懼。」（郭良蕙，〈方先生的假日〉）

藏腰就是藏了引用語句的中間語詞，以呈現出來的前後部分語句，代替中間的本詞（陳正治，2003：191）。例如「他是個『一二

五六七』的人。」依照數目字排列的順序，「一二五六七」的數字，少了三和四。這句子要表達的意思是「他是個丟三忘四的人」，或是「他是個不三不四的人」。

藏尾就是藏了引用語句的後面語詞，以語句前面部分呈現出來的語詞，代替後面的本詞（陳正治，2003：192）。例如「醉翁之意不在，君子之交淡如。」據說紀曉嵐曾以酒瓶裝水贈人，並附此對聯。紀曉嵐以「醉翁之意不在」藏末尾的「酒」字，以「君子之交淡如」藏末尾的「水」字，頗見趣味。

（三）飛白

為了存真或逗趣，刻意把語言中的方言、俚語、吃澀、錯別、以至行話、黑話，加以記錄或援用的，叫作「飛白」。所謂「白」，就是白字，也就是別字。所以，飛白又可稱為「非別」。在內容方面，以方言、俚語、吃澀、錯別、行話、黑話等為其基礎；在方法方面，有記錄、反學兩種方式。（黃慶萱，2004：185）例如：

> 「城裏人也把煮餑餑當做好東西，除了除夕消夜不可少的一頓之外，從初一至少到初三，頓頓煮餑餑，直把人吃得頭昏腦漲。」（梁實秋，〈北平年景〉）
>
> 「是個臭耳郎咧，不怕他。他要能聽見，也許就不會有這種事啦！」（王禎和，〈嫁粧一牛車〉）
>
> 「小皮狗問：『你們是什麼怪物哇？怎麼可以山上蹦蹦，水裏跳跳？』大蛙說：『我叫青蛙。我是兩棲動物，不是怪物。』『兩妻？你居然有兩個太太，好不害臊！』
>
> （嚴友梅，〈玩具熊〉）

（四）鑲嵌

鑲，指外邊上的配襯；嵌，指中間的填塞，都是裝飾的方法。修辭學中，凡是在語句的頭尾或中間，故意插入虛字、數目字、特定字、同義或異義字，來拉長文句，使語義更鮮明，語趣更豐富的修辭方法，就叫「鑲嵌」。（黃慶萱，2004：719）陳望道把鑲嵌分為「鑲字」和「嵌字」兩類。

「鑲字」就是故意用幾個無關緊要的字，插入有實際意義的字裏，以延長音節或加重語意的修辭法。鑲字以鑲加虛字和數字最為常見。例如「手之舞之，足之蹈之」、「一不做，二不休」、「千思萬想」、「非一朝一夕之故，其所由來者漸矣」、「一去二三里，烟村四五家。亭臺六七座，八九十枝花。」

「嵌字」就是故意用幾個特定的字來嵌入語句中，叫做嵌字。生活中運用鑲嵌的技巧，常使平淡的情感增添許多變化與色彩。例如以下這首寫於臺東、出自語教所教授、有感於學生為其祝賀父親節，而於深夜所作的詩，不但將幾位學生和自己的名字嵌入詩中，同時更將師生的情感盡收在字裏行間：

> 沒有颱風的颱風夜
> 東海岸在幾響拉炮的撫慰中飛翔了
> 室內情感的溫度像一瓶濃烈的酒
> 飲後醒覺有十分的陶然
> 從此文字的跳躍會多出幾許的曼妙
> 現在糕點和飲品都享用了
> 你們的盛情帶來一籮筐的甜意
> 密密的滴實我出缺的記憶

在那過往潛越的年代裏

曾經歡忻的相逢

回神收到的祝福我看見

「滿」溢的「明」「璧」上的光「華」

「文」「靜」的要「爭」睹「佩」在襟帶的一顆「珠」

潤澤留給從「江」邊來的「芳」菲

天堂家族正在創造歷史

海雨天風還在子夜的空中佯狂

綠島小夜曲能否補救秋蟬忘了計算

我的武功祕笈按時吃進維他命

會沈沈的許願你們背起不可能的任務

春風得意歸來領取一杯香醇的咖啡

（周慶華，2008：247～249）

（五）轉品

　　一個詞彙，改變其原來詞品而在語文中出現，使含意更新穎豐富，意義表達得更靈活生動，叫作「轉品」。（黃慶萱，2004：241）例如「母親撫著她的肩說：『你放心吧，女大十八變，變張觀音面，你越長越大，雀斑就越隱下去了。』」（琦君，〈月光餅〉）以名詞「觀音」轉品為形容詞來形容「面」。「生活的秘密不是做你喜歡的事，而是喜歡你所做的事。（吉錚，〈孤雲‧會哭的樹〉）「喜歡」為動詞，「喜歡的」為形容詞。「讓我咀嚼那濃黑，那甘美的苦澀，向東方，吼醒那使渾沌笑出淚來的日出。」（周夢蝶，〈十二月〉）形容詞「濃黑」、「苦澀」用作名詞。

（六）回文

　　上下兩句，詞彙大多相同，詞序排列恰好相反，造成回環往復的形式的修辭方法，是為「回文」。（沈謙，1995：560）例如「離別惜殘枝，枝殘惜別離」（蘇東坡，〈菩薩蠻〉）、「時代考驗青年，青年創造時代」，又如：

> 「懂得如何讚美朋友的人，他自己本身一定有更多的優點值得朋友讚美」
> 「凡是熱心為朋友鼓掌喝采的人，在他有生之年可能會贏得更多的掌聲」
> 「味摩詰之詩，詩中有畫；觀摩詰之畫，畫中有詩。」
> 「你儂我儂，忒煞情多。情多處熱如火！把一塊泥，捏一個你，塑一個我。將咱倆個，一齊打破，用水調和。再捏一個你，再塑一個我。我泥中有你，你泥中有我；與你生同一個衾，死同一個槨。」
> 「洛陽城東西，長作經時別。昔去雪如花，今年花如雪」（范雪，〈別詩〉）

四、章句上的辭格

（一）對偶

　　「說話中凡是用相等，句法相似的兩句，成雙作對排列成功的，都叫做對偶辭。」（陳望道，1989：199）「把字數相等，語法相似，意義相關的兩個句組、單句或語詞，一前一後，成雙成對地排列在

一起，就叫「對偶」。（黃慶萱，2004：591）沈謙依句型分為四類，分別是「當句對」、「單句對」、「隔句對」、「長偶對」。

當句對是同一句中，上下兩個短語，自為對偶。又名「句中對」。例如「大道之行也，天下為公。選賢與能，講信修睦。」（《禮記・禮運》）「襟三江而帶五湖，控蠻荊而引甌越。物華天寶，龍光射牛斗之墟；人傑地靈，徐孺下陳蕃之榻。」（王勃，〈滕王閣序〉）

單句對是上下兩句，字數相等、詞性相同、平仄相對，是對偶中最常見者。例如「水天一色，風月無邊。」（李白，〈題岳陽樓〉）「風急天高猿嘯哀，渚清沙白鳥飛迴。無邊落木蕭蕭下，不盡長江滾滾來。萬里悲秋常作客，百年多病獨登臺。艱難苦恨繁霜鬢，潦倒新停濁酒盃。」（杜甫，〈登高〉）「情切切良宵花解語。意綿綿靜日玉生香。」（曹雪芹，《紅樓夢》）

隔句對是第一句與第三句對，第二句與第四句對。又名「扇對」。例如「樂民之樂者，民亦樂其樂；憂民之憂者，民亦憂其憂。」（孟子，〈梁惠王下〉）「老當益壯，寧知白首之心？窮且益堅，不墜青雲之志。」（王勃，〈滕王閣序〉）「地也，你不分好歹何為地？天也，你錯勘賢愚枉做天！」（關漢卿，〈竇娥冤〉）

長偶對是奇句對奇句，偶句對偶句，至少三組。又稱「長對」。例如「風聲、雨聲、讀書聲，聲聲入耳。家事、國事、天下事，事事關心。」（顧憲成，〈無錫東林書院楹聯〉）「文章做到極處，無有他奇，只是恰好；人品做到極處，無有他異，只是本然。」（洪自誠，〈菜根譚〉）（沈謙，1995：453～473）

（二）排比

用三個或三個以上結構相似、語氣一致、字數大致相等的語句，表達同範圍同性質的意象，叫做「排比」。「排比」最容易與「類疊」、「對偶」混淆。類疊是一種意象重復發生，或為重疊的，或為反復的；排比卻是數種意象有秩序有規律地連接發生。類疊在美學上，基於劃一中的多數；而排比卻基於多樣的統一與相同的分化。（黃慶萱，2004：651）對偶和排比的分別，《修辭學發凡》中指出三點。一為對偶必需字數相等，排比不拘；二為對偶必須兩兩相對，排比也不拘；三為對偶力避字同意同，排比卻以字同意同為經常狀況。（陳望道，1989：201）排比的分類依據語言結構來分，約可分為單句的排比與複句的排比二類。

單句的排比是用結構相似的單句，接二連三地表達同範疇同性質的意象，是為「單句的排比」；廣義而言，包括句子成份的排比。（沈謙，1995：482）例如：

> 「坐著，躺著，打兩個滾，踢幾腳球，賽幾趟跑，捉幾回迷藏。風輕悄悄的，草軟綿綿的。」（朱自清，〈春〉）
> 「滿山是野草的清香，滿山是發光的新綠，滿山是喧鬧的小溪。我想起了金色的沙灘，我想起了蕉葉的煙雨，我想起了塞北的馬蹄。」（李瑛，〈雨〉）
> 「我忙於搖醒火把，我忙於雕塑自己；
> 我忙於擂動行進的鼓鈸，我忙於吹響迎春蘆笛；
> 我忙於拍發幸福的預報，我忙於採訪真理的消息；
> 我忙於把生命的樹移植於戰鬥的叢林，我忙於把發酵的血釀成愛的汁液。」（楊喚，〈我是忙碌的〉）

　　用結構相似的複句，接二連三地表達同範疇同性質的意象，是為「複句的排比」；廣義而言，包括段與段的排比。（沈謙，1995：491）例如：

　　一棵樹問一片土，你是否真愛我？或你只是貼著我⋯⋯。
　　一朵花問一隻蜂，你是否真愛我？或你只是吻著我⋯⋯。
　　一艘船問一面海，你是否真愛我？或你只是依著我⋯⋯。
　　（黃鶯鶯，〈是否真愛我〉）

　　碩士的心聲：
　　有心唸碩士，良師卻難覓；若非畢業故，一定去告密。
　　後哩係！後哩係！
　　既來唸碩士，莫嘆師難覓；若要兩年畢，切記沉住氣。
　　想仔細！想仔細！
　　學生唸碩士，竟道師難覓；所言若屬實，開會申正義。
　　我挺你！我挺你！
　　都已唸碩士，也知師難覓；總是所內事，何妨當秘密。
　　別生氣！別生氣！
　　本想唸碩士，驚聞師難覓；看牆上詩句，心裏有遲疑。
　　有問題！有問題！
　　本校準碩士，爆料師難覓；實則卻不然，報考莫放棄。
　　趕緊去！趕緊去！
　　學長讀碩士，遇師不該覓；學妹不忍心，夜夜床前泣。
　　哇矮哩！哇矮哩！
　　一起拿碩士，管他覓不覓；日後再報復，才是真勝利。
　　耍心機！耍心機！

不怕沒碩士，怕妹無處覓；聯誼再聯誼，人生有意義。

擔蝦密！擔蝦密！

如果沒碩士，工作似難覓；總之我盡力，吃苦當遊戲。

玩下去！玩下去！

含淚拼碩士，前程任你覓；前提莫忘記，逃避義務役。

賣替 KEY！賣替 KEY！（引自歐秀慧，2004：144～145）

（三）層遞

「層遞是將語言排成從淺到深，從低到高，從小到大，從輕到重，層層遞進的順序的一種辭格。」（陳望道，1989：203）或是「凡要說的有三件或三件以上的事物，這些事物又有大小輕重等比例，於是說話行文時，依序層層遞進的，叫層遞。」（黃慶萱，2004：669）若採用事物或觀念的升降，層遞又可分為「遞升」、「遞降」和「升降連用」等三種。

「遞升」又叫做遞增、階升。這種層遞法，指的是表達某個意思的時候，把相關的事物或觀念，依照由小而大，由輕而重，由低而高，由淺而深等等次序排列出來。（陳正治，2003：278）例如：

少年聽雨歌樓上，紅燭昏羅帳，

壯年聽雨客舟中，江闊雲低，斷雁叫西風。

而今聽雨僧廬下，鬢已星星也。

悲歡離合總無情，一任階前點滴到天明。（蔣捷，〈虞美人〉）

少年讀書，如隙中窺月；

中年讀書，如庭中望月；

> 老年讀書，如臺上玩月；
>
> 皆以閱歷之淺深，為所得之淺深耳。（張潮，〈幽夢影〉）

「遞降」又叫遞減、階降。這種層遞法，指的是表達某個意思的時候，把相關的事物或觀念，依照由大而小，由重而輕，由高而低，由深而淺等等次序排列出來。（陳正治，2003：280）例如：

> 「沒有天那有地，沒有地那有家，沒有家那有你，沒有你那有我。」（蘇芮，〈酒矸倘賣無〉）
>
> 「你不必害怕，因為你不一定被徵召入伍；即使被徵召，有可能上前線，也有可能不上前線。如果不上前線，就不必怕！上前線有可能打仗，也有可能不打仗。如果不打仗，也不必怕！打仗有可能受傷，也有可能不受傷。不受傷當然不必怕！受傷有輕傷有重傷，輕傷也不必怕！重傷有的可以治療，有的就死了；可以治療的不必怕；至於死了的，更用不著怕了！」
>
> （二次大戰美國徵兵的趣談）

「升降連用」指的是表達某個意思的時候，遞升和遞降，前後連接使用。（陳正治，2003：282）例如「古之欲明明德於天下者，先治其國；欲治其國者，先齊其家；欲齊其家者，先修其身；欲修其身者，先正其心；欲正其心者，先誠其意，欲誠其意者，先致其知；致知在格物。物格而後知至，知至而後意誠，意誠而後心正，心正而後身修，身修而後家齊，家齊而後國治，國治而後天下平。」（《禮記‧大學》）

（四）錯綜

　　凡把反復、對偶、排比、或其它可有整齊形式，公同詞面的語言，說成形式參差，詞面別異的，我們稱為錯綜。構成錯綜，大約有四類重要方法：「抽換詞面」、「交蹉語次」、「伸縮文身」、「變化句式」。（陳望道，1989：204～205）

　　以同義的詞語取代形式整齊的句子中的某些詞語，叫作「抽換詞面」。（黃慶萱，2004：755）例如「惠王用張儀之計，拔三川之地，西并巴蜀，北收上郡，南取漢中，包九夷，制鄢郢，東據成皋之險，割膏腴之壤，遂散六國之從，使之西面面事秦。」（李斯，〈諫逐客書〉）句中的「拔」、「并」、「收」、「取」、「包」、「制」、「據」、「割」八個動詞，都是「攻城略地」的意思，如果以同樣詞面疊用到底，在意義上也沒有什麼不通；但在詞面上就太重複呆板。作者改換了八個詞面，使每一句話意義雖同詞面各異，這樣就活潑多了。（陳正治，2003：339）

　　把詞、語、句等語言成分的次序，安排得前後不同，叫作「交蹉語次」。（黃慶萱，2004：758）例如「求木之長春，必固其根本；欲流之遠者，必浚其泉源；思國之安者，必積其德義。源不深而豈望流之遠？根不固而何求木之長？德不厚而思國之治，雖在下愚，知其不可，而況於明哲乎？（魏徵，〈諫太宗十思疏〉）先以根、源、德為序；再換以源、根、德為序。

　　把原本形態相同、字數相等的句子，故意伸縮變化字數，使長短不齊，叫做「伸縮文身」。（黃慶萱，2004：763）例如：

　　　　一支瘦瘦的電線杆說
　　　　　我的手牽著你的手

瘦瘦的電線杆說

讓我也牽著你的手

一支電線杆說

大家手牽手

從鄉村到城市

手牽手

城市到鄉村

夜，就亮了

燈，柔柔的

暖暖的

照著

（陳木城，〈心中的信〉）

　　把肯定句和否定句，直述句和詢問句，駢式句和散式句等等，穿插使用，叫做「變化句式」。（黃慶萱，2004：770）例如「啊，那是新來的畫眉，在那凋不盡的青枝上試牠的新聲！啊，這是第一朵小雪球花，掙出半凍的地面！啊，這不是新來的潮潤，沾上寂寞的柳條？」（徐志摩，〈我所知道的康橋〉）徐志摩在此描述「畫眉」、「小雪球花」，用的是直述句，描述「潮潤沾上柳條」，用的是激問句。變化句式，使文字更加靈活、生動。又如「母親一知道就很著急，幾乎幾夜睡不著。——她又自己能看信的。然而我能有什麼法子呢？沒有錢，沒有工夫，當時什麼法子也沒有。」（魯迅，〈在酒樓上〉）魯迅先用激問，再用陳述變化句式，將無可奈何之情充分顯現。（沈謙，1995：619）

（五）頂真

頂真是用前一句的結尾來作後一句的起頭，使鄰接的句子頭尾蟬聯而有上遞下接趣味的一種措辭法。多見於歌詞。（陳望道，1989：212）名人作家潘人木的〈小胖小〉兒歌，寫得很可愛。（陳正治，2003：287～288）內容是這樣的：

> 小胖小，包水餃。水餃包不緊，就去學挖筍。
>
> 挖筍挖不出，就去學餵豬。
>
> 餵豬餵不肥，就去採草莓。
>
> 草莓採不到，就去學吹號。
>
> 吹號吹不響，就去學演講。
>
> 演講沒人聽，
>
> 走下臺，關了燈，
>
> 乖乖回去做學生。（潘人木，〈小胖小〉）

這首兒歌的第二行至第六行，共有五個排比句。五個排比句中的「水餃」、「挖筍」、「餵豬」、「草莓」、「吹號」、「演講」等詞語，充當上下句的銜接橋梁，這種修辭方式，便是「頂真」。頂真又叫「頂針」、「蟬聯」、「聯語」、「遞代」、「聯珠」、「繼踵」、「鏈式結構」，也叫「咬字」。（蔡宗陽，2001：207）在沈謙的《修辭學》中，將頂真分為「段與段之間的頂真」、「句與句之間的頂真」、「句中頂針」這三類。

「段與段之間的頂真」，又名「連環體」，是指文章上一段的末尾，與下一段的開端，用同樣的句子或字詞。（沈謙，1995：527）如張春榮在《修辭散步》中的舉例：楊牧〈山窗下〉的第八段「而人的思想每分鐘每秒鐘都在錯亂，……你就會有一天突然在藝術和

音樂和文學的領域裏迷醉，越沉越深越覺得生命的充實和空虛。」第九段「生命的充實和空虛原是不容易說清楚的。……」兩段以「生命的充實和空虛」頂真。又如楊牧〈行路難〉的最後兩小節，「……火車在出發，過渭水蜿蜒西旋，然而君不見，君不見長安城北渭橋邊，行人彳亍欲曉天，昔日……」。以「君不見」為頂真。（張春榮，1991：132～134）沈謙的《修辭學》中也舉例徐志摩的〈再別康橋〉全詩共有七章，以下為其中的四、五、六章，讀起來感覺和諧，就是因為善用頂真。第四章以「夢」結，第五章以「尋夢」起；第五章以「放歌」結，第六章以「放歌」起。如此連環體的頂真，頂接的字詞重疊，造成極佳的橋樑作用。

> 那榆蔭下的一潭，
> 　　不是清泉，是天上的虹；
> 揉碎在浮藻間，
> 　　沈澱著彩虹似的夢。
> 尋夢？撐一支長篙，
> 　　向青草更青處漫溯；
> 滿載一船星輝，
> 　　在星輝斑爛裏放歌。
> 但我不能放歌，
> 　　悄悄是別離的笙簫；
> 夏蟲也為我沈默，
> 　　沈默是今晚的康橋！（徐志摩，〈再別康橋〉）

「句與句之間的頂真」，又名「聯珠格」，是指前一句的結尾與後一句的開端，用同樣的字詞。（沈謙，1995：534）句與句頂真的

形式，為頂真修辭的主流。運用相同字詞啟下承上，中間以標點符號分開，其形式為：……Ａ，Ａ……例如以「醉」頂真：「花開鳥語輒自醉，醉與花鳥為交朋。」（歐陽修，〈啼鳥〉）以「香」頂真：「似共梅花語，尚有尋芳侶。著意聞時不肯香，香在無心處。」（曹組，〈卜算子〉）以「歸」頂真：「人間事，如何是？去來休！自是不歸，歸去有誰留？」（朱敦儒，〈相見歡〉）　（張春榮，1991：126～128）

「句中頂針」是指文句中片語與片語之間用同一字來頂接，貌似疊字，其實字疊而語析。如李白〈宣州謝朓樓餞別校書叔雲〉，以水更流的「水」字頂接抽刀斷水，以愁更愁的「愁」字頂接舉杯消愁，是為句中頂真的典範。不但文句緊湊有力，而且當句翻疊，情致清新，鋒發韵流，傳誦古今。（沈謙，1995：547）又如：

> 棄我去者昨日之日不可留，亂我心者今日之日多煩憂！
> 長風萬里送秋雁，對此可以酣高樓！
> 蓬萊文章建安骨，中間小謝又清發。
> 俱懷逸興壯思飛，欲上青天覽明月。
> 抽刀斷水水更流，舉杯消愁愁更愁。
> 人生在世不稱意，明朝散髮弄扁舟。
> （李白，〈宣州謝朓樓餞別校書叔雲〉）

（六）倒裝

話中特意顛倒文法上邏輯普通順序的部分，名叫倒裝辭。其形式可以大別為兩類，第一類是「隨語倒裝」，第二類是「變言倒裝」。（陳望道，1989：214～215）沈謙認為，嚴格說來「隨語倒裝」是由於古今語法的不同，不宜列為修辭學上的倒裝辭例，只有出於作

者刻意經營的「變言倒裝」才能視為一種修辭方法，無論是為遷就
詩文格律而倒裝，或是為激發文章波瀾而倒裝，均出自作者刻意設
計的經營安排，俾創造美辭美文。（沈謙，1995：629）

　　為遷就詩文格律而倒裝：中國的韻文美辭，講究音調諧適，特
重聲律之美。往往為了遷就押韻或平仄的格律，用「倒裝」刻意變
更慣用的語法。（沈謙，1995：629～644）例如：

> 「空山新雨後，天氣晚來秋。
>
> 明月松間照，清泉石上流。
>
> 竹喧歸浣女，蓮動下漁舟。
>
> 隨意春芳歇，王孫自可留。」
>
> （王維，〈山居秋暝〉）

王維的詩「詩中有畫，畫中有詩」，這首詩中間兩聯寫景真切，渾然
天成，「竹喧歸浣女，蓮動下漁舟」，是「竹喧浣女歸，蓮動漁舟下」
的倒裝。使「舟」字與「秋」、「流」、「留」等字協韻。又如文天祥
的〈正氣歌〉之首段：

> 「天地有正氣，雜然賦流形。
>
> 下則為河嶽，上則為日星。
>
> 於人曰浩然，沛乎塞蒼冥。
>
> 皇路當清夷，含和吐明庭。
>
> 時窮節乃見，一一垂丹青。」

一片浩然正氣，沛乎莫之能禦。其中第三四兩句脫胎自蘇軾〈潮州
韓文公廟碑〉：「故在天為星辰，在地為河嶽，幽則為鬼神，而明則
復為人。」正常順序當作「上則為日星，下則為河嶽」，此倒置為「下

則為河嶽，上則為日星」，使「星」字與「形」、「冥」、「庭」、「青」
等字協韻。「為遷就詩文格律而倒裝」，只是消極地要求合乎格律，
不得不爾。「為激發文章波瀾而倒裝」，乃積極地追求文章之勁健、
警策、靈動多姿。後者透過刻意的經營、設計與安排，以反常的奇
特句法，引起讀者注意，其修辭效果尤勝於前者。例如孟浩然的〈夏
日浮舟過滕逸人別業〉：

> 水亭涼氣多，閒棹晚來過。
> 澗影見藤竹，潭香閒芰荷。
> 野童扶醉舞，山妓笑酣歌。
> 幽賞未云遍，煙光奈夕何！

孟浩然的田園詩，頗有獨造之妙。正常語序當作「澗（中）見籐竹
影，潭（裏）聞芰荷香」，但是平順乏味，情韻全失。孟浩然用倒裝
句法，不但筆力遒勁，而且有情有趣，耐人尋味。又如王維的〈觀
獵〉：

> 風勁角弓鳴，將軍獵渭城。
> 草枯鷹眼疾，雪盡馬蹄輕。
> 忽過新豐市，還歸細柳營。
> 回看射鵰處，千里暮雲平。

王維雖以自然恬淡的田園詩見長，但是這首〈觀獵〉卻具有遒勁的
邊塞詩風，將一次狩獵活動描繪得豪情洋溢，意興遄飛。「風勁角弓
鳴，將軍獵渭城。」順序當作「將軍獵渭城，風勁角弓鳴。」但是那
樣寫太平板而欠缺精神。倒裝之後，開端即將狩獵的場面和音響播映
到讀者面前，筆勢突兀有力，頗能先聲奪人，立刻捕捉讀者的注意力。

（七）跳脫

　　語言因為特殊的情境，例如心思的急轉，事象的凸出等等，有時半路斷了語路的，名叫跳脫。跳脫大約可以分作三類，第一是說到半路斷了不說或是說開去的，這可以稱為急收；第二是突接，折斷語路突接前話，或者突接當時的心事，因此把話折成了上氣不接下氣；第三是岔斷，這有些像急收而其實非急收，又有些像突接而其實非突接，這是由於別的說話或別的事象橫闖進來，岔斷了正在說的話，致被岔成了殘缺不全或者上下不接。（陳望道，1989：217～220）但是沈謙的《修辭學》和黃慶萱的《修辭學》中，都將跳脫分成四類，第一是突接；第二是岔斷；第三是插語；第四是脫略。以下就用這四類分別予以舉例說明。

　　突接：敘事的時候，這一件事尚未說完，突然接以另一件事，叫做「突接」。（黃慶萱，2004：822）例如李白的〈宣州謝朓樓餞別校書叔雲〉：

> 棄我去者昨日之日不可留，亂我心者今日之日多煩憂！
> 長風萬里送秋雁，對此可以酣高樓！
> 蓬萊文章建安骨，中間小謝又清發。
> 俱懷逸興壯思飛，欲上青天覽明月。
> 抽刀斷水水更流，舉杯消愁愁更愁。
> 人生在世不稱意，明朝散髮弄扁舟。

此詩首段四句以歲月煩憂興起餞別之情，中段四句從前賢俊才敘及賓主相惜之情，末段四句以抒感送別作結。中段以「蓬萊文章建安骨」突接首段的「長風萬里送秋雁，對此可以酣高樓」。黃永武《字

句鍛鍊法》中評云：「於高樓酣飲下，忽然突接蓬萊文章建安骨句，橫亙而出，極感緊峭，而抽刀斷水句又再度突起，處處都是破空而來，像風雨驟至，把各句間的端倪承接都簡省了。」（沈謙，1995：661～662）

岔斷：由於其他事象橫闖進來，因而使思慮、言語、行為中斷，叫作「岔斷」。（黃慶萱，2004：824）例如陳之藩的〈幾度夕陽紅〉「十年前，我默念王國維的詞句：『天末彤雲暗四垂，失行孤雁逆風飛，江湖寥落爾安歸？』這幅墨色山水似的詩人心境，現在看來卻歷久而愈新了。十年了，像一個夢，我現在究否醒來？『陳教授，修士在請你去呢！』」是文中主角的思慮被打斷。（沈謙，1995：671）

插語：凡在必須的語言之外，插進一些詞語，叫作「插語」。（黃慶萱，2004：826）例如魯迅的〈阿Q正傳〉「知縣大老爺還是原官，不過改稱了什麼，而且舉人老爺也做了什麼，——這些名目，未莊的人都說不明白，——官，帶兵的也還是先前的老把總。」小說裏敘滿清結束，民國成立，但地方官吏仍然是照舊那班人。以「這些名目，未莊的人都說不明白」插入敘述之中，頗具諷刺性。又如朱自清的〈哀韋杰三君〉「我們只談了一會兒，而且並沒有什麼重要的話；——我現在已全忘記。——但我覺得已懂得他了，我相信他是一個可愛的人。」朱自清在文裏，以「我現在已全忘記」插入敘事中，有補充說明的作用。（沈謙，1995：675）

脫略：為了表達情境的急迫，要求文氣的緊湊，故意省略一些語句，叫作「脫略」。（黃慶萱，2004：827）例如林海音的〈冬青樹〉「他怎麼會愛上她呢？真不可能。你漂亮，有學問，而她……怎麼會？」林海音在「而她」之下脫略了「醜陋」、「無知」等。又如彭

歌的〈在天之涯〉「剛到美國就上了這麼一個不大不小的當。幸而他家裏有錢，否則——當然，如果他是個窮學生，像自己一樣，根本就不會也不敢做那樣的淘金夢了。」彭歌在「否則」之下脫略了」糟糕」、「倒楣」等，所脫略的是不好的意思，不說要比說出來的好。（沈謙，1995：679）

　　以上這四大類的修辭方式，底下又各細分成好幾種的辭格，並非每一種都互相獨立的；相反的，常會互相混合運用以收表達更為順暢之效，若能將上述所介紹的多種修辭方式，加以靈活、巧妙使用，不僅可使文字、語言增添許多美感，也可使表意傳情的目的達到最大效果，更可實際運用於各種行業當中，讓自己隨時處於最佳優勢地位。

　　研究修辭的鉅作甚多，諸如上述所提及的陳望道的《修辭學發凡》、黃慶萱的《修辭學》、沈謙的《修辭學》等，都是代表性的出版品，內容搜集的例子不勝枚舉，皆偏重文學之美、強調辭格的重要，沒有更廣泛將社會各個階層、各個行業也一併納入分析；若流浪教師能利用原本擁有的專業知識背景，針對修辭加以細微的觀察與運用，必定更能無往不利。

第三節　修辭策略

　　策略之於管理，為達到公司目標所採用的行動方向與準則，也是公司推動業務的基本方向；策略之於閱讀，為協助讀者集中注意力、監控自我理解過程、準確掌握內容重點，從而產生興趣、獲得許多知識來源的方式；策略之於修辭，為有效傳達個人內在思想、

表達內心情感的計謀，為生活中增添色彩、歡笑、回憶的工具，為有效說服、強烈感動對方，使對方認同或改變初衷的一種綜合戰術。

「語言學家巴利（Charles Bally）曾經說過，我們說話便是一種戰鬥。因為人間信念、欲望、意志等等，都還不能完全吻合，這人以為重大的未必旁人也以為重大，這人以為輕微的未必旁人也以為輕微，因此每有兩人接觸，便不能不開始所謂語辭的戰鬥，運用所謂語辭的戰術。有時辛辣，有時紆婉，有時激越，有時和平，有時謙恭愁訴，簡直帶有偽善的氣息。必須如此，才能攻倒對方壁壘的森嚴，傳達自己的意志到對方，引起對方的行動。而所以說話的目的，方才可以如願達到。」（陳望道，1989：13）另外「自有歷史記載以來，人類就百般嘗試，想找出技巧和方法，來使他們的同胞在他們的控制之下。修辭學便是為達這個目的所運用的正規方法之一。重要的是，修辭學是在古希臘的城邦中發展的，在那兒，要說服的不只是一個人──國王或暴君──並必須要推動整體的市民，才能支持某項行動。」〔芮堡、凱羅（Gerard I．Nierenberg、Henry H．Calero）合著，1987：79〕在今日的社會中，無論是談話還是磋商，修辭都可幫助我們處理許多既困難又複雜的問題，足見修辭在我們日常生活中已是不可或缺的重要工具。因此上述所謂的「語辭的戰術」也就是「修辭策略」，已是一門不容忽視的重要課題。這一節的內容將鎖定「題旨與情境」、「字形、聲韻、詞彙」、「語言風格」等三個面向，進行詳細的探討與介紹，說明如何加以搭配組合，進而制訂出最適合、最有效的個別化「修辭策略」。

「修辭以適應題旨與情境為第一義，不應是僅僅語辭的修飾，更不應是離開情意的修飾。凡是切實的自然的修辭，必定是直接或間接的社會生活的表現，為達成生活需要所必要的手段。凡成功的

修辭，必定能夠適合內在複雜的題旨，內容複雜的情境，極盡語言文字的可能性，使人覺得無可移易。其中尤以情境的適應為主要條項。」（陳望道，1989：13）例如「抒情柔美」與「幽默逗趣」及「論理說明」這三種不同的情境，所挑選的修辭方式便有所差異。「抒情作品，訴諸作者的真情指數。以敏銳生命個體為基調，在情感的客觀投影裏，由景生情，因事轉意：進而自共識的事件、自真性至情的淵蓄中，呈現情感的最高音。抒情詩文，往往情溢於事，情滿於景，以我觀物，自成感性動人的『情感邏輯』（非『抽象邏輯』）；進而在形象思維中，化宣洩成涵泳，去蕪雜成真純，讓激情成深意，讓苦悶鬱結得以淨化昇華。」（張春榮，2001：149）一般基於情感內在需要，抒情作品常常結合許多修辭技巧，其中包括「譬喻」、「擬人」；其次，為達到如在眼前的虛擬實境效果，利用想像力不受時空限制的特性，對過去、現在、未來等三種不同情境的心情抒發、懸想，往往兼用「示現」技巧；再者，為將心中強烈情感激發出來，又可採取「設問」當中提問及激問的手法；另外，有時為符合含蓄、靦腆的個性，或達到耐人尋味、猶抱琵琶半遮面的羞澀感，也會涉及到「婉曲」的修辭技巧。

　　「幽默是人類最珍貴的才能之一。幽默能使我們精神健康，富於創造性，它能通過一種娛樂形成，減少我們的壓抑與憂慮，通過笑釋解人與人之間的隔膜與冷漠，消除困擾人類的敵意。當然，也能消除人類交流活動中的偏見與誤解。」（周寧，1992：58）人在說話時，必須「用對詞、說對話」，免得使場面變得尷尬、難堪；在人際溝通中，一個懂得說話、製造幽默的人，必定會大受歡迎，也會使得現場氣氛變得歡樂、愉快。「幽默作品具有喜劇性質，化單一為多元，化嚴肅為詼諧，因此最容易運用雙關、倒辭、誇張等

技巧，打破固定的觀點，形成引人會心的別解新趣。」（張春榮，2001：157）「使用幽默的方法常常讓我們對於難題產生新的洞察，得到可能的解決手段。舉例來說，當你想動手做菜時，卻忘了先將雞從冷凍庫裏拿出來，這時候懊惱並不能幫助把雞解凍得快些，但是運用點想像力或幽默感或許可以。你這樣想：把這隻雞帶到健身房裏，同一個三溫暖烤箱也許能將兩隻小鳥烤熟吧。」〔克萊恩（Allen Klein），2001：37〕此例中的「兩隻小鳥」即為一語雙關；另一則笑話是：

> 有一個男子三十初頭就開始禿頭，頭髮愈來愈少。後來他到一家生髮水專賣店，去買可以治癒他禿頭的生髮水。男子問店員：「那效果怎麼樣？有效嗎？」「哇！這一瓶效果奇佳無比！」店員很有把握地說：「這瓶生髮水可以說是目前全世界效果最強、最棒的！前天，有一位太太來買這瓶生髮水，想送給她老公，但是因為瓶蓋太緊了，打不開，所以這位太太一急，就用嘴巴去咬……」店員繼續說道：「你知道嗎？這位太太用嘴巴一咬，瓶蓋打開了，但是生髮水也濺到她的嘴唇上，結果，不到三分鐘，這個太太的嘴唇上面就長滿了鬍子，馬上就變成一個男人！」（戴晨志，1996：56）

人的「思維」，經常是順著「常理」在進行，但是假如故事的結果不符合「經驗法則」，而與心中「預定答案」相去太遠，就會使人覺得「可笑」！就像本篇故事中，女人濺了「生髮水」，馬上變成「男人」一樣，運用此一方法而達到「誇張」的效果，不禁令人捧腹大笑。

　　「議論作品是作者理性的呼聲。以演繹、歸納為主要思維模式，據事論證，依理推衍，發表個人見解，提出不同主張；藉以說服讀者，使其信從。因此在「言之有物」中，務求深刻入理，別具隻眼，能發人所未發，見人所未見；『言之有序』下，力求抽絲剝繭，層次分明，能環環相扣，犀利縝密。」（張春榮，2001：165）因此，擷取名言佳句以及古今中外的事例，亦即採取「引用」的修辭技巧作為行文、言論時的佐證，最能夠強化議論、說理的可信度。其次，運用「對襯」、「排比」修辭，能產生強烈對比，凸顯欲表達的意義、增強語氣；同時能產生節奏，造成氣勢，達到說服、改變對方之目的。

　　劉彥和在《文心雕龍・情采篇》中說：「立文之道，其理有三：一曰形文，五色是也；二曰聲文，五音是也；三曰情文，五性是也。」（王利器，1982：205）所謂情文，就是文章或說話以情境為第一要義，指內容情感，為文章或說話內容的根本；所謂的形文，包括辭藻的修飾及應用文字形體作各式各樣的變化，不但能引人注意、增強視覺效果，更形成中國文字特有的文學美妙（黃永武，2002：71）。舉例來說，茶詩之中有一種「一七體」，這種詩體是我國唐朝的一種古體詩種，類似古埃及的金字塔，是有趣的「寶塔詩」。排列為一，二二，三三，四四，五五，六六，七七，首句一字，末句七字，韻依題目，全詩一韻到底。平仄也有講究，中間字數依次遞增，各自成對。創作難度之高，而元慎卻能以「茶」為題，將這種詩體運用如神、妙趣橫生：

茶。
香葉，嫩芽。
慕詩客，愛僧家。

> 碾雕白玉，羅織紅紗。
>
> 銚煎黃蕊色，碗轉曲塵花。
>
> 夜後邀陪明月，晨前命對朝霞。
>
> 洗盡古今人不倦，將知醉前豈堪誇。

再舉一例來說，如曾以童詩集《太陽・蝴蝶・花》入選臺灣兒童文學一百的詩人詹冰，其名作之一圖象詩〈山路上的螞蟻〉，「螞蟻」一詞中的「螞」、「蟻」都屬形聲字，就文字符號來看，連外形、筆劃都相似，聚合在一起密密麻麻的景象，確實很像一群螞蟻匯集；三段合併整體來看，正如此詩名「山路上的螞蟻」般，沿著崎嶇的山路慢慢將食物扛回巢穴。

> 螞蟻螞蟻螞蟻螞蟻螞蟻螞蟻
>
> 蝗蟲的大腿
>
> 螞蟻螞蟻螞蟻螞蟻螞蟻螞蟻
>
> 螞蟻螞蟻螞蟻螞蟻螞蟻螞蟻
>
> 蜻蜓的眼睛
>
> 螞蟻螞蟻螞蟻螞蟻螞蟻螞蟻
>
> 螞蟻螞蟻螞蟻螞蟻螞蟻螞蟻
>
> 蝴蝶的翅膀
>
> 螞蟻螞蟻螞蟻螞蟻螞蟻螞蟻

所謂的聲文，就是應用文學的聲韻律動來鑄句，配合情境慎選文字，以求聲音和諧來增進文句的優美，達到易於記憶與流傳之效果。我們暫且不談專門的聲韻知識，光是押個韻，就已能使文字美、有特色、好琅琅上口，這種技巧運用在生活中的廣告則特別明顯，舉例如下：

鑽石恒久遠，一顆永流傳。（鑽石）

康喜健鈣，我最愛。（健康食品）

四季調味，真情入味。（四季醬油）

舉手之勞做環保，資源回收垃圾少。（臺中市政府）

購物不忘索發票，社會福利會更好。

誠實納稅福報好，正確報稅沒煩惱。

報稅繳稅有便道，運用網路最可靠。

流行是一種禮貌，穿錯品牌很讓人感冒。（鞋子）

把病菌都趕走，做個健康小朋友。（乖乖）

聲寶殺菌光，細菌殺光光。（聲寶殺菌光冷氣）

讓喉嚨舒爽，呼吸順暢。（AIRWAVES 口香糖）

　　除了字形、聲韻之外，多變、豐富的辭彙亦是不可或缺。以顏色來說，形容「紅色」的辭彙，就有「血紅」、「桃紅」、「嫣紅」、「豔紅」、「落紅」、「楓紅」、「棗紅」、「朱紅」、「火紅」……等之多；以視覺來說，「看」這個動詞的辭彙，就有「觀看」、「察看」、「細看」、「偷看」、「眼看」、「端看」、「翻看」、「俯看」、「對看」、「耐看」、「窺看」、「且看」……等之多；寫文章、話語內容最忌千篇一律，一樣的意涵可運用不同的語詞來替換，以產生活潑多變的樣貌。此外，成語、格言、俗諺等也是豐富內容的重要功臣，不宜輕忽。語言浩瀚如海，有時風和日麗美如神秘女郎，有時驚濤駭浪如怒吼雄獅；無論是想搭乘豪華郵輪在旅程中悠閒自在，或是想搭乘汽艇在乘風破浪中追尋冒險刺激；都必需依賴日積月累的觀察與收集，都必需依靠天長日久的廣泛閱覽與飽讀，如此，定能在這一片汪洋辭海當中揚帆前進。

　　最後要提及的第三個面向是「語言風格」。我們所說的「風格」，一般都是指文學作品而言。凡是用語言學的觀念和方法進行研究，涉及作品形式、音韻、詞彙、句法的，是「語言風格」。「語言風格想知道的是某一作家或某一作品所用的語言『是怎樣的』，然後客觀的，如實地把它說出來，因此，它是客觀的、科學的、求『真』的，它不對作品作好壞、美醜的價值評斷。」（竺家寧，2001：27）書面語和口頭語傳達的方式不同，風格也不同，口語因語調的變化顯現風格，書面語則藉文字差異表達風格；性別差異會造成男性和女性間的風格不同；大人和小孩年齡、經驗的不同，因此風格不同；另外由於學歷不同、行業不同，也會造成語言風格的不同；面對不同的情景，往往也會呈現出不同的語言風格，例如在辦公室中對上司說話、開會作簡報；和同事、朋友喝下午茶聊天；面對陌生人或與客戶洽談；在學校老師對學生的諄諄教誨、對學生上課時的教導、對家長們的溝通；演藝人員在舞臺上表演或是和觀眾的互動等等，都各有一套不同的語言風格。語言風格是客觀的、沒有所謂的好或壞，沒有所謂的美與醜，在這多元化社會裏、快速變動的時代中，更應該要塑造出自己獨特的個人風格，才能異軍突起讓人生擁有炫麗的色彩。

　　制定修辭策略的步驟，應當就以上三個面向所提及的細節加以分析，也就是先找出欲達成或是必須配合的情境，接著對字形、音韻、辭彙等材料作廣泛的蒐集與適當的篩選，再搭配個人獨特的語言風格後，將所有資料綜合統整，最後轉化成為書面語或口頭語呈現出來，並根據實際狀況不斷作修正與更改，如此所得到的產物將是最高品質的「修辭成果」。除此之外，書面語再輔以圖片、色彩的協助，口頭語再運用表情、態度、肢體語言等的襯托，更能使修辭

策略如虎添翼、勢如破竹，產生最高效能，成為達意傳情的最佳利器。以下的例子是我在 2005 年於臺東大學師資班即將畢業前，為本班的自製畢業光碟所寫的配詞：

> 當夏蟬鳴起響徹校園裏的每個角落～～情結東大
>
> 雖然中央山脈阻隔了交通卻連繫了你我～～緣聚後山
>
> 遍野的金針油麻菜也傳開了「美」麗「芬」芳情～～有你真好
>
> 浩瀚星空萬家燈火心靈相契結伴夜遊行～～相識寒舍
>
> 情如潮水般一波波的湧來波濤洶湧～～愛在海濱
>
> 憶起當時共同用青春譜出的色彩
>
> 憶起那段汗水與淚水編織的歲月
>
> 憶起那些熬夜和戰痘的微風往事
>
> 憶起許多嘻笑及瘋狂的精彩片段
>
> 全都將串聯成一幕幕難忘的回憶
>
> 僅管今日為了前程各奔西東
>
> 僅管不能再像往日那般擁有
>
> 僅管難以抑制心中無限思念
>
> 僅管一切感傷只能默默承受
>
> 所有情感都將放在我心深處
>
> 當夏蟬又再度響徹校園裏的每個角落～～離別在即
>
> 就讓我們悄悄的不帶走一片雲彩～～揮揮衣袖
>
> 縱使滿懷感動與盈眶淚水～～淡然面對
>
> 期待今日的離別只為明日的相聚～～揚帆待發
>
> 相知相惜情牽緣結明天依然還要作伴～～再會東海

把離別在即所醞釀的難捨難分，轉化為感性抒發的情境；全篇四段按照「起」、「承」、「轉」、「合」的架構編排，流程按照事件發生的時間順序描述；內容以全班性參與的活動為材料，班導師的名字一併嵌入其中；辭彙的選擇以搭配臺東特色及同學間情感激發為主；最後呈現出個人柔美、感性的語言風格，用文字表達出來。雖遠不及大師的鉅作，一個個的文字卻都是一顆顆無色無味的催淚彈。

關於修辭學方面的研究先驅或前輩不在少數，有些偏重於古文學作品的賞析，有些喜愛漫步在散文類的幽林小徑中，有些熱衷於耳熟能詳的流行歌曲，有些是透視有趣而長遠流傳的俗語、俚語或諺語；或者是將中外電影對白內容列為研究對象，或者是把廣告、報章雜誌標題收編為題材；但一套完整而詳細的修辭策略尚還不見蹤影，一套針對各個行業的各式各樣修辭策略尚還無人探究。目前流浪教師四處遊牧的窘境已引起眾人觀注，政府無力有效解決得靠自己自救卻是現實、真實的情況；在這文字所建構的世界裏，修辭策略就如同小叮噹的百寶袋，是那樣的如影隨行、是那樣的神奇有效、是那樣的不可或缺。身為流浪教師一員的我，不由得燃起著手進行研究的念頭，決定將修辭策略實際應用在各職場上，放大修辭策略在各行業所展現的爆發力，捕捉獵取成功勝利者的修辭策略，建構一套通行於各行各業間的理論架構，試圖喚醒流浪教師們莫再輕嘆、莫再傍徨，無論決定走往任何方向，都可以朝這裏看過來，朝這裏再靠近一點看仔細，仔細看這裏的數帖處方箋，裏面都是精挑細選的珍貴靈丹妙藥，服用後進入各個職場檢驗就可知道效果，一定能發揮讓人生大放異彩的神奇力量。

第四節　後現代與網路時代情境

　　每個時代的文學作品都有不同的時代風格，只因身後隱藏著不同的時代背景；一個成功的修辭策略，尚必須跟隨時代潮流、甚至帶動、引領風潮，才能得到推波助瀾的效果，享有獨佔鰲頭的局勢，獲致戰無不勝、攻無不克的凱旋場面。處於目前多元化、個別化、差異化、科技化、與網路化等多重特色的後現代與網路時代情境裏，變化的速度之快，不儘對經濟、社會、政治、文化等層面造成影響，對教育及語文方面，更是產生顯著的變化，這些都是得儘快通盤了解的內容。

　　「關於後現代的定義，李歐塔（Lyotard）在一次的訪談中說道：『後現代所指的並不是現代主義的結束，而是與現代主義的另一種關係。』李歐塔正是旗幟鮮明地對後現代性採取正面態度的學者之一。他呈現給我們的知識的後現代圖像，是放在所謂『後工業』的社會脈絡下的新興現象。而在這情境中，最凸出的轉變涉及所謂的資訊工業或『智識技術』的興起，逐漸取代了以機器技術為基礎和勞資階級關係為主軸的社會結構特徵，這也是李歐塔討論知識地位改變的主要背景。『語言』則是李歐塔論證中銜接這兩種變化的重要中介因素。首先，技術變遷對知識的兩個主要功能──研究與傳播──產生了可觀的影響。就研究層面而言，包括遺傳學、電子學、社會學……等領域的學科在方法上愈來愈受到控制論（cybernetics）的影響，甚至以之為典範來進行研究。傳播層面所受到的影響，最顯著的便是各種不同的知識傳播媒介的設計朝輕薄短小發展。其次，以資訊商品的形式，知識同時也成為權力競逐的籌碼。中美兩國談判智慧財產權可說是一個例子，美國不惜動用經濟制裁的手段

強迫我國就範。」（黃瑞祺，2001：94〜97）「修辭原是達意傳情的手段，主要的為意與情，修辭不過是調整語辭使達意傳情能夠適切的一種努力。」（陳望道，1989：5）知識傳播媒介的改變，必定會引起修辭方式的變動，正因媒介趨向於輕薄短小發展，所以造成修辭亦有「愈短愈好」、「重質不重量」、「精簡代替詳細」的明顯現象；加上資訊流通速度快、使用便利等特色，造成的智慧財產權問題嚴重浮現，更提醒了資訊使用者在語辭、文章的運用時，必須首先考量權限的問題，免得惹禍上身，或纏上官司的麻煩事；職場中的簡報、研究的論文寫作、演藝界的節目內容等，也跟著出現附註詳細資料來源的趨勢，不但可大方表態以示負責，也可提供有興趣者作為索引的依據。

　　「資訊科技快速普及化到人類的日常生活與工作領域中，大幅改變人們的互動方式，網路世紀的到來，使人們獲得知識的形態，包括取得知識的時間、地點、方法、速度、數量與範圍等，皆產生革命式的變化。目前網路科技應用的普及化腳步正在以倍數的速度成長，使得學校教育在傳道、授業、解惑的功能上，已不再是唯一重要的途徑。」（陳美玉，2002：290）現今的學習者，比起以前更有能力掌握及獲取資訊的內容、量與速度，學校的教科書已不再如傳統社會時，像《聖經》一樣的崇高地位；同樣的，教師的角色也不再只是單純的知識供應者，應成為學習過程中鷹架作用的角色，輔助學生如何在資訊充塞的時代裏，進行更有意義且有方向性的學習，並嚴加提醒讓學生免於迷失在資訊充斥的網路叢林中。「網際網路的盛行，除了帶來強大的經濟動力，迫使許許多多企業體的競爭工具與方式，產生了革命式的改變，例如：幾乎所有的企業都必須使用新工具來增進個人的生產力，同時也必須強化個人資料創新、

存取與分享的能力，以及工作流程的整合，並透過知識管理整合系統功能的應用，讓組織的資訊與專業知識發揮最大的功能。」（陳美玉，2002：292）不可否認的，網路的興起除了為學習者帶來更快速、多元、全球性的資訊外，也為傳情達意的方式開啟另一扇大門；個人網站的架設、部落格空間的設置、即時通訊軟體的發達、團體性組織的溝通平臺，全都成為聯絡情感、表情達意、溝通討論的好幫手；也因此語辭的傳達產生奇妙性的變化，也製造出令人讚嘆的產物──火星文，舉例如下：

> b 存在 d4 情，怎口1叫偶承認ㄚ！＝不存在的事情，怎可以叫我承認啊！
> g 然搜 88，95 需再搜 i 偶＝既然說掰掰，就無需再說愛我
> ㄅ乃ㄅ倫 94 對窩ㄅ爽！＝不來的人就是對我不爽！
> 99，3q ㄋ姑力偶讀豬＝舅舅，謝謝你鼓勵我讀書
> (*-*)！　緊張緊張
> (>_<)}}}}}}}}　發抖（冷～～～～～～）
> …(⊙_⊙;)…　挖勒～怎麼會降！？
> （火星倫特攻隊，2006；火星喵喵、火星汪汪，2006）

　　不容置疑的，網路時代的來臨確實為企業提升溝通效率、節省許多交通往返成本、縮短與客戶距離、賺取更多時間。還記得令人聞之色變的嚴重急性呼吸道症候群（SARS），曾經造成世人的關注，起因是 2002 年 11 月起，中國大陸廣東省陸續傳出多位感染非典型肺炎的病例，並引起多人死亡，2003 年 2 月開始，香港、越南、新加波等國陸續出現病例，也引起世界衛生組織的重視，當時中國大陸、香港、臺灣等地皆被列入地區性傳播名單之中。（臺北市政府衛

生局 SARS 專題網頁，2008）這對臺灣的中小企業來說無疑是個晴天霹靂，人人陷於恐慌之境，礙於無法便利出入境於港、臺之間，便無法親臨指揮所屬子公司，一生的心血危在旦夕；所幸仰賴 MSN 及 SKYPE 等即時通訊的科技產物，讓企業主們有了順利溝通的媒介，透過視訊、影音、檔案傳送等多功能結合，「空中開會室」因此蓬勃發展、居功厥偉。坊間指導製作簡報、教導寫作企畫書的書籍不在少數，研究企業專業領導、如何成功的書籍也很多，現實社會裏卻沒有針對「修辭」來探究，所以後續我將朝此面向切入作一詳細研討；不管時代如何變遷、潮流如何湧進，做好萬全的準備定可運籌帷幄，贏得漂亮的成績。

第三章　流浪教師的現實處境

第一節　臺灣師資培育政策的發展

　　1949 年底，中央政府播遷臺灣，教育部為配合時代需要，乃於 1950 年頒布「戡亂建國教育實施綱要」，「師資第一，師範為先」遂成為教育工作的中心目標。「民國 44 年教育部頒布『提高國民學校師資素質實施方案』及『提高中等學校師資素質實施方案』二種，以為改進師範教育之依據。其共同要點有六：(1)改進師資訓練辦法；(2)改善師範生待遇，充實師範院校設備；(3)健全教職員人事制度，保障優良教職員之職位；(4)輔導教職員進修，增進教職員之服務能力；(5)改善教師待遇，安定教師生活，提高教師在社會上的地位；(6)加強服務成績之考核，力求教育計畫之實現，促進教育事業之進步。這二種實施方案的頒布，是政府遷臺後首次對於師範教育訂定的詳細實施規範，當然也影響後來對於師範教育政策的趨向。」（中華民國師範教育學會主編，2002：10）「1979 年『師範教育法』正式完成三讀通過並於同年公布施行；但在 1987 年解嚴後，臺灣的政經社會環境已經逐漸趨向開放、多元，此一戒嚴時期的教育法案，在實施數年後，教育部即著手規畫修法工作，而法案名稱則在立法院審查時，由原來的『師範教育法』更改為『師資培育法』，開啟臺灣師範教育史上的一個新紀元；行政院於 1992 年指出修法的必要性：『師範教育法自 1979 年 11 月公布施行迄今，已逾十一年，在此其間，由於社會結構急遽變遷，政經文教亦有相當大之改變，因此，

其中若干規定已不能適應當前需要，亟需要通盤檢討適應。」於是「師資培育法」在 1994 年 1 月 18 日立法院三讀通過並經總統公布實施。」（中華民國師範教育學會主編，2002：20～22）在「師資培育法」取代「師範教育法」後，隨後在 1995 年通過「教師法」，我國師資培育政策從一元化、計畫性、分發制、公費制改為多元化、儲備性、甄選制、自費制；師資來源由中央控管品質走向市場擇優汰劣機制；此外，規範並保障教師進修的權利與義務，以增進教師的競爭力，維持教師素質的水準。

　　師資培育法全文共二十條，主要內容為：師資培育的宗旨、師資及其他教育人員的界定、師資培育的課程、師資培育的方式、教師資格的取得、教育實習機構、在職進修機構的設立及其相關事宜與地方教育輔導等。（參考法源法律網－師資培育法，2008）將「師範教育法」和「師資培育法」作一比較，師資培育法有以下特色：(1)多元化的師資培育制度；(2)師資培育以學生自費為主，並採多元化的儲備方法；(3)教師資格採「檢定制」。教師任用從派任制、介聘制到聘任制；(4)教師進修有法源並法制化。「教育部在 88 年所提出的『中小學師資多元培育制度改革方案（草案）』中，對於當時修法的原因有更詳細的說明：『師範院校長久以來受限於肩負政府賦予計畫性培育中小學師資之特定任務，在學校規模、員額編制、招生人數、學校發展等方面，受到相當影響。而且，近年來社會變遷劇烈，故未來中小學師資培育的責任，已非師範校院所能負擔，尤其中等學校職業類科師資之需求，更加顯露師範校院培育功能之不足；加以民眾對於子女受教育權利之要求日高，師資之良窳，益為國人所重視。民意代表、學術機構一再反映，希望讓一般大學參與師資培育工作，師資培育走向開放多元的聲浪因而高漲，乃促成師

資培育法之誕生。』」（中華民國師範教育學會主編，2002：20～21）民國 83 年 2 月通過「師資培育法」，「該法規定師資培育時程可分：招生、修課、實習、教師檢定、教師甄試、在職進修；培育來源擴大到：師範／教育大學、設有師資培育系所之一般大學、師資培育中心和學士後教育學分班；培育類科又可分成幼稚園、國民小學、中等學校、特殊教育學校（班）等四個師資類科。」（教育部，2006：2）1995 年 6 月接著公布「大學校院教育學程師資及設立標準」，准由一般大學申辦各級教育學程，包括中等教育、國小教育、幼兒教育、特殊教育等四類，師資培育多元化的結果，使各個學分班有如雨後春筍般的陸續出現，形成一個空前未有的特殊局面。

　　「2002 年 7 月又修正公布『師資培育法』，調整修業時間、實習及教師檢定制度及方式，由形式上的檢定（書面文件檢覈），轉向實質上的資格檢定（以考試為之）；並於 2005 年 4 月 9 日舉行了第一次教師檢定考試，考試科目共四科：國語文基本能力、教育原理與制度、課程與教學、發展與輔導，每科滿分 100 分；及格標準需四科平均成績達 60 分、沒有一科零分、且至少三科分數達到 50 分。師資職前教育培育相異點比較及流程如下所示」：（教育部，2006：2）

表 3-1-1　師資職前教育培育相異點比較

比較項目	2002 年修正的師資培育法	1994 年制定的師資培育法
大學修業時間	四年	四年
實習階段	師資職前教育課程修業完成前	畢業後
實習時間	半年（一學期）	一年（7 月到隔年 6 月）
實習身分	學生	實習老師

實習津貼	無，還需按規定繳交學分費給學校。	由教育部編列每月八千元
教師資格取得方式	檢定考試通過	實習成績複檢及格
適用對象	2003 年 8 月起修讀教育學程、教育學分班、師資班的學員及 92 學年度入學的大一新生。	2003 年 8 月 1 日以前已在修讀教育學程、教育學分班、師資班或正在實習者。

師資培育法職前教育課程

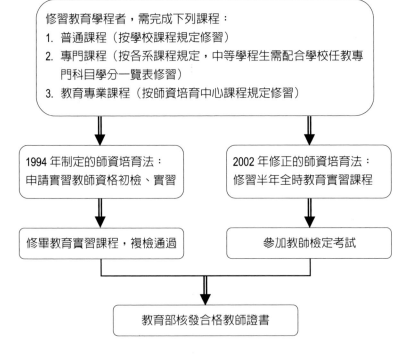

圖 3-1-1　師資培育法職前教育課程

　　「教育部為期建立詳細完整之師資培育相關數據資料，提供師資培育單位一個供需評估機制，全符應儲備制度資訊公開原則，已於民國 2006 年 1 月首印《中華民國師資培育統計年報：2005 年版》，其內容包括幼教、國小、國中等、特教四大類科的：師資培育相關基本資料、在職教師數量與授課資料、師資儲備人員數量與就業情形、目前培育之師資生數量分析等四大項資料，且以縝密細緻之分層、分齡、分區、分科的統計數據呈現之。」（林新發等，2007：61）在教育部的統計年報中針對 1997 年起核證的師資人員「首登專長」與「教育階段」交叉分析，就「首登專長」各屬性分別製表，以剖析其首登專長在職業狀況上之分布現況。（教育部，2007：117）由下表可以很明顯的看出，自 1997 年直至 2006 年為止，領有合格教師證的儲備教師，以國小師資人數最多已高達二萬多人，也就是說，尚無法進入教職窄門、仍在艱苦奮戰的流浪教師還有二萬多人：

表 3-1-2　首登專長與就職情況

單位：人

首登專長	小計	職業狀況		
		在職		儲備
		正式	代理	
2005 年	108,093	57,335	（註）	
2006 年	125,368	68,525	10,689	46,154
幼教專長	8,081	2,904	693	4,484
國小專長	52,370	27,390	4,692	20,288
中等普通專長	47,232	28,513	4,129	14,590
中等技職專長	10,244	4,007	754	5,483
特教專長	7,441	5,711	421	1,309

註：2005 年未統計代理教師人數，故儲備人員（50,758 人）含代理教師。
（資料來源：教育部，2007：117）

表 3-1-3　國小首登專長與就職情況

單位：人

國小首登專長	小計	在職狀況		儲備
		在職		
		正式	代理	
2005 年	44,654	24,714	（註）	
2006 年	52,370	27,390	4,692	20,288
國民小學教師	52,370	27,390	4,692	20,288

註：2005 年未統計代理教師人數，故儲備人員（19,940 人）含代理教師。
（資料來源：教育部，2007：117）

　　整個教職市場的供給量如此龐大，又面對少子化的雙重打擊，政府雖已採取一些煞車方案，但是仍然杯水車薪、緩不濟急，相對的，流浪教師身處這樣的困境，實在需要好好定心思考一番；該何去何從，實在叫人無語問蒼天。

第二節　「搶當夫子」的浪潮

　　當時就讀臺東大學師資班期間，由於學校實習課程有項規定，要我們必須利用寒假期間，到國民小學「見習」三天，於是和同學們興緻勃勃的前往風景秀麗、山巒疊翠、群山環抱的太平國小，只因之前曾到這兒參訪過，所以極度想嘗試三天如仙境般的大自然體驗營；但事情總未能盡如人意，還記得臺東縣太平國小的校長那時提了些問題，其中問到：「你們為什麼會想來當老師？」同行的四人包括我在內，都回答：「因為這是我從小的夢想，從小學開始，我就想當老師。」「每個人都是這麼說，難道真是這樣的嗎？」校長立刻

大笑著、同時用極度不相信的口吻說:「真的,真的,真的……」當時我在心中千百次的吶喊著,別人怎麼說、怎麼想我不知道、也不想知道真相,只知道我真的在無知不識愁的童年,早已讓這憧憬在內心深處進駐,早已無聲無息的成為不願放手的堅持;當然,更多人是因為適逢社會經濟的大困境,而選擇教職一途,目前教師相對於其他行業,自然是收入穩、薪資優、福利好、假期多的「NO.1」首選,總而言之,整個教甄之戰你爭我奪的角逐場面持續延燒中。

「在 1989 學年度,光是國小教師即欠缺六千餘人,為解決此一課題,教育部乃於各師院進修部成立國民小學師資班,招收大學畢業生,使之修習 29 個教育學分,以適應『特殊及偏遠地區』教師甄選需求。自 1989 年開辦後至 1994 年,共辦理七期,招生對象規定為:國內外公私立大學或獨立學院畢業,獲有學士以上學位,且年齡在五十歲以下,此外男生尚須服完兵役或無兵役義務者,才准予報考。修業年限原先計畫為一年,但因小學師資需求孔急,是以自 1989 年 4 月至 1994 年 6 月所辦理的七期中,有五期修業一年,另有二期(第一期、第四期)則僅修業半年,即准予結業。」在此列表如下:(中華民國師範教育學會主編,2002:89~91)

表 3-2-1　各期師資班之修業期限表

期別	第一期	第二期	第三期	第四期	第五期	第六期	第七期
修業年限	半年	一年	一年	半年	一年	一年	一年
修業日期	1989 年 4 月 ~ 1989 年 8 月	1989 年 9 月 ~ 1990 年 7 月	1990 年 9 月 ~ 1991 年 7 月	1991 年 2 月 ~ 1991 年 7 月	1991 年 9 月 ~ 1992 年 6 月	1992 年 9 月 ~ 1993 年 6 月	1993 年 9 月 ~ 1994 年 6 月

後來因教育廳估計 1996 年、1997 年全省國小師資之缺額高達五千名以上，國小依舊處於師資不足困境中，所以各師範學院再度開辦四十學分的學士後國小師資教育學分班，以解決國小教師欠缺的問題。在教育部出版的《中華民國師資培育統計年報——2006 年版》中，針對公立學校辦理教師甄選現況作了詳細的調查與統計，其中公立學校教師甄選現況包括各縣市、各學校階段公立學校正式教師甄選的報考及錄取情形，並進一步呈現各教師甄選報考者在性別、年齡、師資培育來源、取得教師證年度上的情形；由於參加教師甄選者不排除重複報考的情形，因此以「人次」為單位，最後，並計算報考者重複報考次數。現將資料列表並逐一說明如下：（教育部，2007：187）

表 3-2-2　學校階段與甄選人次

單位：人次

學校階段	錄取狀況		錄取百分比
	報考人次	錄取人次	
總計	122,798	3,524	2.87
幼稚園	4,814	68	1.41
國民小學	35,264	233	0.66
國民中學	40,985	2,182	5.32
高中職普通學科	23,046	579	2.51
高中職技職學科	16,556	415	2.51
特殊教育學校	1,457	47	3.23
遺漏值	676	0	0.00

註：「遺漏值」係指未登記報考類科資料或報考類科資料登記不完全者。

由上表可以看出，2006 年國民小學的報考錄取率只有 0.66%，也就是只有 0.6%多的機會而已，是各個學校階段中自幼稚園到高中，包

括特殊教育所有學校在內錄取率最低的保持者，要跨進百分之一的
門檻竟然還是那麼的遙不可及。接著從以下列資料中更可以明瞭原
因，許多縣市根本沒開缺額，在僧多粥少的情況下，難怪國小教師
甄試的錄取率如此令人驚嘆：

表 3-2-3　甄選學校所屬縣市、學校階段人次

單位：人次

甄選學校所屬縣市	學校階段		
	國民小學		
	報考人次	錄取人次	錄取百分比
總計	35,264	233	0.66
臺北市	6,316	17	0.27
高雄市	5,977	48	0.8
臺北縣	5,073	38	0.75
宜蘭縣	--	--	--
桃園縣	5,861	34	0.58
新竹縣	--	--	--
苗栗縣	--	--	--
臺中縣	--	--	--
彰化縣	--	--	--
南投縣	--	--	--
雲林縣	--	--	--
嘉義縣	--	--	--
臺南縣	--	--	--
高雄縣	--	--	--
屏東縣	--	--	--
臺東縣	137	5	3.65
花蓮縣	781	8	1.02
澎湖縣	--	--	--
基隆市	--	--	--

新竹市	1,041	4	0.38
臺中市	8,482	68	0.8
嘉義市	--	--	--
臺南市	962	4	0.42
金門縣	634	7	1.1
連江縣	--	--	--
教育部	--	--	--

註：1.「--」係指該縣市／單位未辦理該學校階段之教師甄選。
　　2.「教育部」係指由教育部辦理之國立高級中學教師聯合甄選。
（資料來源：教育部，2007：188）

由上面的表格可以清楚的看出，整個國小教師需求市場是如此的
小，包含了宜蘭縣、新竹縣、苗栗縣……等，總共有十五個縣市未
開缺額，有開缺的才僅十個縣市，全省總共僅僅 233 個缺額；而從
報考人數來看，國小師資供給市場是如此的大，報名人數高達三萬
五千多人。可見「搶當夫子」的浪潮來勢洶洶，到目前為止仍然潮
水未退、災情未減。近年來關於「流浪教師」現象的新聞報導，彷
彿季節般地循環，在每年六至七月的教師甄試旺季，相關的新聞議
題一直反覆地出現，從以下幾則新聞當中，更能深刻感受這股炫風
帶來的震撼：

> 7 月中旬正值各縣市辦理國中小教師甄試熱季，僧多粥少，
> 謀求教職難，根據中華民國全國教師會統計，2004 學年度國
> 中教師缺額不到 3000 人，其中國小缺額才 1518 人，各縣市
> 甄選報考人數合計已超過 4 萬人……（林麗雪，2004）

> 年輕人失業、貧窮化問題，準老師們最清楚。有年近 40 歲、
> 代課十多年還找不到教職的；有被親友笑「死皮賴臉」的；

有失業在家「向父母討半碗飯吃的」。難怪他們今天要呼喊「要飯碗、要尊嚴」。（劉開元，2005）

又到了「流浪教師」報考教師甄試季節，不少縣市連續 2 年不舉辦甄試，對長期準備甄試考生造成衝擊，欲哭無淚，有家長說，孩子從小立志從事教職，今年教育大學畢業連「流浪考試」的機會都沒有，痛斥政府的教育政策害死人。（葉長庚，2006）

萬人趕考搶飯碗，中市教師甄試，考生生產完 3 天上考場；錄取率千分之 3.4 起跳，考了 3、4 年不能再錯過，老公隨侍在側貼心按摩。（陳亮諭，2006）

雲林縣國中、小教師甄選筆試到考率超高達 73%、82.3%，錄取率則創歷年新低，分別只有 8.4%、2.1%，國中代課教師甚至無人缺考，顯示流浪教師之多，競爭非常激烈。（許素惠，2007）

要成為流浪教師並非一件易事，必須得先經過一番競爭、篩選後，才能擠進第一關的考驗；接著還得利用濃縮的時間完成教育學分，才順利邁進第二關的關卡；新制下的流浪教師實習日，不但形同於學校的免費勞工，另外還得付出半年的時光作為代價，緊接著還得面臨檢定的關卡；衝過重重難關後已所剩無幾可以領到合格教師證，卻又不見得有學校可任教、有教職可擔任。若要理解流浪教師為何還不願放棄流浪，這其中的甘苦滋味、不甘放棄的理念，絕非旁人所能想像，恐怕也只有流浪教師才能深切體會。

第三節　棲身於其他相同性質的行業

　　曾經紅遍一時的廣告流行名句「認真的女人最美麗」，有心人會再補上一句「認真的男人最帥氣」，強調凡事用「認真」的態度去面對，一切都會變得很美。就像名執行製作人王偉忠，塑造出紅透半邊天的節目不計其數，認真的作風更彰顯出帥氣的格調，他形容人生就像一場從臺北市政府出發的馬拉松，每十年是一段旅程：

> 一開始，剛畢業時馬拉松才起跑，大家都很從容，沒流汗，不累，衣服整整齊齊，縫在上面的號碼牌都還在，跑在前面的人也沒領先多少，落在最後的人還能聽見他們說話的聲音。接著，來到凱達格蘭大道折返點，慢慢有人跑著跑著，香汗淋漓，解衣卸甲。有人走到一半決定放棄，朝同伴揮揮手走了。有人開車跑了。有人決定休息一下，也有人堅持著原本的步伐。有人跑得身心愉快，有人跑得身心俱疲。有人跑掉了鞋子，有人跑掉了頭髮。每個人的狀況都不太一樣。接著來到行程的三分之二，遠眺前程，終點還是在同樣的地方，有人開始放慢速度，原本一心一意盯著目標跑，現在視線移到路邊的風景－原來這裏有間傢俱店，對面有間古董店，也許下個週日可以來逛逛，還驚訝的發現另一個街口竟然有家店賣煲湯，以前忙忙碌碌來回穿梭幾百次了，竟然從沒注意到。當然還是有人腳步穩健的前進，也有人猛力加速，想要搶先……（王偉忠，2007：2～3）

競爭激烈的教師甄試也如同上述的馬拉松賽一般，終點還是在同樣的地方，差別只在於過程中應該用何種心境、何種方式繼續跑下去；或者在埋首苦讀、低頭勇往直前的同時，突然發現在來回穿梭幾百次的路旁，竟然會有感興趣、喜歡的店已開幕許久，不如逆向思考暫且先進去逛逛，也許反而獲得更多。基於類似的理念下，許多流浪教師會以和教職相同性質的行業，作為歇腳、休息、補充能量處，其中「代理教師」就是過渡時期的首選工作。領有合格教師證的代理教師，雖然只有一年的聘期，但每個月的薪額和初任正式教師一樣；雖寒暑假沒有薪資可領，加上年終獎金後也還令人滿意，因此棲身在學校暫時代課的人數仍然很多：

表 3-3-1　公立學校代理教師情況

單位：人

身分別	小計	學校階段					
		幼教	國小	國中	高中	高職	特教
總計	11,821	755	4,924	4,068	1,190	453	431
合格代理教師	10,864	754	4,608	3,570	1,070	439	423
非合格代理教師	957	1	316	498	120	14	8

（資料來源：教育部，2007：199）

教育部公布的國小合格代理教師高達四千多人，和二萬多的國小儲備教師相比，足足佔了五分之一的比例；另外，從「合格代理教師發證年度與學校階段人數」的統計資料中可發現，自 2003 年開始國小合格代理教師明顯增加，從八百多人到突破一千人，所隱含的現狀就是教師甄試的難度已愈來愈高、錄取率已愈來愈低。

表 3-3-2　合格代理教師發證年度與學校階段人數

單位：人

發證年度	總計	1997年前	1997	1998	1999	2000	2001	2002	2003	2004	2005	2006	遺漏值
國小階段	4,608	15	2	7	7	9	67	361	883	1036	1138	1080	3

註：1.「1987 年前」係指其教師資格之取得符合 1979 年公布之「師範教育法」
　　之合格教師。
　　2.「遺漏值」係指未登記發證年度資料或發證年度資料登記不完全者。
（資料來源：教育部，2007：203）

以下再將上列表格的統計數字轉換，繪製成長條圖則更易看出變化
情形：

表 3-3-1　合格代理教師發證年度與國小階段代理人數圖

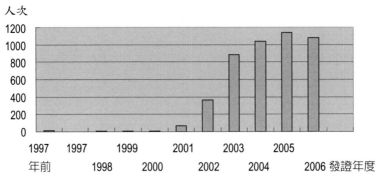

合格代理教師發證年度與國小階段代理人數圖

正因為「代理教師」是過渡時期的首選工作，導致公立學校的「代理教師甄選」的情況，簡直與「教師甄試」的戰況不分軒輊。

除了「代理教師」外，同樣教學性質的補習教育業及安親班等，也都是流浪教師替代工作的熱門選擇，但因薪水不高，加上每個學生都是財神爺不能得罪，每學期還得兼任業務員拉學生，現實與生活雙重壓迫下經常怨聲四起。比如這位求救於職場情報掌門人的無助者：「我是補習班導師，最近上班很沒勁，也沒有成就感，每天起床想到要面對一堆學生，就很不想去上班，實在是很想換工作，我很喜歡熱鬧，也當過社團幹部，但是對於補習班的熱鬧真不感領教，看見很多學生就很煩，有時還要當業務去推銷課程，很煩！」（臧聲遠部落格－就業診斷會客室，2008）所以若是資本夠，許多就直接自己開業當老闆。

與教職一樣具公務員性質的工作也是最佳選擇。憑藉著當初報考師資班、角逐教師甄試身經百戰的歷練，以及相關科目的苦讀背景，轉往嘗試高考、普考、特考等公職人員的考試是較為有利的途徑；或是乾脆更上一層樓朝研究所之路前進；或是修習其他專業科目學分，例如英文、電腦；等待契機的同時更提升進入職場的競爭力，畢竟現在時勢潮流所帶來的多元、創新，造就出「多才多藝」、「動靜皆宜」的人才需求，以一抵百的趨勢銳不可擋。而就在一陣準教師上街頭的抗議聲浪中，巧遇政府欠缺警察人員的窘境；在前無去路的同時，似乎是為流浪教師另開一扇窗、另啟一道門，加上需求人數多、錄取率高以及每月俸碌豐厚，因此吸引多人如蜂湧而來，加入警察的行列，引起報章雜誌大篇幅的報導及警政人士的爭論。由以下數篇新聞報導中，對於流浪教師現階段的走向可窺探一二：

國立屏東師範學院初等教育系學生昨天演出流浪教師行動劇，為師院學生「發聲」，學生們透露，已有學生「看破」老師這一行，有的改考高普考，有的準備研究所，還有人學第二專長，以免畢業即失業。（翁禎霞，2005）

流浪教師變身警察？術業有專攻啊！報載行政院長謝長廷為解決近十萬的 流浪教師、超額教師之苦，提出構想，開放超額教師修習警察學分及術科，以彌補警專訓練不及的警力。謝院長也在日前退回教育部的提案，要求教育部應妥善處理流浪教師及儲備教師的抗爭。（王美惠，2005）

針對行政院長謝長廷所提，研究讓流浪教師修習警政相關學分、術科，成為警察的構想，全國教師會理事長呂秀菊昨天直斥這是政府另一個「頭痛醫頭，腳痛醫腳」的短視政策。呂秀菊指出，教師跟警察這兩種專業的屬性與所需的人格特質完全不同……（林怡婷，2005）

警政署：拿粉筆一樣可拿槍桿，是否從警重點在有無意願，高學歷也有助提升警察素質。警政署官員昨天說，目前尚無接獲上級指示專案研究辦理「流浪教師從警」的計畫，但非常歡迎包括他們等有志青年男女一起報考警察特考，為警界注入新血，解決人才荒。（張榮仁，2005）

高雄地檢署上網公告應徵資格只要高中畢業，月薪約三萬元，工作期僅一年的代理錄事，卻吸引 89 人應徵，其中包括 20 多名流浪老師及臺大歷史系等多所國立大畢業生。高雄地

檢署裏閱主任檢察官鍾忠孝看到應徵者學歷後感嘆。
（蔡政諺，2006）

全球興起學中文熱潮，泰國方面希望臺灣今年再派出八十名
教師，到他們國家教中文。另有留學仲介業者在網路打出廣
告，將仲介臺灣「流浪教師」到韓國教中文。（林志成，2006）

中共宣布 15 項優惠措施，包括認可臺灣教育部門核准高等學
校學歷，雖然臺灣尚未認可大陸高等學校學歷，但近年臺灣
學生赴大陸求學有增無減，前幾年臺灣的教師退休潮，加上
流浪教師最近紛紛登陸，在對岸臺商學校尋求教職，開創另
一片天。（許麗珍，2006）

臺鐵今年招考不具公務員資格的基層服務員，其中僅錄取四
十八人的北區運務類吸引兩千多人報考，創下不到百分之二
的超低錄取率。雖然只是在車站售票、剪票的基層人員，但
放榜結果，不僅清一色是大學專科生，且不乏碩士生、老師、
消防隊員「轉檯」。曾經當了四、五年國小老師的王鈺婷，雖
然畢業自臺南師院，卻一直是流浪教師，讓她決定放下教鞭
改拿剪票夾；她說，雖然有人覺得她「不當老師跑來臺鐵很
可惜」，且薪水也不比當老師，不過，能有個安穩工作，「這
些沒關係」。（蔡惠萍，2007）

同樣是當老師，同樣手執教鞭，在臺灣需求不足的情況下，
許多流浪教師也開始紛紛擴大層面，選擇出走到其他東南亞
國家任教；雖然身處異鄉，生活習慣等不同，但為通往教職
路也必須有所取捨；對這些勇於嘗試的人來說，既可以「體

驗在地生活」，又可以「一圓教師夢想」，也是另一種收穫。
無論如何，選擇從事與教師相同性質的行業，畢竟只是騎驢
找馬的過渡時期，心中所堅持的仍然是最初的夢、最真的理
想——國小教師，既然如此，「認真」去做就對了。

第四節　回歸專業起跑點

　　面對這條布滿荊棘的「教甄大道」，回頭難，不回頭更難。修
習國小師資班的成員中，已婚、生子、中途轉業的人為數不少；一
般大學教育學程的成員中，原本也有主要攻讀的專業科系；對他們
來說，在肩挑經濟重擔、面對家庭不願支持的雙重壓力之下，回頭
「重操舊業」、朝原來所學的專業領域繼續前進，似乎是唯一、別
無選擇的路途。現實畢竟是殘酷的，許多人從為了擠進師資班的窄
門開始，所投入的時間與精神不說，光是上補習班的補習費、修習
四十個教育學分的學分費、唸書時期的生活費、新制下實習期間無
收入還得支付實習學分費，以及教甄考試各縣市報名的報名費、南
北往來的交通費、考試期間的旅館住宿費、製作試教教具的材料
費⋯⋯等等，零零總總加一加，已是一筆金額相當龐大的支出；在
無法開源又無法節流的情況下，身邊積蓄早已耗費殆盡，怎堪再允
許有三餐不濟的危機發生，因此，「當機立斷、回頭是岸」，回歸
專業的起跑點是迫於無耐的選擇。當然也有些人樂天知命、隨遇而
安，反而創造出事業的顛峰，如以下的新聞報導：

李育明、林詣淵教師甄試落榜後，兩個月前和朋友合資賣茶，有人認為他們「頭殼壞去」，他們說，已看破教師市場，不如當茶房賣茶，如果業績穩定，願意「收容」其他落榜的流浪教師。（翁禎霞，2005）

屏東教育大學畢業的鄭之雅，決定不當流浪教師，毅然投入海軍陸戰隊，4 個月來已經適應軍中生活，「每天的心情都都很快樂，一定會留在軍中繼續工作」。25 歲的鄭之雅是游泳健將，曾獲得泛太平洋地區游泳比賽 400 公尺自由式接力第 1 名等多項獎項，前年從屏東教育大學畢業後，曾擔任 1 年的實習教師。今年 2 月她看到國軍招募人才訊息，前往了解後，報考海軍陸戰隊。（陳金聲，2007）

除了新聞報導外，身邊的同學或朋友重返原來跑道、繼續之前的專業工作、重拾先前為教職而放棄的職務，這樣的例子更是不勝枚舉、比比皆是；歡樂的笑顏背後，躲藏著許多甘苦滋味的小故事。如我所訪得的：

小君原本是一家建築公司的會計小姐，一方面是因為妹妹當老師的緣故，藉由代課的機會與「教職」有了接觸，開始發展出對教學的熱情與期待；一方面是私人公司待了數年之久，面對商場上的爾虞我詐、虛應周旋，不願再沈浸那樣的環境，因此想轉往工作環境單純的公教生活，期待穩定的收入帶來安穩的日子。憑藉積極、勤奮努力的性格，即使在考取師資班後，仍然一刻未曾鬆懈，戰戰兢兢的態度迎戰每次的考試與研習，以優異的成績取得學分證書，同時更安全通

過教師檢定，拿到「教師證」成為流浪家族的一員；由於年齡上與經濟上的雙重壓力，與男友倆人商討且下定決心，只允許給自己一次的機會，失敗就毫不戀戰掉頭離開教甄這沙場；當然，在夜以繼日、韋編三絕的衝刺下，仍舊只見黯然神傷、掉頭離開的背影，換來的結局是曲終人散──甄試名落孫山、與男友分道揚鑣。慶幸的是擁有多年工作經驗的她，加上汲汲營營的特性，半年過後終於找到一份高薪、科技新貴的電子產業公司的秘書職務。

原本是從事財務管理工作的小玉，每到年底結算時，就是喝咖啡、撐眼皮、焚膏油以繼晷的日子，迫使她想逃往別處，尋覓一處安穩、樸實的職業，因緣際會的接觸到國小代課，因此，踏上流浪教師的這條不歸路。計劃一方面在學校代課，一方面利用暑假空檔繼續進修，朝研究所邁進，期待教師甄試能有一絲曙光，盼望三、四年後可以「一舉兩得」，既能領取碩士的畢業證書，又能擁有正式教師的聘書；無奈經濟環境的不允許，生活費、女兒的學費等，一早起來就得花錢的現實壓力，迫使她完全沒有等待契機的資格，只好當機立斷再吃「回頭草」；所幸先前職場上建立的人脈廣泛、累積的工作經驗豐富，在舊同事的引薦之下，順利進入一家汽車公司擔任採購的職務，薪水與國小教師相差不遠；前無道路可進的情況下，還好後有退路，再次做個朝九晚五的白領上班族。

擁有碩士學位、在生化科技公司二年工作經驗的啊伊，是個滿面春風、笑容可掬的好好先生，長時間的工作性質、耗費

腦力的研究工作，影響他與女友計畫中的未來世界；於是，與女友並肩作戰，義無反顧的投向收入穩定、固定有寒、暑假期的教職工作；但就像一般人所說：「計畫永遠趕不上變化」，情侶最怕的就是一個考取一個卻落榜，倆人進入師資班這第一戰，女友不幸敗北，但仍一心一意不願放棄，陪伴男友就讀師資班的這一年，依舊勤勉苦讀，最後得到的消息竟是「國小師資班取消不招了」。面對這朦朧不清的教職路，何時能到終點還是個未知數，啊伊決定掉頭轉身離開，就連實習也不願多浪費時間，當然更不在乎有沒有「教師證」；趁離開原本工作時間不久，火速重回職場，所幸仍受生化科技公司主管的青睞，謀到一份收入頗高的職位，與女友雙雙對對一同再回原點，攜手共創屬於他們美好的未來。

個性活潑開朗、熱情有活力的小玲，之前在旅行社裏擔任帶團出遊的職務，負責國外旅遊的帶團活動；愛好大自然的她，不但帶團經驗豐富，而且喜歡爬山、攀岩、溯溪等等野外活動，親切爽朗的笑聲，善解人意的情懷，總是感染著她周圍的每一位好友，是個人見人愛的好伙伴。出國旅遊的團員中經常接觸到小學老師，兼差幫忙時帶團康活動的對象，多以國小學生為主；面對市場景氣不佳、國人自助旅行水準提高的影響，加上年齡愈大體力愈損的憂慮，讓小玲未雨綢繆的決定轉往教職之路，最終也淪為流浪家族的一員。乘風破浪般的取得教師證之後，順利考取臺北縣某一所國小的代理教師，白天一邊教書晚上一邊補習、假日偶爾接團帶活動；一年後再次面對同樣的問題，又得為下一個學年的工作而再次

加入教職爭奪戰，年復一年不知何時到終點；沒時間等待無法預期的前景，領悟到脫離旅遊業愈久愈不利，時間愈長人脈人情愈淡薄，於是忍痛割捨當老師的夢想，轉回原來熟悉的旅遊業；透過先前累積的人脈，加上豐富的帶團經驗，尋找到一家旅遊公司擔任企畫的行政工作，既不用再到外面奔波勞累，也不必再為尋找客源而壓力倍增，薪資雖不滿意但尚可接受，至少每年的暑假可以不必再面對重複、無解的問題。

以上所述的幾則小故事，對旁觀者而言，可能引發同情憐憫，可能掀起情感漣漪；對當事者而言，恐怕是銘心刻骨、傷及肺腑呀！除了再回頭走舊時路，伴隨景氣不佳也引起一股遊子回鄉的浪潮；子承父業、克紹箕裘在以往年輕人的眼中，是那麼的不屑一顧，近幾年來受整個大環境的影響，不少在都市打拚的異鄉遊子，紛紛開始回籠、重返家園。臺東大學附近一家簡餐店的老闆，便是帥氣脫離流浪教師行列的人物，於臺中教育大學畢業並取得教師證之後，先行分析所處情境的優勢與劣勢，然後當機立斷決定回家鄉重整旗鼓，發展自己的事業；以自己的家作為店面，加上母親義不容辭充當顧問及跑堂，既不用負擔房租，也不用煩惱沒有幫手，固定成本及人事成本全都節省下來；鎖定臺東大學的學生為主要消費對象，設計家常飯菜、訂定中等價位、附贈清涼飲料及提供談天、討論空間等行銷策略，在自己打造的世界裏享受工作。

「退一步海闊天空」這句話大概最適用在流浪教師身上，其實只要能接受、有興趣、有能力承擔的工作，就算不是心中的第一志願又何妨？中小企業是臺灣經濟成長的重要角色，許多秉持「老二哲學」而自創品牌成功，完成別人眼中「不可能的任務」，讓他

們心中彩繪的夢想，已不再只是夢想。流浪教師們目前的現實處境，雖然居於劣勢、後退的逆流中，也許這正是日後前進的最大動力或能量。若說「凡走過必留痕跡」，那麼對流浪教師而言，應該是「凡苦過必心存感激」；若是現階段艱困的環境都能迎刃而解，那麼以後應該沒有什麼過不去的苦。

第四章 修辭的形式及其應用策略

第一節 善用譬喻將無往不利

　　修辭是文字的化粧師，修辭是語言的潤滑劑，修辭更是現代社會展現自我、建立互動的最佳利器。戰國時蘇秦遊說六國，進行合縱抗秦，憑藉的就是優異的語言技巧；鄭國政治家子產治國有方，名揚後世，倚賴的也是能言善辯的修辭要領。說話或作文，妥貼運用修辭，必將使語言生動、鮮明、深刻，煥發動人的光彩。（賴慶雄，2007：2）修辭就像童話故事中具有魔力的神奇魔法棒，能讓業務員搖身一變，立即擁有吸塵器般的強大吸引力，方圓百里以內的潛在客戶都能被吸引過來；能使節目主持人靈感如泉湧，講話可以利如冰刃，也可以甜如糖蜜；令政商人物擁有如電暖爐般的民調指數，隨開隨熱，恒溫有保固；令演藝人員、演說故事者猶如命犯桃花，觀眾、粉絲隨處蜂擁而至、座無虛席；令參加面試、企劃報告如臨大敵的人，得到變壓器般的解壓效果，解除高壓緊張的氣氛，場面輕鬆又有趣，安全通過無憂慮。而在眾多的修辭技巧當中，最被廣泛應用、最為隨處可見、最是耳熟能詳的就是譬喻，又稱為比喻；簡單來說，譬喻就是利用已知的經驗，來了解未知的世界；利用簡單的道理，來領悟艱澀的問題；利用熟悉的環境，來想像陌生的空間；利用動、植物的特性，來激勵人性；利用別人的故事，來惕勵自己的人生；根據兩種不同事物間的相似點，用乙事來說明甲事。由下面的小故事中，可以更易明瞭善用譬喻的好處：

戰國時代，有一個能言善道的人叫惠施。有一天，他從宋國來到梁國，想向梁國的國君梁惠王宣揚他的政治主張。當他的車子一抵達梁國的城門，就有人在梁惠王面前說惠施的壞話：「惠施這個人不好，說話總是拐彎抹角的，喜歡用比喻。您如果不准他用比喻，他一定連話都說不清楚，那麼他的任務自然無法達成了。」梁惠王聽了說：「好，等一下見了惠施，我就不讓他用比喻，看他怎麼辦！」不久，惠施來到了王宮。梁惠王就對他說：「請你說話直接了當，不要使用比喻。」惠施回答說。「可以。不過，請容許我先問您幾個問題。」惠施接著說：「現在有一個人，不知道『彈』是一種什麼樣的東西。假如他問您：『彈的形狀是什麼樣子？』您告訴他：『彈的形狀就是彈的樣子。』您覺得那個人聽了會明白嗎？」「那還用問，一定不明白的！」梁惠王答道。「如果您換另一種說法，告訴他：『彈是用來射擊的，它的形狀就像一把弓，弦是用竹條做成的。您覺得這樣說明白嗎？』」「如果這樣說，那的確會比較清楚了。」梁惠王承認。惠施說：「這就是用對方知道的東西來說明他不知的東西。如果您不准我用您熟悉的事物來打比方，那麼如果我講一些抽象的道理，您又怎麼會聽得懂？」梁惠王聽了恍然大悟說：「你說得對！你儘管用比喻來說明好了。」（賴慶雄，2007：5）

因為具有上述的優點及特色，譬喻修辭早就已無聲無息卻如影隨行在每個人的身邊，也已悄悄地融入在各行各業任一向度中，善用譬喻好比善用兵器，將使人無往不利；所以在第一節的內容中，首先介紹的是譬喻的應用策略，並輔以許多具體的實例貫穿全文來加以說明。

　　教師與學生之間的距離，猶如父母與孩子之間的代溝，四種角色之間存在著一個共同的問題，那就是「我不明白為什麼你總是不懂我要你懂的事」。教師或父母所說的話雖然言之有理，卻總讓學生或孩子聽之無趣；學生或孩子的表達內容就算言之有物，卻也總不足以說服教師或父母。此時善用譬喻修辭來傳達自我想法，可稱得上事半功倍，頗有當頭棒喝的效果，例如：

> 一到上課時間腦子就一團亂，思緒好像停止一樣。聽老師講課就像在看沒有字幕的外國電影，腦子裡像開水一樣古嘟古嘟冒泡，沒辦法集中精神。為了不看老師的眼睛只好趴在桌上。在班上沒有幾個學生認真上課。補習班？當然已經去過了。為什麼？補習班不是會把重點都整理出來嗎？只要背下來，再怎麼樣也能提高考試成績。雖然考試一結束就全忘了，但起碼不用聽我媽嘮叨。（南美英，2007：23）

上面這段對話是在韓國首爾江南區 D 中學，與三年級學生進行採訪時學生說的。相信許多人都有過看外國電影時，卻發現字幕無法出現的經驗，再怎麼精彩的演技與對白也無從感受，再怎麼悲壯、歡笑的情節也無從感染，如果又得要從開演撐到結束才能離開，天啊！那是多麼痛苦的煎熬呀！用「看沒有字幕的外國電影」來譬喻完全有聽沒有懂的上課內容，用「古嘟古嘟冒泡的開水」來譬喻腦中起伏不定的思緒，簡短的幾句話就能完全透露內心暗藏的無奈，又不失其童真的性格，不免引人會心的一笑。又如：

> 一天，一個學生跑來問愛因斯坦：「什麼叫相對論？」這可是一個很深奧的理論問題，要說清楚它，還真得要花費一番口

舌。可是出人意料的是，愛因斯坦回答道：「你坐在一位漂亮
姑娘身邊，坐了一個小時，覺得只過了一分鐘；如果你緊挨
著一個火爐，只坐了一分鐘，卻覺得過了一個小時。這就是
相對論。」愛因斯坦三言兩語就把問題說清楚了。（蕭世民，
1992：194）

一個極其深奧的科學理論，愛因斯坦利用以淺喻深的修辭技巧，竟
能使它變得淺顯易懂，使人一聽便清楚明白；真是話多不如話少，
話少不如話巧，巧的關鍵又在於打比方打得好。因此，在說到某些
重要而艱深的問題時，應當三思而後行，努力尋找一些相似、淺顯
的資料，巧用譬喻，就能把問題說得清楚易懂。在現代臺灣的社會
來說，用「恐龍妹」來代替「火爐」會更貼切、傳神吧！

　　俗話說得好「隔行如隔山」，許多專有名詞在外行人聽來簡直
是「鴨子聽雷」很難理解，運用譬喻修辭常常可化繁為簡、化難為
易，例如：

市場定位簡單來說，就是為這個產品找到目標消費者，且讓
這個產品在目標消費者的頭腦中占據明確的位置。美國現代
廣告大師喬治路易斯說，「定位的道理很簡單，就像上廁所
前一定要把拉鏈拉開一樣。」定位也就像你晚上回家時，一
定要先找到電燈開關一樣，因此你唯有先定位產品，才能找
到目標。（蔣敬祖，2007：101）

用日常生活中大家都有過的經驗來作譬喻，這樣的解釋不但能很快
讓一個門外漢，在最短的時間之內了解到「市場定位」的意涵，管
理者也可以讓工作伙伴體會到「市場定位」的重要性。

　　就企業而言，品牌名稱和象徵的符號一樣重要，都能帶給消費者非常深遠的寓意。郭台銘被美國《商業週刊》稱為「外包之王」（The King Of Outsourcing），也稱之為「亞洲的大崛起」；他崛起的速度和爆發力之強大，更被外界喻為「成吉思汗」。1985 年為了可以直接外銷，郭台銘開始自創品牌 FOXCONN，其中 FOX 是來自模具（Foxcavaty），而 CONN 代表的是連接器（Connector）；英文介紹說明書上畫了一隻西伯利亞虎，象徵著鴻海精神。他一手創立的鴻海帝國，已是一家躍上國際舞臺的國際級企業，任何風吹草動都是眾所矚目的焦點：

> 鴻海的英文品牌名稱是 FOXCONN，讓人聯想到 Fox（狐狸），而鴻海的英文介紹說明書上畫了一隻西伯利亞虎，象徵著鴻海精神。關於老虎與狐狸，東西方的故事皆有異曲同工之妙。在西方的寓言中大概是這樣描述：一隻被老虎抓住的狐狸，就在被虎張口吞沒的剎那間，竟然對老虎說，我是上帝派來的萬獸之王，你如果敢吃掉我，一定會被處罰，老虎半信半疑。狐狸說，你不相信的話，陪我走一趟森林就知道了。果然所有野獸看見牠們出來，都快速迴避，老虎見此狀，反而不敢對狐狸動手。在寓言故事中，西方讀者看見一隻不但保住生命，更贏得老虎敬畏的狐狸。同樣是「借力使力」，也可以變成「作威作福」，在東方中國的戰國時代，就變成了楚宣王手下大將昭奚恤的「狐假虎威」，靠著背後楚國力量恣意妄為。（張殿文，2005：63～64）

將在商場上布局很深、策略靈活的郭台銘，以及在市場上追求敏捷、快速的鴻海譬喻成「狐狸」；將放眼天下、胸懷萬里的郭台銘，以

及提供快速量產、全球供貨為特色的鴻海譬喻成「西伯利亞虎」，這樣的打比方，不必經太多言語的表達，自然就能讓人心領神會。憑藉著國際觀的遠見與一股霸氣凌雲的性格，再加上機警、靈敏、迅速的特色，難怪能成為今日製造業的新霸主。

郭台銘這位傳奇性人物，成功的秘方自然是同行及外界爭相挖掘的寶物，所講過的至理名言更是被精選成極負盛名的「郭語錄」，無論從「郭語錄」或是從他公開演講、專題受訪的說話內容來分析，譬喻修辭都是他情有獨鐘的愛用品，從下面表格式的整理中，將可以更清楚明顯的看出：

表 3-4-1　譬喻技巧分析表

觀念	說明	譬喻技巧
全球格局	阿里山上的神木之所以大，四千年前種子掉到土裡時就決定了，絕不是四千年後才知道。（張戌誼等，2005：67）	神木的種子本就具有巨大、高齡的潛能；郭台銘性格裡有自信、冒險、挑戰的成分，觀念中有永續、穩固的配方。以「阿里山神木」來譬喻企業的「全球格局」實在傳神。
全球格局	胸懷千萬里，心思細如絲。（張殿文，2005：248）	這是郭台銘很喜歡的華航廣告詞，與他自己的名言「心胸有多大，舞台就有多大」有著異曲同工之妙。雖然經營的是國際級企業，但產品的製造過程之精細絕不容許出錯，再怎麼微小的細節，也仍然以嚴謹的態度來處理，如同「蠶絲」般的細膩。
開會效率	鴻海的幹部會議就像軍官團開會。（張戌誼等，2005：68～69）	鴻海的企業文化：「命令下來不容置疑，更不用談抗辯，做不好不用講任何理由」；「成功的人找方法，失敗的人找理由」。郭台銘也公開說過：「民主是最沒效率的做事方式」。用「軍官團開會」來譬喻幹部的「開會效率」，可以強烈感受到速戰速決、百戰百勝的要求，及濃烈的火藥味。

成功警語	成功是一名很差勁的導師，它給你的是無知與膽怯；它不能給你的是下一次成功所必須具備的經驗與智慧。（張殿文，2005：75）	創業之初，沒有大公司的羽翼，沒有政府長期保護，也沒有家族企業的照顧，郭台銘自喻是「寒冬中的孤雁」。但喜歡冒險犯難的他，愈難澀的挑戰愈感興趣，反而激勵自己，太順遂的人生是禁不起大浪侵襲，所以常將「成功」喻為「差勁的導師」，建議他人勇於面對困境，才不致於不堪一擊而「死於安樂」。
全球布局	三地製造：這就像是一架戰鬥機的性能測試，它考驗你是否能用接近九十度的垂直仰角，而且還能以數倍音速向上攀升，而不失速故障。（張戌誼等，2005：193）	鴻海爭霸全球的布局，依三大策略進行：一地設計、三地製造、全球交貨。「三地製造」就是鴻海贏得客戶青睞的一大法寶，在新產品獲得認可後，能在最短的時間內在亞洲、北美、歐洲三個主要市場的製造基地，快速滿足客戶的需求，郭台銘對這項全球化能力相當自豪。用「戰鬥機的性能測試」來比喻鴻海「急速供貨的挑戰」真是一語中的、無庸置疑。
公司透明度	你願意把家裡保險箱的鑰匙給別人嗎？家裡人知道的事情，並不一定能說給外人知道。（張殿文，2005：75）	面對外界的好奇、記者的追問，高階管理者如果處理不當，極易引發對個人或對公司不利的評論，郭台銘巧用譬喻的技巧，將「公司機密要事」比方成「保險箱鑰匙」，不但不得罪人，又能以幽默的口吻傳達心裡真正的想法，實在令人讚賞。
2007最新布局	結合網商螞蟻雄兵，郭台銘要做網路飛虎：網路就像乞丐面前擺的碗，一個空碗沒用，一定要放進各式各樣的內容才有用。（林宏達，2007：46～48）	2007 年 9 月 16 日郭台銘第一次在中國大陸公開演講，並與大陸最大的電子商務網站阿里巴巴洽談合作，準備揮軍網路事業。從「連上網路」、「蒐尋資料」到「付費成交」，可能是網路螞蟻雄兵的強項，但是「交貨」、「維修」、「保固」就一定要在實體世界才能完成，這就是鴻海的強項。表面看似各取所需、不分軒輊，實際卻用「乞丐的空碗」及「各式各樣的內容」，來譬喻大陸的網商和鴻海的產品，不難看出郭台銘不只是想互利共存，還更想用飛虎帶著螞蟻雄兵，征服世界。

隨著躋身全球富豪排行榜、以及鴻海集團在科技產業遽增的影響力，郭台銘一言一行都是焦點，郭台銘的一舉一動更是像暴露在透明的櫥窗下，任憑往來人潮觀賞，無所遁形；以上數例可明顯看出他不僅是執行策略成功，譬喻的修辭策略更是成功，不管是公開場合演講，或是接受個人專訪，藉助譬喻讓他「如虎添翼」。

　　各國文化背景的不同，讓人聯想到的打比方對象也有所差異，現在的流行趨勢之一，人手一機已是該有的基本配備。接著要提的就是手機市場佔有率最大，來自芬蘭的鈴聲——NOKIA，以「科技始終來自於人性」打動人心，產品魅力已經征服全球。

> 1992年開始擔任NOKIA總經理的約瑪·奧利拉（Jorma Jaakko Ollila）把企業的品牌比作是一座冰山，冰山自然有水上部分和其龐大的水下部分，約瑪·奧利拉劃分的比例是水上百分之十五，水下百分之八十五，水上部分（即可見部分）包括諾基亞公司品牌的標識、名稱，水下部分（即不可見部分）則包括諾基亞公司的價值觀、智慧和文化。（丁浩，2003：165）

> 一般的組織類似大型交響樂團，CEO擔任指揮，各部門依計畫執行策略。諾基亞的組織則不同，類似爵士樂團，八、九人一組，有人有了主調旋律，其他組員跟著配合。任何人都可產生主調（新主意）。是一種非常有彈性、流動性高的組織。〔丹·史坦巴克（Dan Steinbock），2002：17～18〕

約瑪·奧利拉（Jorma Jaakko Ollila）將企業的品牌譬喻成「冰山水上15%的部分」，而將公司價值觀與公司文化譬喻成「冰山水下85%的部分」；芬蘭是個位於北歐的國家，冰天雪地、天寒地凍的森林王

國，對於冰雪融化的自然現象最能深切體會，利用冰山來打比方最為貼切。對於大多數人來說，較為熟知的是諾基亞公司藍色 Logo 的名稱，以及琳瑯滿目的手機產品，但對於公司的管理者和員工來說，更重要的則是「水下」不可見的冰山。因為任何企業的管理者如果忽視那些不可見品牌要素的存在，即使你是「鐵達尼」巨輪，也會撞在龐大的水下冰山上而沈沒。

將企業的組織譬喻成「樂團」，將 CEO（執行長）譬喻成「樂團的指揮」，將主要決策及創新的意見譬喻成「主調」；這樣的修辭方式，與歐洲文化濃厚的藝術氣息相結合，讓人彷彿置身在高貴、優雅的歌劇院，聆聽著舒適悅耳的樂曲；不僅可以引起聽者的共鳴，更可以快速、明確的表達管理者的作風。

譬喻的應用不僅讓話說得好、說得巧，竟然被妙用為犯罪者掩人耳目的新招術，不免令人搖頭嘆息：

> 國道公路警察局刑警隊偵破以「東風經典茶行」網站為媒介的人蛇賣淫集團，媒介中國等地女子賣淫，茗茶沖泡 1 次 50 分鐘，收費 2500 元至 6000 元不等，沖泡 3 次免費加贈 1 次。該人蛇集團在網際網路上以「東風經典茶行」為媒介，號稱「精挑大陸各省茗茶 2.5K 起，特選本土上等優質茶 4K 起，模特兒專用減肥茶、車展專用茶、學生書香茶、空姐高空飲用茶 4K 起，特選新加坡茶 4K 起，日本精選東洋清涼茶 5K 起，俄羅斯金髮碧眼麻酥茶 6K 起，茶色清香、色澤白嫩、各種貨色齊全、不喝可惜。」（陳燕模，2007）

步入三 C 網際網路時代，伴隨而來的竟是犯罪創意化、色情國際化、廣告修辭化、交易網路化；掛羊頭賣狗肉的事屢見不鮮，但是像這

樣將「色情」和「茶」作結合的方式，倒增添不少創意，女郎的美貌和茶的特性也還真有許多相似處。將女郎譬喻成「茶」，外貌姣好、漂亮的譬喻成「優質茶」，外型長髮飄逸的譬喻成「氣質茶」，而看起來可愛、娃娃臉的譬喻成「學生書香茶」……等；更把來自不同國度的女郎譬喻成「不同產地的茶」，分為「新加坡茶」、「馬來茶」、「日本東洋清涼茶」、「韓國人參茶」、「俄羅斯麻酥茶」……等；叫小姐進行性交易則譬喻成「品茗」。以中國人愛喝茶的文化，加上琳瑯滿目的茶品種類，加上譬喻修辭的運用，也難怪能在網路上不當得利許久，不可否認的是這招式用在違法交易中，真的有瞞天過海、欺上瞞下的效果。

　　不管是教師面對的教學問題，不管是企業管理者面對的演講、傳達指令的情況，不管是有心人士為謀取暴利的非法廣告，不難發現，譬喻是最好的利器，是最相知的好友，有了它，任一向度都將無往不利。

第二節　轉化讓生命充滿色彩與變化

　　「想像力是你的超能力」，一句榮獲 2007 年十大廣告金句的雄獅文具廣告詞，也是我非常喜愛的一句話。喜歡這樣美麗的經驗，當漫步在田間小路，這有小花在對著我招手說哈囉，那有小草害羞低著頭對我微笑；喜歡這樣義氣的朋友，當漫步在海邊沙灘，會有大海專注傾聽我的憂愁、會有浪潮波濤洶湧為我抱不平、會有浪花對我扮鬼臉給我好心情；喜歡這樣獨特的音樂會，有青蛙大叔敲擊

樂的熱情伴奏，有月亮大嬸柔美的舞臺燈光，加上紡織姑娘與蚱蜢先生對唱變調的情歌，難怪座無虛席，數以萬計的星星觀眾擠滿了整個會場。萬物皆有情，只要是真情的去看待，他們肯定也會真情的回報。當然，想擁有別人沒有的這種超能力，就必需開啟自己豐富的想像力；轉化又包含了好幾種修辭方式，其中擬人修辭最為廣泛的應用在日常生活中，利用擬人的修辭技巧表情達意、傳訊溝通，不但能讓文字瞬間活了起來，也能營造出感動的氛圍，更能引發訊息接收者的共鳴，所以隨處可見他的存在；舉例來說，許多歌的歌詞中都有使用擬人的修辭技巧，不但賦予文字生命，也讓文字走入聽眾的內心，撥動心絃掀起圈圈漣漪，製造出頻頻點頭、仰起嘴角微笑、或是感動莫名的神奇效應；無論企業形象或是產品，要達到宣傳效果或是行銷目的，廣告是唯一的途徑，仔細觀察成本高貴的廣告，也可以發現擬人的修辭技巧暗藏其中；本節將以二首歌的歌詞，和二個具有特色的電視廣告為實例來作說明。

夏之旅　　　　　　　　　　　蔡幸娟演唱

> 走過鐵路旁，我背著吉他，蘆花低頭笑呀，青蛙抬頭望，
> 一句一句和呀，一聲一聲唱，蝸牛慢吞吞呀，漫步夕陽下。
> 走在鐵路旁，我背著吉他，老牛對我望呀，和風來作伴，
> 一步一步走呀，一聲一聲唱，炊煙多瀟灑呀，陪我走回家。

　　這是由葉佳修作詞作曲，蔡幸娟主唱紅極一時的〈夏之旅〉。啟動想像力，我聽到的是輕鬆愉快的歌聲，看到的是鄉村田園的美景，很喜歡這樣樸實無華的鄉村生活，沒有汽、機車引擎的喧囂聲，沒有人聲鼎沸的吵雜，鐵路軌道記錄著曾經有過的滄桑歲月，一個背

著吉他的旅人，沿路盡是熱情、親切，自在、瀟灑的問候，來自蘆花、青蛙、蝸牛、老牛最誠摯的問候，還有和風、炊煙一路關懷的陪伴；透過擬人的手法，平常不曾注意的動、植物，清風以及縷縷的炊煙，不但鮮活了起來，成為旅程中的最佳伴侶，更驅除了一人旅行的孤單與寂寞，使整首歌不但沒有辛酸感，反倒有種投入大自然懷抱的溫暖，是享受，更是溫馨與甜美的交集，還會有種令人手舞足蹈的衝動。

　　1981 年代的一部電影〈魯冰花〉，改編自鍾肇政的社會寫實小說，當時票房叫好又叫座，由陳陽作曲、鍾肇政填詞的主題曲〈魯冰花〉，更是快炙人口、廣為流傳；這部電影我至少已經看過四次，每次仍忍不住一陣鼻酸與泛紅的雙眼。

魯冰花　　　　　　　　曾淑勤演唱

我知道半夜的星星會唱歌

想家的夜晚它就這樣和我一唱一和

我知道午後的清風會唱歌

童年的蟬聲它總是跟風一唱一和

當手中握住繁華　心情卻變得荒蕪

才發現世上一切都會變卦

當青春剩下日記　烏絲就要變成白髮

不變的只有那首歌　在心中來回的唱

天上的星星不說話　地上的娃娃想媽媽

天上的眼睛眨呀眨　媽媽的心呀魯冰花

家鄉的茶園開滿花　媽媽的心肝在天涯

　　　　夜夜想起媽媽的話　閃閃的淚光魯冰花

　　　　啊～～～閃閃的淚光魯冰花

　　　魯冰花的花語是「母愛」，因為她的存在不是為展現自身的美麗，而是在於化成養分，成全茶樹叢的需要，她全心全意奉獻生命，作為茶園的肥料養分，像是一位偉大的母親，為了子女付出全部的愛也無怨無悔。整首歌以魯冰花作為焦點，採用擬人的修辭技巧來襯托現實社會的無奈，帶給人的感覺雖然悲情卻不悲觀；選擇孩子天真、不卑不亢的爽朗性格、生活中隨處可見的魯冰花、賴以維生的茶園、能傾聽心聲給予回應的滿天星斗作為聯想，平實的文句卻帶給人不平凡的震撼；「星星會唱歌」、「清風會唱歌」、「蟬聲它總是跟風一唱一和」，這樣的擬人技巧，一方面感受到許多音樂愛好者的相伴，一方面也感受到故事主角無處不自在的個性；「星星不說話」、「天上的眼睛眨呀眨」、「閃閃的淚光魯冰花」這樣的擬人方式，讓人眼淚不禁奪眶而出，就算沒有說話、不發一言一句，頻頻眨眼的肢體語言已顯示更多的心疼與不捨，一朵朵黃色的小花就像媽媽的串串淚滴，夜裡更顯得閃耀動人，一句句逐步把人帶進潰堤的境界。教國語課時，為了教學生〈魯冰花〉這一課，還特地找了這部影片和學生們一起觀賞，從片頭開始，〈魯冰花〉便不斷地傳唱著，先是電影的配樂，再進入影片中成為古阿明與古茶妹哼唱的曲調，最後由陳揚親自演唱結尾曲，更是將劇情帶向高潮的結束，此時已經有好幾個人濕了眼眶，包括我在內。

　　　廣告就像一部電影的濃縮版，從短短數十秒到幾分鐘的時間內，要達到引人注意、引起共鳴、引發行動的效果，困難度遠比電影拍攝高出許多；視訊傳播的優點，就是能把文字影像化，讓廣告

效果更深植人心，白蘭氏蜆精的廣告阿肝正傳篇，以擬人的拍攝手法將人體內的肝藏人物化，化身成為穿著紅色緊身衣的男子，有別於傳統的說理性廣告，創新的手法迅速讓「白蘭氏旭沛蜆精 2007 年 11 月，市場佔有率已拉高到 40%，威脅臺糖蜆精龍頭寶座。」（林茂仁、邱馨儀，2008）

電視廣告情節：

一大早，烤麵包機跳出來了焦黑麵包，當主角正準備拿起，旁邊突然衝來一個長相與主角相同，但卻身穿深紅緊身衣的男子，將麵包搶過來就往嘴裡塞；在捷運站，緊身衣的男子很有活力的拉著主角趕著搭車。

在深夜的電腦桌前，主角疲倦不堪，但緊身衣的男子仍然在辛勤的為他工作；

在應酬的場合，緊身衣的男子奮不顧身的出來幫主角擋酒。後來，緊身衣的男子攙扶著主角走上公寓。

一早，緊身衣的男子發現餐桌上放了一瓶白蘭氏的旭沛蜆精，他看著手中的蜆精，

主角從身後走來，他感動的將主角緊緊抱住。新的一天，兩個又一起攜手向前衝。

旁白：

每個人，都有個肝膽相照的好朋友，肝，為你做那麼多，你為他做什麼？唯一經國家證實能保護肝臟的蜆精，有助降低血清中 GOT、GPT 值，濃度足足多出 34%，讓他更挺你。

（徐海琳，2007）

肝臟是人體的重要器官，從不會喊累也從不敢罷工抗議，只會默默承受主人給予的一切，說是盡忠職守、死而後已一點也不為過，就因這種任勞任怨的特性，常讓人忽視它的重要，更不懂得細心呵護與照料；廣告劇中將肝臟轉化成主角身邊的那位「紅粉知己」，演出日常生活中為他付出的一切，證明不但義氣相挺而且「肝膽相照」，再帶出一句「肝為你做那麼多，你為他做什麼？」以第三者打抱不

平的口吻質問，彷彿當頭棒喝，頓時覺得自己對「肝」非常愧疚，達到驅使消費者購買的效果，可見擬人修辭在動之以情的策略上效用之大。

　　味全廚易料理醬的廣告也十分有趣，廣告的台詞是以小學生作文作為主體，以小孩子的角度來詮釋，天真的孩子擁有豐富的想像力，童言童語正表達出他們最真實的想法和感覺：

廣告內容：

鍋子和鏟子──永利國小三年丁班陳武雄

我們家的鍋子和鏟子經常在一邊乘涼，所以我們家的碗盤常笑他們沒有廚藝。有一天，我發現鍋子和鏟子在吵架，原來是我媽媽破天荒的在做菜，可惜那天的菜，還是沒有讓我家的碗盤很滿意，但是媽媽今天從超市大包小包回來後，她突然有了廚易，在她的指揮下，我家的鍋子和鏟子竟然也可以合作出好多道餐廳裏才點得到的菜了。

你想吃哪一道？喔！三杯中卷，只要有廚易三杯快炒醬，再準備中卷、蒜頭幾粒和一把九層塔，然後

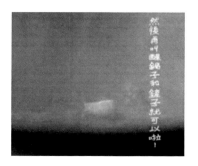

再叫醒鍋子和鏟子就可以啦！難怪爸爸說：「只要吃三杯，洗米多一杯」。我想這是我家鍋子和鏟子有生以來最棒的一天，假如我家媽媽天天都有廚易，那鍋子和鏟子在我家碗盤面前，就可以洗刷他們沒有廚藝的冤情了！

（YouTube——味全廚易料理醬鍋鏟篇，2008）

　　以三年級小學生的作文為主軸，透露出現代小家庭中，職業婦女沒有廚藝的普遍現象；用三餐及媽媽的手藝作為主題，孩子和先生的希望作為情感引導，最後塑造出只要有廚易，全家幸福很容易的情境；值得一提的是，全篇作文都採用擬人化的修辭技巧，不但沒有充斥孩子抱怨、批評的場景，反而引發令大人心生愧疚的效果；孩子純真、活潑的天性，賦予鍋子和鏟子生命，一開始閒閒沒事做總是在「乘涼」，接著積極努力練習廚藝，

可惜技不純熟常常鏗鏘作響還不時「吵架」，仍然沒能讓碗盤「滿意」，最後遇到貴人相助——廚易，終於幫鍋子和鏟子「洗刷冤情」，讓碗盤他們另眼相看，扭轉鍋子和鏟子在家的地位。

擬人的修辭方式在此不但顯露出想像的趣味，更輕鬆塑造出「幸福很簡單」的畫面。

轉化可以分成「人性化」（擬人）、「物性化」（擬物）、「形象化」（擬虛為實）等三類。除了以上介紹的擬人修辭應用的實例，形象化的修辭應用也廣受青睞，2008 年 2 月 1 日登場的學測國文科考題中，就出現用流行歌曲的歌詞來考修辭，例如趙薇的〈漸漸〉，「寒冷將靈魂凍結／我卻還不肯熄滅」，將抽象的「靈魂」化為具象的水，可以被「凍結」；蘇打綠的〈小情歌〉，「就算整個世界被寂寞綁票／我也不會奔跑」，將抽象的「寂寞」化為具象的人，可以被綁票；紀曉君的〈故鄉普悠瑪〉，「時光隧道裡／我擺渡著憂愁／孤獨疲憊的我／又將再流浪」，將抽象的「憂愁」化為具象的「流水」，可以被「擺渡」；這三首歌的歌詞，作詞者都運用了「擬虛為實」的技巧，雖然看似無理卻饒富妙趣。生活中添加了轉化的修辭技巧，不但促使生命色彩更豐富，讓世間萬物和人類一樣有情，更令抽象事物化身成具體可見事物，傳情達意的方式能更多變有趣、清楚明白，語文天地裡真多虧了他。

第三節　雙關和諷諭使效果幽默又諧趣

做事有效率首推一舉兩得，說話幽默諧趣首推一字兩意——雙關；生活中少不了幽默，幽默中離不開雙關。「『諧音』已經成為臺

灣社會的強勢語言，你不可能忽視它的存在與影響，無論是廣告創意、各種文宣、招牌市貼、新聞標題、甚至寫作，都可以看到諧音的幽默身影。以娛樂界來說：陶晶瑩是『晶選輯』、許茹芸是『芸開了』、蔡琴是『抒琴時間』、林志炫是『至情志炫』等。演唱會也是如此，張惠妹演唱會是『妹力四射』、王菲演唱會是『菲比尋常』；吳宗憲玩得最兇，是『宗於實憲演唱會－吳盡的愛』。政治文宣更是諧音大本營，我看過最有創意的是羅文嘉選立委抽中十四號，本來十四是個不好的號碼，不容易文宣，但是羅文嘉團隊的創意十足，他的口號是『14 造英雄、英雄造時勢』，諧音的威力無窮。招牌或活動用諧音更是比比皆是，元宵燈會是『燈烽造吉』，上洗手間要『來勿勿，去沖沖』，補習班廣告『武功蓋試』，救國團在中正紀念堂辦飆舞晚會，取名『舞裡取鬧』，整個諧音的文字魔力，在社會上普遍發燒。現代年輕人最愛用的火星文充滿了符號，但是本質上就是玩諧音，例如『88』是拜拜、『花轟』是發瘋，因此 1998 年的大學甄試的國文試題中，還出現了『青春嘔像』、『廢腐之言』、『毀人不倦』等諧音題目。」（馬西屏，2007：46）言談之間滲入雙關，立刻擴散出歡笑愉悅的情緒氛圍，使人領會意在言外的樂趣，十足感受到心裁巧妙的驚喜。

諷喻是利用寓意深刻的故事來寄託諷刺，或教導說明的一種修辭法，當本意不便明說或者不容易說得明白親切的時候最為適用，既不易得罪他人，又可以達到溝通的目的，可是一石二鳥的好計策，例如：

> 在一次新聞界召開的記者招待會上，大家三番兩次邀請艾森
> 豪總統發表演講。總統最後只好站起來，面對著一雙雙「求

新聞若渴」的眼睛，慢吞吞地說道：「坦白說，我是一個不善言詞的人，現在要我說點什麼，一時之間，我確實不知該從何開口。不如讓我跟你們說一個我小時候的故事吧！」於是總統開始了他的故事：「我曾經拜訪過一個農夫，我問他：『你的母牛是不是純種的？』他回答說不知道。我又問：『這頭牛每個星期可以擠多少牛奶？』他又說不知道。我再接著問，他還是不知道；終於他被我問煩了，大聲說道：『你問的我都不知道，我只知道這頭牛很老實，只要有奶，他都會給你。你就別再問了！』」在場的新聞界人士聽完這個故事，不解其意，艾森豪笑了笑，說道：「我也是一頭老實的牛，只要有新聞，我都會給大家的。」大家會心地大笑起來，就不再纏著總統問個不停。

（陳國司，2007：224）

總統的話雖然很簡短，但兜了個大圈子告訴記者們：「你們別再窮追猛打了，我有新聞一定會給你們的。」用一個半真半假的故事，嘲諷自己就像那隻牛，不但老實而且會全數供應，表達出被追問的感受，既不得罪記者又巧妙的解決了困境。

相聲是一種諷刺、幽默的說話藝術，與生活合而為一、息息相關；說相聲最主要的目的就是令人發笑，能令人發笑才是成功的相聲表演，仔細觀察成功的相聲段子，不難發現，多數存有雙關和諷喻的修辭技巧。配合國語課程「說話的藝術」這個單元，我找來了下面這段相聲給學生聽，結果竟然能令他們倒地捧腹大笑，要求聽完一遍又一遍：

表 4-3-1 卡通奇談對口相聲

甲台詞	乙台詞
最近我有個奇特的遭遇。	發生了什麼事啊？
就在前天，我收到一封信，邀請我去夢不落帝國擔任波特萊爾夏令營的評審。	啊？這夢不落帝國在哪裡啊？
不知道啊！	那你怎麼去？
坐上大嘴鳥，我降落在星銀島，眼前是一望無際的草原。	哦？那是什麼草原？
仙履奇原。我的導遊是城市小綿羊，他帶著我直奔夏令營。	夏令營在哪裡舉辦？
就在……烏龍院。	烏龍院啊？這烏龍院又在哪兒？
就靠近……螢火蟲之墓。	在墓地啊？那裡誰敢住啊？
你也別說，那裡可真住了不少人哪！	都是些誰？
美女與野獸、小姐與流氓。	啊？
到了夏令營，營長立刻出面接待我。	營長是誰？
虎克船長。	這人你可得提防點兒！
……	……
我一就位，比賽就開始了，三劍客吹起了哨子，嗶嗶……百獸戰隊的選手是假面龍騎，忍風戰隊派出了音速小子。	假面龍騎大戰音速小子啊？這兩人打得起來嗎？
打得可來勁啦！當下只見假面龍騎騎上黑神駒、音速小子坐上了飛天掃帚……	飛天掃帚都出來啦？
那飛天掃帚可厲害啦！是合成金剛打造的！就是無敵鐵金剛和原子小金剛合成的──合成金剛。	啊！這麼個合成金剛啊？
是啊！一霎時雙方你來我往，在天空之城展開了激戰。就在比賽難解難分之際，突然，闖進來一匹狼！哈姆太狼！	啊？他來幹麼？
他揮舞著石中劍，口中高叫著「蠟筆小新」	小心什麼？
我四下一打聽，哎呀不得了發生了蟲蟲危機！妙妙探立刻派超人特攻隊封鎖現場。	超人特攻隊也跑出來啦？

在一片雞飛狗跳中，只見一個矮子從容不迫的拿著一副放大鏡，低著頭，看看這裡、找找那裡……名偵探柯南哪！	柯南也來了？
他很快查了個水落石出，原來這還不是一般的案件，是組織型犯罪。這是鯊魚黑幫派遣史瑞克假扮成白雪公主混入比賽會場，打算趁艾克斯不注意時，啟動生化戰士，幫宇宙忍者奪回失落的帝國。	竟然有這麼大的陰謀！
幸好發現得早，飛天小女警立刻逮捕了嫌犯交給灌藍高手，咻！的一聲，就把他們給丟到巴斯光年的總部去了！	那扔得可夠遠了！
……	……
我啃得動嗎？那是一種漢堡！外型看起來像城堡似的，一邊吃它還一邊變。	怎麼變？
一會兒是雞肉口味的、一會兒是蘑菇口味的、一會兒是蝦蟆口味的、一會兒是鼻涕口味的……	啊？還有鼻涕口味的？吃起來味道如何？
嗯……哈利波特啊！	是夠特別了！吃完這你可就飽啦
是啊！我也想該回家啦！正要道別：「ㄆㄆㄆ皮……卡丘！」	打噴嚏了啊？你要感冒囉！
一見我要生病，他們堅持把我留下來好照顧我，並且還送了我一件衣服。	衣服？是襯衫？還是汗衫？
不！是泰山！	泰山？你穿得動嗎？
我穿起來一看，好嘛！成了龍貓啦！	暖和多了！
為了怕我冷，還特別鋪了四層厚厚的被子給我睡覺。	哪四層被？
數碼寶貝、星際寶貝、神奇寶貝和飛天魔毯！	啊？
蓋上被，我翻來覆去睡不著。不得已，只好請來怪醫黑傑克，他給我開了藥，吃完藥，我就巧虎倒啦！	倒頭就睡啦！
……	……
好小子！原來是一場哆啦A夢！	怎麼？是做夢啊！

（資料來源：葉怡均，2007：157～167）

　　這段令孩子們笑聲不斷的相聲，以孩子們耳熟能詳的卡通或人物作為主要題材，以諧音雙關的修辭技巧貫穿全文，竟能製造出如此強大威力的「笑果」，雙關修辭的應用真可說是居功厥偉、功不可沒。從一開始的「夢不落帝國」、「仙履奇原」、「烏龍院」、「螢火蟲之墓」、「美女與野獸」……等著名卡通片，緊接著「虎克船長」、「音速小子」、「無敵鐵金剛」、「原子小金剛」……等卡通偶像，最後還有「數碼寶貝」、「星際寶貝」、「神奇寶貝」……等成長伴侶，全都是小朋友生活中歡樂的代名詞，童年不可缺少的玩伴，Ｅ世代共有的交集，再利用諧音雙關的特性，將這些材料很順暢的放入故事情節中，隨著劇情的開展一再的令人產生驚喜，於是製造出詼諧幽默令孩子們噴飯的效果，寧願承擔讓人笑破肚皮的風險，也要聽了一遍又一遍。孩子的世界裡有著大人無法理解的思考邏輯，但透過「諧音雙關」，就能為大人與小孩之間創造出有「笑」的溝通橋樑。

　　故事是一個傳達意思的好方法，因為沒有人喜歡聽教訓，故事的魅力從古至今絲毫未減；諷喻修辭就是利用說故事來講道理的一種技巧，透過故事的聆聽，常常會有一語驚醒夢中人的意外效果，心領神會的溝通更勝過於語重心長的訓導：

> 肯特牧師正在臺上講道，說的是一個聖經上「才銀」的故事。主人翁即將出門遠遊，臨行前他將三個僕人叫到面前。首先，第一個僕人走上前來，主人給了他五個類似現在一塊錢的「才銀」（talent，為當時的貨幣單位，後解釋為「才能」）。並吩咐道：「我的好僕人，我不在的時候，要好好管理這些才銀。」說完僕人就下去了。接著第二個僕人上來，領了兩個才銀，主人跟他說了同樣的話：「看好這才銀，我會回來的。」最後，

主人給了第三個僕人一個才銀和同樣的訊息，就出發旅行去了。過了很久以後，主人回來了。他把僕人叫到跟前。第一個僕人說：「主人，我把你給我的五個才銀拿去做買賣，賺了五個才銀。」「很好，我能幹又忠心的僕人，我要讓你管理更多的東西。」第二個僕人走上前道：「主人，你給了我兩個才銀。瞧瞧這些，我另外又得到了兩個才銀。」「很好，我能幹又忠心的僕人，我要讓你管理更多的東西。」最後，第三個僕人，全身發抖。「主人，我知道你是一個很精明的人，總想不勞而獲……，所以我很害怕。我把你的才銀藏在地底了。」然後他把那一個才銀還給主人。「你這個壞心眼的惡僕……，你起碼應該把我的錢存在銀行裏，那樣至少除了本錢以外，我還有利息可拿。」隨後主人吩咐「把這個不會生財的僕人仍到外頭去。」最後肯特牧師才點出故事的含意：上帝給了每個人一項才能（talent），例如經營公司的能力、唱歌、寫書、打職業高爾夫球的能力等。不管你的才能是什麼，上帝不希望你把它隱藏或保存起來，而是要你盡力發揮。

〔大衛·阿姆斯壯（David M. Armstrong），1994：5～7〕

剛看完這則故事，心裡立刻產生了二個想法。第一，為何只給這第三個僕人一個才銀，表示他的能力是最差的還是最好的？第二，為何要把這第三個僕人扔到外頭去，就算沒有創造至少也沒有遺失呀？直到了解這故事的含意後，以上兩個問題都已得到解答。雖然每個人生而不平等，所擁有的才能不盡相同，就算僅擁有一種才能，倘若是努力經營、創造的話，也許就足以獨冠群雄；社會是現實、競爭、更是殘酷的，一個只懂得守不懂得攻的將領，早晚會面臨全軍覆沒的局面；一個只在原地踏步不敢向前進的選手，早晚會被前

進的人潮淹沒；一個擁有才能卻不敢嘗試的人才，早晚會被任何人所取代，被時代的潮流給擠退。流浪教師每個都擁有一個以上的才能，更該仔細省思一番，在此變動快速的時刻，應該選擇這個故事中哪一個僕人的做法，才是明智之舉，才能使自己立於不敗之地。忠言總是逆耳，實話總是難聽，這些道理多數人都知道，但總是沒有人願意接受這些訓誡式的內容，可是採用諷喻的修辭技巧，卻能輕易達到改變人們思考方向的目的，透過自我發問、自我思考、最後自我回答，往往比來自別人的激勵更為有效。

第四節　誇飾和仿擬能讓人不易忘記你

誇飾又稱「誇張」或「鋪張」，也就是一般我們所說的「吹牛」，刻意的將主題凸顯並且放大或縮小，很容易達到引人目光、讓人產生深刻印象的目的，更容易達到詼諧、幽默、引人發笑的作用，造成腦海中難以忘懷的情節記憶；「仿擬是刻意模仿前人作品中的語句形式，甚至篇章格調，藉由原作在讀者心中早已存在的熟悉印象，引發出新的特殊的旨趣，有時更帶有嘲弄諷刺意味。」（黃慶萱，2004：93）誇飾和仿擬這兩種修辭很常併用，合在一塊經常可以產生一加一大於二的神奇效果。施加於寫作中，可以培養想像力、塑造輕鬆有趣的作文風格、強化語文傳播效果；添加在語言裡，能夠令人拍案叫絕、拍手叫好、嘖嘖稱奇；運用在相聲表演裡，可以釋放出開懷大笑的氣體，令人無法控制得笑個不停；妙用於綜藝表演中，更是能夠創造出讓人跌破眼鏡的收視率，甚至到嘆為觀止的境界；巧用在歌詞改編裡，也是化神聖為荒誕、化感人肺腑為現實有趣的防腐劑。

　　1999 年底三立公司的節目「黃金夜總會」，開闢由澎恰恰及許效舜搭檔的「鐵獅玉玲瓏」單元，兩人反串女角飾演的「珠寶」、「貴寶」以幽默風格說學逗唱獲得觀眾青睞；更於 2001 年締造一股「鐵獅」風潮，席捲全臺各地持續延燒 2 年多。之前就曾經有個節目，其內容是兩個身著鳳仙裝的老師，以講古說書為主，並且以歌仔戲曲穿插當中，於是「鐵獅玉玲瓏」仿擬這樣的節目創意，並由舜子扮演主講故事的「貴寶」，由澎恰恰扮演掌控整場氣氛的「珠寶」；這兩位「寶」貝在裝扮上除了戴假髮、穿鳳仙裝反串以外，更在臉上濃妝豔抹、勾勒出柳月眉及著名的白鼻心造型，成功捕捉了所有人的目光，讓這兩個扮飾清朝的女人、讓這一個演清朝的節目，不但能在當今生存，而且還炫目燦爛的過活。現在只要一聽到「話若要講透幾支，目屎就剝袂離」這二句話，就會令人想到鐵獅玉玲瓏的「珠寶」與「貴寶」，也就是那二位土得可以、紅得發紫的澎恰恰與舜子。內容方面，有兼具腦筋急轉彎、毒舌派的相聲，再加上穿插臺灣俗語謎猜；口語方面，主說者舜子使出渾身解數、妙語如珠，主控者澎恰恰以脫線、機智、無厘頭的反應，掌控全場氣氛；造型方面，那勁爆到不行的「妖豔」打扮，讓人看了差點沒噴血；肢體方面，全身上下時時都有動作，獨創出來的「點點舞」、「敬禮舞」更是刻刻引人狂笑。無論是哪一方面，全都有著共同的特色──特殊與誇張，誇飾的修辭技巧反映在這裡，是笑語連連，是笑到流淚，是掌聲不絕，是銳不可擋的紀錄。

　　相聲以製造笑聲為主要特色，一個能讓人發笑的相聲，就是成功的相聲，在成功的相聲段子裡，通常不難發現誇飾的修辭技巧。臺北曲藝團講義裡的「吹牛」段子，就是一個例子：

甲：咱們來個吹牛比賽怎樣？

乙：好啊！這就開始！

甲：你先吹。

乙：說到吹牛你就比不過我了！

甲：我比你會吹得多。

乙：我們家吹牛有祖傳秘方。

甲：我們家吹牛有八輩子歷史了。

乙：我們家是吹牛超級市場。

甲：我們家是吹牛連鎖商店。

乙：我們家是吹牛總代理。

甲：我們家是世界吹牛中心。

乙：我們家是……

甲：怎麼樣？是什麼？啊？

乙：你們家那吹牛中心是我們家給吹出來的。

甲：ㄔㄟˋ！再來！

乙：我高。

甲：我高。

乙：我身高 196 公分！

甲：我身高 237 公分！

乙：你有那麼高嗎？

甲：你有那麼高嗎？

乙：我比摩天大樓高半個頭。

甲：我比玉山高一個頭。

乙：飛機打我腰邊飛。

甲：人造衛星從我腳下過。

　　乙：我高。

　　甲：還是我高。

　　乙：我頭頂著藍天，腳踩著大地，沒法再高了！

　　甲：我……我上嘴唇挨著天，下嘴唇靠著地。

　　乙：上嘴唇挨著天，下嘴唇靠著地？

　　甲：對！

　　乙：請問你這臉到哪兒去啦？

　　甲：我們吹牛的人都不要臉啦！

　　（洪雪香，2004：73～74）

整個段子以「吹牛」貫穿首尾，全部用誇飾的手法來呈現，不但能有「祖傳秘方」，還能有「八輩子歷史」；花樣多如「超級市場」，更多如製造出產的中心地；童話裡才會出現的「比摩天大樓高」的身高，科幻片裡才會出現的「比人造衛星高」的身高，最後用「上嘴唇挨著天，下嘴唇靠著地」這個絕招獲勝，而點出「我們吹牛的人都不要臉」的最高境界。這樣的對話鏡頭，似乎常出現在爭強好辯的高年級階段，透過誇張的方式，沒有臉紅脖子粗的畫面，只有難忘的對話內容。

　　規矩的生活、正常的版本、一般的現象，早已不為現代人所感興趣，反過來說，將既有的形式、格式或是當紅歌曲的歌詞加以改編，往往會產生更大的吸引力，甚至因此而激發出更奇特的創意。例如成立於 1873 年的柯尼卡，曾經開發出全球第一台自動對焦相機、日本第一卷彩色軟片，Konica 遲至 1985 年才進入臺灣市場，當時在市場上的勁敵是富士軟片和柯達軟片，然而以不同的角度來詮釋軟片的特性，靠著行銷手法的成功，讓柯尼卡知名度漸增，成了

臺灣消費者耳熟能詳的品牌，在影像市場上占有一席之地，與柯達、富士三分天下，幕後功臣之一，就是由李立群代言的電視廣告影片。裡面，沒有什麼特殊的場景，沒有特殊的人物，甚至沒有劇情！只有李立群一個人坐在一顆像星球的球體上，以快速、一口氣的方式把台詞全部講完，這樣的特殊手法反而引發了觀眾的好奇心，更讓人想聽清楚到底廣告詞在說些什麼：

> 我說——人為什麼要拍照？
>
> 人活得好好的他為什麼要拍照？
>
> 喔——到底是為了要回味兒；
>
> 回什麼味兒？
>
> 回自己的味兒，回自己和大家生活的味兒，回經歷和體驗的味兒，
>
> 回感受深刻的味兒，回悲歡離合喜怒哀樂的味兒。
>
> 什麼樣的照片才叫好？
>
> 拍得漂亮拍得瀟灑拍得清楚拍得得意拍得精彩拍得出色拍得深情
>
> 拍得智慧拍得天真浪漫返樸歸真　拍得喜事連連無怨無悔
>
> 拍得恍然大悟破鏡重圓拍得平常心是道拍得日日好日年年好年如夢似真止於至善！
>
> 我的天啊！什麼軟片這麼好啊？
>
> 啪啦！KONICA COLOR！
>
> 它抓得住我，一次 OK！
>
> （AVdio 摩庫影音基地——柯尼卡 konica 軟片廣告——它抓得住我，2008）

KONICA 它真的抓住了消費者的心，這支廣告紅了之後，開始有人對廣告詞加以改編，完全仿擬李立群述說的形式，仍然以內容繁多、節奏緊湊、快速為主要特色，但主題改以和學生生活最為貼近的「考試」來聯想，以及略帶諷刺、批評意味的「超車」來創作，讓人跳脫平常既有的框框和印象，欣賞到一種輕鬆、幽默手法寫出的作品：

> 柯尼卡廣告詞──考試版
>
> 我說──人為什麼要考試？
>
> 人活得好好的他為什麼要考試？
>
> 喔──到底是因為讀書！
>
> 讀什麼書？
>
> 讀別人的書
>
> 讀父母和師長期望的書
>
> 讀無趣而難懂的書
>
> 讀阿拉木圖的書
>
> 讀考試會考學了沒用的書
>
> 什麼樣的書才叫好？
>
> 讀得崩潰，讀得狼狽，讀得慚愧，讀得乏味，
>
> 讀得憔悴，讀得想睡，讀得心碎，讀得流淚，
>
> 讀得昏天暗地今夕何夕讀得紅字片片無怨無悔，讀得戰戰兢兢如履薄冰，
>
> 讀得小人之心頭頭是道，讀得日日小考月月段考多年寒窗止於聯考！
>
> 我的天啊！什麼書讀這麼累啊？

啪啦！中華民國教科書！

它當不了我，一次 Pass！

柯尼卡廣告詞——超車版

我說——人為什麼要超車？

人活得好好地他為什麼要超車？

喔——原來是為了要趕時間！

趕什麼時間？

趕自己的時間

趕家人和朋友的時間

趕公司打卡的時間

趕婚喪喜慶廟會過年的時間

怎麼樣的超車才叫好？

超得漂亮，超得精彩，超得瀟灑，超得混蛋，

超得沒品，超得王八，超得香蕉，超得芭樂

超得人見人愛，無懈可擊

超得口吐白沫，哭天喊地

超得其他駕駛目瞪口呆，

超得公路警察兩眼發白，

我的天哪！哪一家的超車這麼神啊？

啪啦！XX 客運！

它超得過我！

（AVdio 摩庫影音基地——柯尼卡 konica 軟片廣告——它抓得住我，2008）

改編版的考試篇，內容真是字字血淚，句句辛酸，說來可笑，聽來可悲呀！簡直就是所有學生們內心的告白，一點一滴替全國考生們解放心中的壓力，難怪能引人共鳴、博得拍手叫好，加上仿擬機關槍式的講話方式，更有槍林彈雨的戰場氣勢，真是一個「好」字了得。超車篇諷喻的意味濃厚，不但反映時事現象，更將怒火轉變成笑口，將批評轉變為幽默，最後一句點出所諷刺的主角，有令人恍然大悟的效果。

　　隨著綜藝歌唱節目「星光大道」的爆紅，比賽歌曲也成為觀注的焦點，其中蕭煌奇所唱「你是我的眼」，就深受大家感動與喜愛，除了因為他是盲人歌手，彷彿是用生命在詮譯歌曲，更因這首歌的歌詞意境，宛如一張天羅地網，將聽眾們的情牢牢套住而無法脫：

你是我的眼　　　　　蕭煌奇演唱

　　如果我能看得見，就能輕易的分辨白天黑夜，
　　就能準確的在人群中牽住你的手，
　　如果我能看得見，就能駕車帶你到處遨遊，
　　就能驚喜的從背後給你一個擁抱，
　　如果我能看得見，生命也許完全不同，
　　可能我想要的我喜歡的我愛的，都不一樣；
　　眼前的黑不是黑，你說的白是什麼白，
　　人們說的天空藍，是我記憶中那團白雲背後的藍天，
　　我望向你的臉，卻只能看見一片虛無，
　　是不是上帝在我眼前遮住了簾，忘了掀開；
　　你是我的眼，帶我領略四季的變換；

> 你是我的眼，帶我穿越擁擠的人潮；
> 你是我的眼，帶我閱讀浩瀚的書海；
> 因為你是我的眼，讓我看見這世界就在我眼前，
> 就在我眼前。

整首歌強調的一句話「你是我的眼」，可以強烈的感受到身邊愛他的人、幫助他的人，對他而言有多麼的重要，因為替代的是他最重要、最欠缺的那雙眼。歌曲一紅了之後，也引發許多人技癢，加進俏皮、搞笑的主題，仿擬歌詞的格式，創造出各種不同風格的作品：

你是我的錢　　　（〈你是我的眼〉改編版）

> 如果我有很多錢，就能瀟灑的花錢買車把妹，
> 就能準確的在豪宅中買到你的人，
> 如果我有很多錢，就能駕車帶你到處遨遊，
> 就能揮霍的從背後給你一疊真鈔，
> 如果我有很多錢，生命也許完全不同，
> 可能我想要的我喜歡的我用的，都不一樣，
> 眼前的卡刷不爆，你說的窮是什麼窮，
> 人們說的路邊攤，是我記憶中那晚夜市背後的夢魘，
> 我望向你的臉，卻只能看見一片虛無，
> 是不是鈔票在我眼前，遮住了臉，忘了掀開；
> 你是我的錢，帶我培養灑錢的習慣，
> 你是我的錢，帶我穿越擁擠的酒店，
> 你是我的錢，帶我閱讀浩瀚的名牌，
> 因為你是我的錢，讓我看見這世界就在我眼前，

就在我眼前。

（Yahoo 奇摩知識＋——你是我的眼歌詞改編創作，2008）

〈你是我的錢〉仿擬〈你是我的眼〉的寫作架構，真實的反映出社會景氣不好，加上 E 世代不知人間疾苦、養尊處優的成長背景，向「錢」看齊已是不爭的事實；這首改編版的歌詞，內容訴說出夢想中的有錢殿堂，想像著有錢「萬事皆能」的無敵生活，諷刺上層社會、高階人士們的有錢世界、傲慢神態，就像在聲聲呼告說「有錢我就是大爺啦！」善用這樣仿擬的修辭技巧，製造的效果非同小可，創新特別的作品，絕對能令人不易忘懷你。

第五節　巧用組合可適應萬千情境

修辭策略必須因應不同的情境而有不同的方案，成功的修辭策略在於能塑造出適當的情境、製造出適合的情緒氛圍；搭配令人眼花撩亂、目不暇給的修辭方式，加以巧妙的組合運用之後，就成了無色無味感人於無形之中的秘密武器；當然，更重要的是必需得先擁有一顆真誠的心。全球保險界有一座聖母峰，叫做 Top of Table「頂尖百萬圓桌會員」，臺灣只有九位曾取得資格，而黃志明四度登頂，他是保德信人壽的首席顧問，也是第一屆商周「超級業務員大獎」的保險業金獎得主。他擁有專業成就，在保險業界是一號人物；他擁有財富，去年收入二千一百萬元，身價上億元：

黃志明的第一位保戶，就是羅馬瓷磚的同事羅小姐。然而，就在羅小姐完成所有承保手續，還沒領回保單時，慘劇發生。1995 年 2 月 15 日，元宵節假期，臺灣發生歷年死傷最為慘重的火災事件——臺中衛爾康西餐廳大火，六十四人死亡，羅小姐也在喪生名單內。黃志明第一張保單，就遇上死亡。當他趕赴臺中殯儀館，面對羅小姐遺容，他看到生命的無預警。當他將理賠支票交到羅媽媽手中時，激動莫名，他緊緊握住老人家的手：「你雖然失去了一個女兒，但也多了一個兒子，以後如果有任何事情，請告訴我，我一定會盡力去做！」這張理賠支票，讓羅家付清剩餘房貸，也讓羅家兩老無後顧之憂的度過晚年。（劉佩修，2007）

在保險業裡有這麼一句話，「歷經死亡保險之後，才能真正體會保險的意義」。接收到這突如其來的噩耗，面對喪失好友的傷痛，更讓黃志明深切體會到人生無常；他無法接受客戶死亡後，受益人只能和保險公司「○八○○」的客服電話聯繫，或只收到公司寄出的理賠支票，認為這是對客戶最重要的承諾，怎麼能不幫他辦好，因此他選擇親自表達哀悼、送上理賠支票，同時以雙手緊握老人家的手說：「你雖然失去了一個女兒，但也多了一個兒子……」說出口的不是同情、不是安慰，而是道出頓失精神依靠的深切感受，是提供另一個值得依賴、信任的肩膀，是維持不變的愛的承諾。僅僅這兩句用映襯修辭所說出口的話，聽到的卻是無盡的愛與依靠，無限的感激與感動，再也沒有比這種情境氛圍更讓人安慰，再也沒有比這場面更讓人鼻酸。

　　由動腦雜誌主辦，7-ELEVEN 協辦的「2007 年最期待的 3 個關鍵字」全民票選活動，從 2006 年 11 月 22 日至 12 月 22 日，歷經一個月在動腦電子報及動腦網站上的網路票選，終於從各界菁英推薦的 15 個關鍵字中，選出備受期待前三名，分別是「幸福」、「希望」和「夢想」，這除了反映大眾對 2006 年的回顧，也表達了對 2007 年的期許。（動腦編輯部，2007：32）四年一次的「總統大選」又即將在 2008 年登場，無論在造勢、演說或是文宣、視聽廣告等，都涵蓋著「幸福」、「希望」和「夢想」的願景。例如藍營總統候選人馬英九的競選廣告，配合元宵民俗節慶的時機，以放天燈為背景活動，民眾將心裡的願望一個一個寫在天燈上，「買房子」、「加薪」、「換新車」、「生意好」、「好退休」、「訂單一直來」……等，藉著天燈愈飄愈高，將希望傳達到天庭，透過文字書寫的方式，千里傳音聲聲呼告眾神明，期待寫在天燈上的夢想有實現的一天，每個人臉上都能洋溢著幸福的笑容，背景音樂搭配的是經典名曲，由翁倩玉主唱的〈祈禱〉：

> 讓我們敲希望的鐘呀！多少祈禱在心中，
>
> 讓大家看不到失敗，叫成功永遠在；
>
> 讓貧窮開始去逃亡呀！快樂健康流四方，
>
> 讓世間找不到黑暗，幸福像花開放；
>
> 不再有悲哀，不會沒有愛，
>
> 幸福直到永遠。
>
> （YouTube──放天燈，2008）

在整個一分鐘的廣告過程中，從頭到尾沒有任何一句話語，天燈上書寫的文字內容已透露所有人民心聲；音樂本就具有撼動情感的魔力，能觸動每一條感動的神經，加上言簡意賅的歌詞輔助，句句滲入京畿重鎮，再怎樣固若金湯的心靈城堡，也不攻自破。短短的幾句歌詞就蘊藏有「譬喻」、「擬人」、「排比」等數種修辭組合，將「希望」譬喻成廟裏信徒們祈禱要敲的鐘，將「幸福」譬喻成美麗綻放的花朵，將人人懼怕的「貧窮」轉化成通輯犯，將「快樂、健康」轉化成液體任意流往四方，整體而言採用排比的技巧來鋪陳；無論男女老少，無論士農工商，無論貴族平民，人人的希望全寄託給上蒼，祈求夢想都只見成功不見失敗，祈求財源廣進，祈求快樂健康長存，祈求世界和平一片光明，如此將得到最終目的──幸福。這樣的修辭組合在腦中產生的是動態的畫面，在眼底看到的是無盡幸福的美景，在心中感染到的是寧靜、和平的情緒氛圍，完美營造出溫馨的情境。

　　綠營總統候選人謝長廷的競選廣告，60 秒電視版「前進篇」，則是善用多種修辭組合，發出柔情攻勢要國人共體時艱、同渡風雨，打造出堅定、刻苦、沒有後路、勇往直前的剛毅情境。影片前 45 秒

的內容，全都是臺灣各地的路況與氣候：「關西——雨／南投——雨／宜蘭——陰轉雨／臺北市——陰轉雨／清水——雨／61 號快速道路——雨／沙鹿——雨／西螺——雨轉陰／富里——陰／嘉義——雨／太麻里——雨／烏日——雨轉陰／嘉義市——雨／羅東——雨／高美溼地——雨／愛河——雨／臺南——陰轉雨／臺東——雨／頭城——雨／風愈大我愈要走／」除了背景音樂以外，同時搭配廣告旁白：

> 這是臺灣的道路，許多許多的道路，
>
> 每個人藉由不同的道路到達自己的目的地；
>
> 而承載著許多道路的臺灣，
>
> 卻只有唯一一條，只能前進不能後退的路，
>
> 民主的道路，
>
> 有風有雨，但臺灣繼續前進，
>
> 民主必須前進；
>
> 感謝風雨給我們刺痛，
>
> 我們終會在相同的目的地相見，
>
> 請你回來與我們並肩同行，
>
> 臺灣維新——謝長廷。
>
> （YouTube——前進篇 60 秒電視版，2008）

廣告內容有三分之二以上都是運用「排比」修辭，地名後面搭配天氣狀況，同樣的方式連續鋪陳多達 19 次，第 20 次才點出了主要訴求重點——風愈大我愈要走；相同的形式與內容，以重複的手法連續出現，既可以呈現出全面性的樣貌，也可以有引發好奇心，讓人想繼續往下看的作用，等到主要廣告語出現時，已經產生加強記憶、

加深印象的效果，就像釘釘子一樣，一寸一寸的往下釘，直到牢固不脫落為止；廣告旁白使用「反襯」及「隱喻」的修辭技巧，「臺灣的道路有許多條」，與「臺灣能走的道路只有一條──只能進不能退的民主道路」，相反的觀念與事實形成強烈的對比，有震撼人心甚至當頭棒喝的感受，有一語點醒夢中人的功用，有扭轉乾坤、化危機為轉機的效果；以「風雨」來隱喻臺灣面對的困境與考驗，以「崎嶇道路」來隱喻民主建設過程的窒礙難行，具體而生活化的比喻，人人體驗深刻，最能傳達有效訊息；最後邀約大家一起並肩同行，走這條必經之路，完美塑造出誠懇、踏實、同舟共濟的情境。

　　業務員面對客戶時，有時滔滔不絕、不厭其煩的解說，反而會帶給人莫名的壓力，無形中已把顧客往外推走；視不同的情況、不同的需求，用心為顧客量身訂做出特別的情境，產生愉悅的情緒氛圍，讓顧客感受到「他」是備受尊重，「你」是與眾不同，這樣，不需汲汲營營的爭取訂單，也能獲得耀眼的業績。喬・吉拉德被譽為世界上最偉大的推銷員，他在十五年中賣出一萬三千零一輛汽車，並創下一年賣出一千四百二十五輛（平均每天四輛）的記錄，這個成績被記錄於《吉尼斯世界大全》。以下是他推銷的經驗：

　　有一天，一位中年婦女走進汽車展示中心，想在這兒看看車，打發一會兒時間。閒談中，她告訴喬・吉拉德她想買一輛白色的福特車，就像她表姐開的那輛，但對面福特公司的業務員讓她過一小時後再去，所以她先來這兒看看。她還說這是送給自己的生日禮物：『今天是我五十五歲的生日。』『生日快樂！夫人。』喬・吉拉德一邊說一邊請她隨意觀賞，接著出去交代了一下，然後回來對她說：『夫人，您喜歡白色車，

既然您現在有時間，讓我為您介紹一下我們的雙門式轎車——
——也是白色的。』他們正談著，女秘書走了進來，遞給喬‧
吉拉德一打玫瑰花。他把花送到那位婦女面前：『祝您長命百
歲，高貴的夫人。』中年婦女大受感動，眼眶都溼了。『已經
很久沒有人送禮物給我了。』她說：『剛才那位福特的業務員
一定是看我開部舊車，以為我買不起新車，我想看車，他卻
說要去收一筆貨款。其實我只是想要一輛白色轎車而已，只
不過表姐的車是福特的，所以我也想買福特車，但他卻先去
忙別的事，要我晚一點兒再去。現在想想，不買福特的也可
以。』最後她在喬‧吉拉德這兒訂了一輛雪佛萊，並開了一
張全額支票；而從頭到尾，喬‧吉拉德的言語中都沒有勸她
放棄福特而買雪佛萊的意思。只是因為她在這裡感受到被重
視與被尊重，於是放棄了原來的打算，轉而選擇了喬‧吉拉
德的產品。（陳國司，2007：148～149）

人心是最軟弱的，女人的心更是容易被打動，一旦獲知特別訊息「五
十五歲的生日」，除了立刻獻上一句「生日快樂」，還訂購玫瑰花親
手送上，再加上真誠的祝福，真可說是禮輕情意重；一打玫瑰花、
一句簡單的話語，傳達出的訊息，卻是業務員對這位女性的重視與
用心，製造出的情境，卻是令人感動、溫柔與尊重。

俗語說「臺上一分鐘，臺下十年功」。策略要能正確的判斷，情
境要能順利的塑造，應對要能流利通暢，內容要能捉住重點，全仰
賴平時的觀察和練習；修辭方式多樣化，組合方法更是高彈性，沒
有一套方案可以用遍任何情境，也沒有一種策略可以適用於所有的
人；只有平時的基本功紮得深，才能在面對狀況時隨機應變，迅速

果斷的做出正確決策；只有發揮個人的優勢與特點，才能創造自己
特有的語言風格，建立與眾不同、獨樹一格的行事作風；只有巧妙
運用修辭組合，才能享有成功經驗以及累積智慧，適應變化萬千的
各種情境。

第五章　流浪教師修辭策略的向度

第一節　流浪教師的修辭策略

　　還沒開始流浪的教師應該及早規畫理想，已經在流浪的教師應該思考未來。不管是繼續在學術殿堂裡執鞭任教，或是奔向其他行業馳騁商場，不可避免的是人與人之間的溝通，透過語言的溝通；必須擁有的是表情達意的能力、說理敘事的能力、幽默風趣的能力、能言善辯的能力；一套完備、獨特的修辭策略，猶如關公的青龍偃月刀、李哪吒的乾坤圈、阿拉丁的神燈、靈媒的水晶球一般，那樣的如虎添翼，那樣的不可或缺。在這一章中，將朝往各個向度尋找成功案例，並加以詳細探討、解析修辭策略，以提供流浪教師具體的概念。

　　「昨夜西風凋碧樹。獨上高樓，望盡天涯路」、「衣帶漸寬終不悔，為伊消得人憔悴」、「眾裡尋他千百度，回頭驀見，那人正在燈火闌珊處」王國維在《人間詞話》中，曾摘錄這三闋詞，來比喻古今成大事業、大學問者的三種境界。（王國維，1981：11）第一境界摘錄自晏殊的〈蝶戀花〉；西風無情刮得葉落飄零、綠樹凋謝，比喻當前形勢相當惡劣，只有爬上高樓，居高臨下高瞻遠矚，看到遠方看到天盡頭，看到別人看不到的地方，才能排除干擾不為暫時的煙霧所迷惑，才能看到形勢發展的主要方向，這一境界是立志、是下決心，更是取得成功必須具備的基礎。第二境界摘錄自柳永的〈鳳棲梧〉；描述如何為此決心而努力奮鬥，縱使人瘦了、憔悴了，但依然始終不悔，儘管遇到各式各樣的困難，仍然堅持奮鬥、繼續前進，

為了志向一切在所不惜，世界上沒有一路平坦的康莊大道，這一境界是執著的追求，忘我的奮鬥。第三境界摘錄自辛棄疾的〈青玉案・元夕〉；指在經過多次波折、經過多年的磨練之後，就會逐漸成熟、沉穩，別人看不到的東西能明察秋毫，別人不理解的事物能豁然開朗，此時即將到達成功，此刻即將擁抱幸福，這一境界是水到渠成，是倒吃甘蔗，是否極泰來。雖然說努力不一定會成功，但是要成功就一定得努力，將這三境界深植心中，流浪的人兒想要拒絕遊牧，必定指日可待。萬事起頭難，一開始的立定志向、下定決心最為艱難：

> 帕瓦羅蒂是世界歌壇的超級巨星，當有人向他討教成功的秘訣時，他每次都是提到其父親說過的一段話。在從師範學院畢業之際，帕瓦羅蒂問父親：「我是去當教師？還是去做個歌唱家？」這確實是個難題。帕瓦羅蒂雖然學的專業是教育，但他覺得自己更加喜歡唱歌，到底該做什麼？帕瓦羅蒂拿不定主意，要不就像有些人說的那樣，以教師為職業，而以唱歌為嗜好？可是帕瓦羅蒂又有些不甘心。父親沉思了片刻說：「如果你想坐在兩把椅子上，你可能會從兩把椅子中間掉下去。生活要求你必須要有選擇地坐到一把椅子上去。」經過反覆考慮，帕瓦羅蒂最終選擇了歌唱。經過七年的失敗與努力，他首次登臺演出。又過了七年，他終於登上了大都會歌劇院的大雅之堂。（張建鵬、胡足青，2005：19～20）

很多時候我們都處於選擇的兩難之中，生活不可以假設，也不可以倒退重來，但最不允許的是猶豫不決和三心二意，那樣的話，就會從兩把椅子中間掉下去。電視歌唱節目星光大道，首顆耀眼的紅星——楊宗緯，當初因為謊報年齡，有欺騙的事實而引起關注、備受

評論，也因此而成為眾所周知的話題人物；畢業於彰化師範大學的他，雖然擁有教育的專業知識，但憑著對歌唱的熱愛，毅然決然的投入演藝事業，離開教室裡上課的講臺，踏上燦爛奪目的歌唱舞臺，拒絕遊牧不當流浪教師，乘著悠揚的旋律飛翔天際。今日這兩顆閃亮的明星帕瓦羅蒂和楊宗緯，當時都做了一個同樣的抉擇，選擇最愛——歌唱。下任何的決定前都得先謹慎分析、認真思考，試問自己什麼是所熱愛的事？什麼是喜歡的事？什麼是可接受的事？再問自己興趣是什麼？專長有什麼？願意做什麼？優先順序必須先排列出來，心中才知道該如何取捨，同時搭配時機、把握機會、掌握時勢，全面考量以後做出最佳的決定，立定最適當的志向。

　　「考試比的不是智力而是耐力」，這句補教界名師的話，一直迴盪在我心中、烙印在我腦海裡；普通人智力都相差不遠，但持久的耐力卻有天壤之別，就算天資聰穎、才思敏捷，如果不能堅守到最後一刻那又如何？如同龜兔賽跑的故事，最後勝利的是堅持到最後的那一個。

> 　　1984 年，在東京國際馬拉松邀請賽中，日本選手山田本一奪下了世界冠軍。這非常出乎大家的意料，在這之前，很多人甚至沒有聽過他的名字。一時之間記者們蜂擁而上，爭著去採訪這匹黑馬。有人問他為什麼能取得這麼好的成績，山田本一的回答只有簡短的一句話：「憑的是智慧。」這句話同樣讓大家莫名其妙：馬拉松賽是比賽體力和耐力的項目，要求運動員有良好的身體素質和耐力，在什麼地方可以體現智慧？記者們卻再度追問，但山田本一已匆匆離去。不料在兩年後的義大利國際馬拉松邀請賽上，山田本一又獲得了世界

冠軍。有記者提出了同樣的問題，而山田本一給出的仍是同樣的答案：「我靠的是智慧。」十年後，退役後的山田本一出版了自己的自傳，解開了謎底。有一次，山田本一很偶然地在一本雜誌上看到一篇文章，文章中的一段話給他留下了很深的印象：「我們並不是沒有目標，但由於路程遙遠，我們總享受不到成功的喜悅，往往在中途就疲憊地放棄了。我們應該把一個大目標分解成一個個小目標，逐步實現之。」山田本一反覆琢磨，終於想到一個辦法。此後，每次比賽之前，山田本一都要乘車把比賽的線路仔細地看一遍，並把沿途比較醒目的標誌畫下來，比如第一個標誌是銀行；第二個標誌是一棵大樹；第三個標誌是一座紅房子……這樣一直畫到賽程的終點。比賽開始後，山田本一就奮力地向第一個目標衝去，等到達第一個目標後，接著又以同樣的速度向第二個目標衝去。四十多公里的賽程，就被他分解成這麼幾個小目標輕鬆地跑完了。

（張建鵬、胡足青，2005：187～189）

人生的道路上確定志向後，還需要給自己設定一個宏偉的目標，但這個目標距離目前的位置往往還很遙遠，在漫漫的征途中，努力與堅持可維持一段時間；之後發現目標依然那麼遙不可及，再看看周圍的人，腳步同樣的沉重和疲憊，於是我們的腳步可能逐漸慢了下來；隨後我們的目光可能會慢慢的被路旁的景色所吸引，停下來或偏離以前的方向；最後隨波逐流到哪算哪，原來的那個目標就成了一個壓在心底的青春時期夢想。學習山田本一那樣，把大目標分解成許多的小目標，達成每個小目標就享有成功的小喜悅，喜悅的力

量將成為前往下一小目標的動力來源，源源不絕的成就與快樂，推動著步伐大步向前邁進，馬拉松終點站那面鮮豔的旗幟已經唾手可得。

　　經歷過風霜的寒梅最能綻放芳香的氣味，忍受過嚴寒的蔬菜最能咀嚼甜美的滋味，結實累累的稻穗最能謙卑低頭的受教，體驗豐富的人生最能欣賞獨特的自己。盡力把握機會展現優點，奮力認識自己了解缺點，努力轉換弱點變成特點；成功的人並不是因為他沒有缺點，而是他懂得如何轉換觀點，來獲取人生當中的轉捩點，所以能邁向成功的終點：

> 1960 年代，美國 DDB 廣告公司的柏恩巴克為德國福斯（VW）金龜車所做的一系列的廣告，一直被認為是廣告界的創意經典之作。當時，福斯的金龜車登陸美國已經十年，但卻一直打不開市場，經仔細研究這款汽車後，覺得它外型古怪、馬力小、檔次低，不合美國消費者的口味，難怪會賣不出去。那個年代所有的汽車無不在外型美觀氣派、設備豪華、追求急速快感方面互別苗頭。為了在重圍中殺出一條血路，於是柏恩巴克決定逆向操作，方法是推出一系列「自曝其短」的金龜車廣告，它們以各種自嘲的方式告訴消費者金龜車「長得實在不好看」、「不再是新奇事物」，然後從缺點中帶出優點。譬如刊登在《生活》雜誌上的一幅廣告，主體畫面是不久前登陸月球的太空船，下方寫著：「雖然我的外型不美觀，但是卻能把人搬運到月球上去。」旁邊配以顯著的福斯汽車標誌。而在《想一想小的好處》裏，則娓娓訴說金龜車的省油、耐操，「一旦你習慣金龜車的節省，就不會再認為小是缺點了。」（王溢嘉，2005：70～71）

當所有的廣告都在老王賣瓜，自賣自誇時，這種「坦白」和「自曝其短」反而能讓人耳目一新，並贏得消費者的好感與信賴，覺得它所推銷的東西非常「實在」，成功的塑造了「實惠」、「實在」的品牌形象，成功的將「小而美」轉換成主流觀點，成功的締造金龜車更多的賣點。

　　面對迅速變化的世界，面對過度競爭的市場，拘謹呆板、不知變通、做事死心眼，這種人現在不只是被取笑為笨，而且很可能在社會中難以立足：

> 臺灣金仁寶集團的董事長許勝雄，他說泰國的工人很笨、很好用。他解釋：「泰國的工人不聰明，你怎麼要求，他就怎麼做。以鑽孔為例，標準動作是第一步拉下鑽頭，第二步橫移到鑽孔的正上方，第三步垂直向下鑽孔。泰國的工人就是這麼規規矩矩的分三步驟執行，不會有誤差。」他比較臺灣的工人，剛開始也是這樣做，但接下來，臺灣工人馬上就發覺兩點之間直線最短，於是省略橫移的動作，直接從斜邊向下鑽孔，表面上省略了一個步驟，但鑽出來的孔常常是斜的，這是不合格的工作。經營事業要的是精準的執行，每一步都扎實、正確、不要花俏的做法。（何飛鵬，2007：14）

「笨就是我的優點」，換個角度來說，更真切的意思是一板一眼、一步一腳印、謹慎小心、遵守規則、不自作聰明；從工作的結果來看，表現出來的可能就是穩定、執著、安全、可靠；在組織中扮演的角色，是無聲的耕耘者，是穩定的來源，別人不想做或是難以應付的事，全靠這群踏實、擇善固執的人來完成。認識自己、接納自己，

或是逆向思考轉換個觀點，才能化頹勢為優勢，才能化威脅力為競爭力，那麼唾手可得便是成功，信手拈來便是幸福。

　　以上簡介的這三大境界，如同擁有千年功力的方法與途徑，要想擁有呼風喚雨、移山倒海、叱咤風雲的武功招式，就必須有寶物相助才能事半功倍。孫悟空之所以能大顯神通、大鬧天庭、大展身手，全仰賴於那支能大能小、能粗能細、能長能短的金箍棒；愛神邱比特之所以能讓速配男女心心相印、互生情意、終成眷屬，全依靠那對能百發百中、能準確無誤、能產生愛意的弓與箭；三國時代劉備之所以能轉敗為勝、能造成三權鼎立、能擁有大片江山，全倚賴那位能上知天文、下知地理、能言善道的諸葛先生。今日科技發達、資訊充斥的時代，無論是教師要傳道、授業、解惑，還是幫助學生發展潛能；無論是補教界教師要吸引學生、提高考試錄取率；無論是金融保險業要開發新客戶、留住主顧客；無論是主持、歌星等演藝人員想要提高收視率、擁有大群粉絲；無論是視聽廣告想要吸引觀眾的注視、促成購買產品的效果；無論是企業講師、CEO 人員要想傳達有效訊息、正面影響員工部屬，全都必須透過語言來溝通，而不管是書面語言或是口頭語言甚至肢體語言，要想能達到言之有物、言之有理、言之有序，甚至於言之有趣的境界，有效溝通以達成目的，就必須仰仗一套完善的修辭策略。擁有修辭策略就如同擁有寶物相助，流浪教師如能盡力擁有，那麼將來不管是繼續前進，或是朝向別處發展，一定能夠所向披靡、高唱凱歌。

　　前面在第二章第三節曾經提及，「修辭以適應題旨與情境為第一義，凡成功的修辭，必定能夠適合內在複雜的題旨，內容複雜的情境，極盡語言文字的可能性，使人覺得無可移易。其中尤以情境的適應為主要條項。」（陳望道，1989：13）其次說明「字形、聲韻、

詞彙」，所謂的形文，包括辭藻的修飾及應用文字形體作各式各樣的變化，不但能引人注意、增強視覺效果，更形成中國文字特有的文學美妙。（黃永武，2002：71）所謂的聲文，就是應用文學的聲韻律動來鑄句，以求聲音和諧來增進文句的優美，達到易於記憶與流傳之效果。多變、豐富的辭彙也是不可或缺，寫文章、話語內容最忌千篇一律，一樣的意涵可運用不同的語詞來替換，以產生活潑多變的樣貌。最後論及「語言風格」，由於傳達的方式、性別差異、年齡、經驗、學歷、行業……等因素的不同，語言風格也大不相同。除此之外，書面語再輔以圖片、色彩的協助，口頭語再運用表情、姿態等的襯托，更能使修辭策略如虎添翼，成為達意傳情的最佳利器。將上述內容用圖解的方式來表達，對修辭策略能有更清楚的概念：

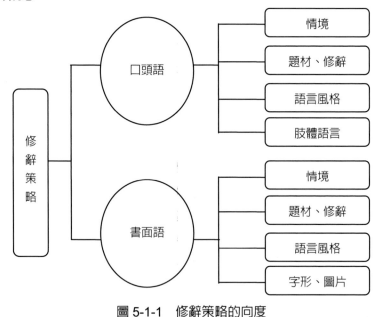

圖 5-1-1　修辭策略的向度

修辭策略必需整體營造、全面考量。面對實際情形、突發狀況，應該配合何種情境或是能夠塑造何種情境、詞彙或題材應如何選擇運用、怎樣顯露個人優勢展現特有風格、善用什麼樣的肢體語言或圖片色彩、透過哪些修辭技巧才能發揮功效等，都需經過深思熟慮才不致功虧一簣，接下來各節的內容將涉及各個行業，揭開神秘面紗一探究竟，企圖了解成功的修辭策略。

第二節　教師甄試

　　六月，是莘莘學子高唱驪歌的季節，也是各校為新學年師資調整開始費心規畫甄選的時候。古代夫子的工作，因為有保障、薪資穩定，所以有另外一個名字，叫做「鐵飯碗」，它可是打不爛、摔不破，而且還抗高溫、抗高壓；現代夫子的工作，是否有保障要看能力而定，否則還是會被淘汰，想要退休時，要大排長龍才能領到退休金，還不保證來排隊的都可以拿到退休金，所以也有另一個名字，叫做「紙飯碗」，它不用打不用摔，自己就會破，而且遇高溫高壓容易著火，燒成灰燼。古代夫子的學生個個受教，夫子說一他們絕不敢說二，學生家長還會千拜託萬拜託，拜託夫子給予天下最嚴厲的懲罰，懲罰之後，學生還會磕頭感謝夫子的諄諄教誨；現代夫子的學生調皮搗蛋時，要說他是天真可愛又無邪，學生的成績不甚理想時，要說他還有很大的進步空間，學生頂嘴甚至出言不遜，要說他能言善辯、個性直爽、藝高膽大，就深怕學生的心靈受損、家長無法接受殘酷的事實。不過儘管如此，夫子這行業仍有極大的誘因存在；薪資方面，大學畢業的夫子都是從三萬八起跳，研究所畢業的

夫子則是從四萬二起跳；其他福利方面，可以跟著學生一起放寒暑假，領年終獎金、考績獎金，還可以上一些免費的專業成長課程，讓夫子能夠跟得上時代潮流；工作性質方面，並非從早到晚整整的一天，不是自己的課，就可以在辦公室稍微休息一下，邊改簿子邊聊天、邊喝咖啡邊聊是非，從談論美工到談論相公可以無所不談，還可以和其他夫子互相研究生動活潑的教學方式，互相鑽研班級經營的有效招式，互相分享與家長溝通的圓融技巧；教學路上不再孤單，工作起來應該會相當愉快。想像一下這樣的畫面：身旁總會圍繞著一群小蜜蜂，在耳邊不停的嗡嗡叫，一會兒說老師他踩我的椅子，一會兒說老師他搶我的早餐吃，一會兒說老師我要訂羊奶；上課的時候好像在玩打地鼠的遊戲，這個愛講話得訓一下，那個玩玩具要罵一下，過動兒四處走動干擾別人時得制止一下，狀況一個個層出不窮；下課鐘響，學生全都往教室外面衝，只剩下一個身心疲憊的老師趴在桌上，爭取時間恢復體力，下節上課繼續再戰。分析一下自己的個性是不是能忍受這樣的情景，再考慮一下擔任現代教師的利弊得失，

　　如果個性適合、如果願意接受、如果喜歡挑戰，那麼教師甄試這一場極地馬拉松的比賽，只需要做好準備，準備好迎接在酷熱和嚴寒極地長跑的策略，就可以正式開跑了。

　　教師甄試的方式變化不定，前幾年的各個縣市招考考期不一樣、考題題型和內容不一樣，所以南征北討的戰況、旅行箱流浪兒四處可見；但在 2007 年有了重大的轉變：

> 受到少子化的衝擊，各縣市教師缺額大減，教育部最近邀集各縣市教育局研商國小教師甄選工作，初步計畫今年起採

　　北、中、南三區分區辦理，考生可跨區報考，但是同一區只
能選擇一個縣市報名。筆試將由各區統一命題，但複試部分
仍回歸各縣市自辦，並公布錄取名單。教育部說，如果僅零
星國小有教師缺額，近年來部分縣市都不再辦教師甄選；因
此，希望透過分區甄選，讓各縣市能儘量開出教師缺額，目
標是今年全國至少能開出三百個缺額。關於考試的時間、科
目及期程部分，教育部研議比照中部策略聯盟方式辦理，考
生將來須依各縣市指定的方式辦理報名。考試科目包括教育
專業科目、國語文及數學等。參與試務籌備的高雄市教育局
第三科表示，考試科目的題型將採「選擇題」。目前南區教師
甄選筆試，將在七月十二日辦理，由高雄縣承辦試務工作，
南區包括嘉義縣市、臺南縣市、高雄縣市、屏東縣、臺東縣
及澎湖縣九縣市。（全國教師會選聘服務網——選聘重要新聞
訊息公告——國小教師甄選改分三區辦理，2008）

國小的教師甄選，改分成北、中、南三區辦理，同一區的考試日期、
同科考試題目均相同，都採取選擇題，使用電腦閱卷的考試方式；
如此一來，也可以免除考生南北奔波、舟車勞頓之苦，但相對考試
的機會變少，更需要費盡思量、謹慎決議報考的縣市。

　　近年來筆試成績都有飆高的趨勢，分數差距都很小，所以複試
的口試及試教這兩個關卡，就是最後決定勝負的關鍵；試教的規定
各地不一，到底要教什麼科目、什麼版本、範圍有多大、教學時間
有多久，這些問題五花八門，簡章看得令人眼花撩亂，不過秘訣只
有一個——演；只要能夠演得內容精彩豐富，只要能夠演得過程準
確無誤，只要能夠演得讓學生領悟，只要能夠演得讓評審看清迷霧，

那就是一場成功的試教。至於口試，評分的重點大致包括教育見解、儀容舉止、言語表達；考試的範圍大致包含學歷經歷、教育理念、學科的專門知識、班級經營、學生心理與輔導、行政管理、品德修養……等；主考官的角色可能是教育局人員、校長、主任、資深教師；要想在千萬人中嶄露頭角、脫穎而出，主要關鍵在於——敢；敢大膽推測口試委員的身分與心理，敢大膽猜測口試委員的喜好與偏愛，敢勇於表現讓評審覺得你自信滿滿，敢勇於展現讓評審覺得你熱愛教育；要想可以破繭而出、成功羽化，必備利器在於——修辭策略；面對什麼樣的人要用什麼樣的表達態度，面對什麼樣的問題要選什麼樣的題材應對，面對什麼樣的假設要用什麼樣的技巧回答，認真思索這些問題，擬定銳不可擋、堅不可摧的修辭策略。接著話不多說，立刻進入現場摸擬，觀察肢體語言、解讀主考官的想法：

> 雙手交叉在胸前的人，這一類型的人是極度保護自己的人，他不能容許對方在語言或者是肢體動作有越過線的狀態。因此對這樣的口試殺手，在回答時或者是態度的表現上，都應該展現出十足的謙虛與尊重，但是謙虛中須帶有自信，否則可能會讓他們更看不起你。
>
> 隨時觸摸自己的人，這一類型的人也許是不斷的在觸摸自己的臉頰、搓揉雙眼、碰觸身體，其實呈現出對一些事情有稍許不滿的狀態。對於這種人，最好的方式就是答題的過程中，可以適時的批評時事，或是討論當今的教育政策，不過批評的深廣度，就得仔細的考量再作決定。
>
> 晃動腳部的人，通常表示個性有一點焦急。所以面對這種人一定要相當鎮定，回答的過程當中，一定要穩如泰山，即使

臨時想不出答案，也要穩重的回答。

坐姿十分端正的人，大都是出現在軍公教人員身上，關於這一類的人，是比較喜歡壓抑自己的人，也可以說是比較嚴以律己的人，所以在回答這些人的提問時，可以多說一些屬於責任感的話語，例如「教師的基本責任就是養成學生良好的教育與培養良好的習慣」、「教師應該嚴格要求自己並以身作則」。

閃避別人視線的人，這種人是相當不願意讓別人看到真實的自己，因此，在回答的時候，可以多強調「隱私權」之類的話語。例如說：「晚上 12 點時，如果家長與你聯繫，你會如何處理？」可以回答：「個人認為如果沒有重要的事情，盡可能利用白天時間，當面進行溝通協調，畢竟教師也有各自的私生活⋯⋯」。

做無意義動作的人，有些人會抓抓頭髮、拍拍臉或者是甩一甩筆，其實這都表示他根本沒有在注意聽別人說話。所以對應這一種人，回答時應盡量不要太單調，可以多舉一些實例，說一些有趣的事情來引起注意。

（謝采慈，2006：47～50）

肢體語言是一個人情感狀態的外在反射，話語主要用來傳遞資訊，而肢體語言則是用來傳達人際態度，有時還會用來代替語言訊息。例如女人可以「用眼神殺死」一個男人；對於解讀口試委員心裡的感受而言，每一個動作、每一次身體的移動都是寶貴的線索，這些線索提供了決定修辭策略的重要依據：

表 5-2-1　肢體語言線索提供情境塑造表

主考官的肢體語言	情境塑造
雙手交叉在胸前	謙虛與尊重
隨時觸摸自己	關心時事、教育政策
晃動腳部	穩重感
坐姿十分端正	責任感
閃避別人視線	重視隱私權
做無意義動作	活潑、有趣

所謂知己知彼，百戰百勝，既然是考試就得投其所好，盡可能呈現出主考官們重視、在乎的一面，把握「有勢就用，無勢就造」的原則，有現成的情境就配合，無現成的情境就隨機應變立刻塑造，目的就在於讓主考官心裡產生一句話──就是他，他就是我要找的人。

仔細聆聽口試委員所提出的問題後，必須快速的在腦中搜尋一切可用詞彙、題材，輔以合適的修辭技巧，才能夠對答如流、侃侃而談、有條不紊，甚至於是別出心裁，在評審心中留下深刻的印象，以致有翻轉成績的機會；機會是留給有實力的人，實力是靠準備與練習而來。下面所提供的這些口試題目經常出見，根據個人的情況加以修改、運用並且熟練，就是最基本的準備：

問：自我介紹三分鐘。

答：各位評審委員大家好，我是陳曉華，民國 92 年畢業於國立臺北師範學院初等教育學系，去年在臺北市知足國小實習結束。在大學時曾經是吉他社的社長，因此吉他成為個人的興趣也是專長，除此個人在教學方面的專長有資訊融入教學、繪本製作教學，在一般專長部分，個人

　　也有 Flash 動畫製作的專長。之所以選擇師範院校讀書，理由可說是特別，老實說主要的原因並不是想要當老師，而是對師範院校所開辦的各項課程有濃厚的興趣。真的決定要成為一位老師，是在大二的暑假，幾位朋友一同到花東的山上遊玩，路過當地的小村莊，原住民的孩子學習狀況讓我非常感慨，因為教育文化資源對他們而言，比起市區的孩子還要缺乏，再加上他們天真無邪，讓人不禁想要多幫他們一些忙。這就是我為什麼要往教師一途走，會參加本地（臺東市）的聯合教師甄選的原因。說起生涯規畫，我想只有兩個詞可以解釋所有一切，那就是「執著」與「創新」，對未來的孩子、未來的教育、未來的學校，我願執著的付出；對於未來的教學、未來的課程、未來的研究，我願創新的參與。（謝采慈，2006：183）

　　一個好的自我介紹，可從幾個方面來構思回答，個人背景或基本資料，教育或其他的專業能力，報考原因或教育理念，未來目標或生涯規畫。以上這個參考範例，除了言簡意賅的描述學歷背景之外，並且運用說故事的方式，來述說要走教師一途的原因，巧妙的形成溫馨、充滿教育愛的情境氛圍；新手教師雖然沒有教學經驗，但藉由大學時期所參加的社團活動或是特別的經歷，就可以讓人感受到事件背後蟄伏的真實面；最後用「執著」與「創新」作簡潔有力的結尾，加上「對未來的孩子、未來的教育、未來的學校，我願執著的付出」、「對於未來的教學、未來的課程、未來的研究，我願創新的參與」，排比與對襯修辭技巧的安排，更能感受到那分執著與堅持。

問：為什麼選擇教師這個行業？

答：各位委員大家好，我從幾個方面說明我從事教職的原
　　因。第一，社會地位清高，教師具有高尚的社會聲望，
　　從事教職工作不但有機會助人且擁有較高的社會聲望。
　　第二，和自己的個性相符合，因為我的個性積極樂觀、
　　熱心助人、並且喜歡與青少年相處，樂於知道青少年的
　　行為、想法、價值觀，所以從事教職正好與個性吻合。
　　第三，個人的生涯規畫，在競爭的社會裡，若要脫穎而
　　出，必須具備許多條件，因此我修習了「教育」作為第
　　二專長，並且確信「會計」的背景可使我的學生對金錢
　　與理財的知識比別人廣。第四，非常認同教師專業，教
　　師與一般公務員不同處，是沒有所謂的固定的下班時
　　間，因此教師是一種專業的工作，是一種助人的事業，
　　可幫助學生成長、進步，是很有價值的事業。（林文明，
　　2007：4-005）

在正式教師錄取率創新低，一職難求的情況下，仍然有不少人要跨
入教職的領域，因此而引發許多口試委員的好奇心，好奇為什麼這
條崎嶇的路還嚇阻不了這一群人，這一群想一圓教職夢想的人。還
記得臺東太平國小的校長，就曾經問過我這個問題，當時我的回答
是：「教書是我小時候的夢想，我從小就想當老師。」沒想到校長他
一副完全不以為然的態度，回我說：「呵！每個人都是這麼說的，你
必須要說得更具體、更明白，否則這麼籠統的答案，和別人有什麼
不同，我為何要錄取你？」沒錯，具體而明確的答案才足以提升可
信度，否則連自己都無法說服自己，又怎能期望口試委員的肯定與

支持；上這個參考範例，題材內容涵蓋四個面向，第一，社會地位清高；第二，和自己的個性相符合；第三，個人的生涯規畫；第四，非常認同教師專業，都有完全切合主題；表達方式使用條列式，再加以補充敘述、舉例說明，沒有華麗的詞藻、特殊的修飾，卻可以讓人有思路清晰、思慮周詳的好感，言之有理、言之有序的穩重感；切記，就算只是因為薪水優渥、工作穩定、景氣不好才來報考教師甄試，也一定得三緘其口、絕口不提。

> 問：你為什麼想來本校服務？
>
> 答：前些日子我來學校看過，覺得貴校是我感覺最好的，所以將此列為第一志願。
>
> 問：到底哪一點讓你感覺特別好？
>
> 答：就我所知，學區的家長對貴校的風評很好，而且我發現學校的老師充滿了教學的熱忱；環視整個學校，環境優美，學生充滿了朝氣，顯示校長老師們平日的用心，我更認同學校以學生為中心的教育理念，這樣的環境深深的吸引著我。
>
> 問：你為什麼認為本校的教師教學充滿了熱忱？
>
> 答：我是聽貴校的老師說的。雖然短期內無法確實了解到貴校完整的面貌，但是，我觀察到每間教室整齊清潔、井井有條，教室及文化走廊的布置也相當美觀，而且內容有依日期定時更換。校園也整理得相當優美，學生給人的感覺是活潑、有秩序的。假使沒有老師們認真專業的教導，是不可能有這樣表現的。（歐瑞賢，2000：20～22）

有時遇到窮追猛打、緊追不捨的口試委員，不但不用害怕，反而該感到高興，因為如果不是對應試者的回答感興趣，或是對應試者整體的感覺還不錯，那麼也不會想聽到更多、更詳細的答案了。以上這個參考範例，回答題材採用學區家長的話來作為陳述的依據，不但不怕說錯，還能顯示早已做好調查與溝通的功課；語言表達恰當的使用摹寫的修辭技巧，陳述學校環境概況，將校園做了一個簡單的巡禮，可以讓評審感受到應試者的細心、用心和愛心；根據觀察到的現象，大膽推測「沒有老師們認真專業的教導，是不可能有這樣表現的」，等於是對這個學校的行政、教學都給予正面的肯定以及百分之百的認同，彷彿在對評審訴說「還有誰比我更合適？」「你怎麼捨得失去我？」

　　「人類學家雷‧伯特惠斯戴爾是非語言溝通的先驅，他發現在面對面的談話當中，語言要素佔的比例不到35%，而有65%以上的溝通是經由非語言的管道完成，在面對一個陌生人時，我們對他的第一印象有 60%到 80%在頭四分鐘之內就決定了。」〔亞倫‧皮斯（原名未詳）、芭芭拉‧皮斯（原名未詳），2007：16〕應試者一進門開始，就成為主考官們眼中打量的對象，正因肢體語言相當重要，所以務必戰戰兢兢、提高警覺。例如手臂交叉胸前這種姿勢，意圖在自己和某個不喜歡的人，或某件不喜歡的事之間築起一道屏障，就算這樣的姿勢比較舒服，但其他人卻會覺得你拒人於千里之外，會讓人有負面的感覺，還有「隨時觸摸自己」、「晃動腳部」、「閃避別人視線」、「做無意義動作」等動作，也都應該盡量避免；「微笑，是世界共通的語言」，除了上面所提到的相關事項，更別忘了時時提醒自己面帶微笑，我們對著別人微笑，別人相對的也會對我們微笑，彼此就能產生好感；「聲音」也是輔助的一大功臣，我們常會因為某

個旋律而感動，或者因為某個曲調而感染，隨著時間的流逝仍舊記得很清楚，但卻不見得會記得歌詞內容，一樣的道理，音調高低、音量大小、音質的柔美或剛強等，都潛在影響評審的印象；對談中顯露的語言風格也應注意，甜美的嗓音、可愛的造型、俏麗的打扮、爽朗的對話，很容易呈現出適合中、低年級學生的語言風格，沉穩的音調、不急不徐的話速、成熟的打扮、條列式或排比的語言表達方式，則比較會呈現出適合中、高年級學生的語言風格。準備好最恰當的修辭策略，就萬事皆備，只欠東風──機會。

第三節　補習業

　　早期的補習界就像是娛樂圈，只要敢秀就能在這一行佔有一席之地，因此補習教師不是師範體系學生的專利，相反的，常能帶給有夢想投身教學的人一番天地；許多補教界名師都是「不務正業」、「半路出家」，經過一番打拚後，才青出於藍更勝於藍。有人大學讀的是體育系，後來卻成為地理名師；有人經濟系出身卻成了數學名師；有人研究哲學的竟成為歷史專家。現今的補習班生態與以前稍有不同，大型補教機構逐漸走向企業化經營，分工精細，對於聘任的教師也逐漸要求以本科系為主，學歷要求也大大提昇；許多補習班經營者腦筋動得快，趁著流浪教師供給大於需求的局勢，大舉招募有合格教師證的人才，一起共襄盛舉、共創大業，不但讓想圓教師夢的人有個可伸展的舞臺，補習班也可以打著這些「合格教師」的名號而聲名遠播，吸引家長們個個趨之若鶩前來報名，業績一路狂飆直上。雖然「教師證」是必備的要件，不過實力仍然是最重要

的條件，有了實力，身價自然會提昇，以下提供三點必備條件，如果都符合，那不妨考慮成為補教界的生力軍：

一、一顆熱忱的心：不管事情有多麼艱難，被學生澆了多少桶冷水，心都不會冷卻，依然保持旺盛的企圖心。

二、自信百分百：說明白一點，就是要有一點自戀的傾向，不妨訴自己，自己就是明星，隨時都要演出一場精采絕倫的好戲，贏得臺下觀眾的滿堂喝采。

三、耐操的毅力：必須先想到以後成為超級明星老師後，必須來回授課，南北奔波，如果沒堅強的毅力，將撐不下去，但是教學的成就感及可觀的報酬，也會讓人拚了老命也在所不惜。（林敬，2000：18）

有了以上這三項基本條件，就可以準備上路了，只是這條路要想走得平穩舒適，就有賴自己的努力了。

在補教界裡最為人津津樂道的，就屬老師，老師是講臺上的靈魂人物，學生們眼中注目的焦點。因此，一舉手一投足都必須格外謹慎，除了基本的儀容以及職業的笑容，縱使內心緊張不已，也一定要挺直腰桿、精神抖擻，充分展現出自信，加以炯炯有神的眼光掃視全體同學，再以洪亮清晰的話語對著全班授課，才不會自亂陣腳、未戰先降。補教界屬多元文化機構，老師發揮的空間較大，因此造就出各式各樣型態不一的老師：

一、天王巨星型：這類老師一出場，學生個個神采奕奕，好像正在迎接一位超級偶像，期待一番精采的演出，老師果然也不負眾望，以最具說服力的語言將學生治的服服

貼貼；這型的老師通常有衣著體面、充滿自信、說服力
強，並有小小的自戀傾向等特色。

二、默默耕耘型：這類老師可能不具知名度，卻也辛勤教學，
勞苦功高。往往準備許多的資料給學生，或者叫學生抄
一整節的黑板，雖然無法獲得許多學生的認同，但仍然
得到些許死忠學生的支持。

三、笑話大王型：老師所教的這群學生最有福了，每次上課
總可聽到新鮮有趣的笑話，有時甚至講笑話的時間比上
正課的時間還多，不過沒關係，有些學生就是專門繳學
費來聽笑話的。（林敬，2000：33～34）

有些人彷彿是天生的好人緣，常常走到哪就有粉絲團跟到哪，還有
免費的椿腳大力宣傳、四處廣播；有些人自小熟知勤能補拙的道理，
努力耕耘打拚出自己的一片天空，想將自己所學全都傳授給學生，
深怕浪費一分一秒而無法將課程趕完，只差恨不得直接替學生上考
場；有些人個性樂觀、活潑開朗，喜歡愉快的情緒氛圍，也善於塑
造幽默、歡笑的上課情境。無論是哪一種個性，只有了解自己，並
努力把優勢展現出來，透過豐富的詞彙與修辭技巧的催化，加上後
天的觀察與學習，就能散發誘人的自我風采，創造獨特的教學風格。

坊間介紹補習業的相關書籍，多著重在經營管理，有關教師的
教學錦囊、教戰守則卻是寥寥無幾；流浪教師有些教學的經驗不多，
補習的經驗卻很豐碩，有些在校內任教的時間不多，在校外的教學
年資卻不短。因此，除了自己累積的補習經歷，再加上親朋好友、
同窗死黨的相互分享，以及和前輩們在茶餘飯後閒聊時，從中得取
的收穫，都是本節相關內容的重要來源。

　　超級巨星所開辦的演唱會，總是歌手才一上臺，觀眾就會立刻聚焦且為之瘋狂，中段名歌名曲的演唱都能引起共鳴，而且當演唱會接近尾聲時，還會製造另一波高潮令觀眾捨不得離去；如果補習班老師上課也能這樣，就不需要害怕學生昏昏欲睡，甚至擔心學生流失，也許還可能招募到許多慕名而來的學生呢！以下將上課的過程分為前、中、後三段分別探討，不同的階段下不同的功夫、使用不同的修辭策略，務求面面俱到。補習班畢竟不能像學校那樣的有約束力，上課姍姍來遲的狀況經常可見，所以前段的開場部分，也是整堂課成敗的關鍵，有興緻勃勃的學習動機，才會有後續好奇的學習動力，例如（我個人構設）：

> 聽說我們班上有位同學失戀了，哈哈，千萬不要難過，因為經由牛頓的第三運動定律——反作用定律，可以得知對方也和你同樣難過，現在就請同學們翻到物理課本第八章，讓老師來告訴你們什麼是反作用定律。
>
> ……哎！千金難買早知道，藥房不賣後悔藥；沒關係，下次你們如果想要聽到更好笑的笑話，那麼就請準時來上課，現在不耽誤大家的時間，我們趕快開始上課吧！
>
> 昨天的晚間新聞有一則報導，有個近半噸的人成功減肥減掉二百多公斤，真是好厲害，不過，一般我們的體重都是用公斤來計算，為什麼新聞要說將近半噸？半噸又有多重？現在一起打開數學課本的第四單元——重量，就可以明白囉！
>
> 看完「魯冰花」的電影以後，有好幾個同學問為什麼結局要設計成這麼悲慘，就像童話故事的結局那樣，王子和公主從此過著幸福、快樂的日子不是更好嗎？上課的氣氛快快樂樂

的不是很好，為什麼要讓我們看這樣悲傷的影片？這真是一個很棒的問題，作者鍾肇政一定也知道你們會有這樣的疑問，所以課文裡都有詳細的說明，我們一起來看看第三課，到底為什麼要這樣特別的安排。

我爸爸的一個朋友，一直到過世前每年都會買樂透彩券，可是沒有一張中過。因為交通事故死亡的機率很低，但是中獎的機率更低，所以沒中是正常的；現在我們就來認識計算機率的方法。

故事總是有吸引人的魔力，以日常生活中經歷過的人、事、物作為故事的題材，使用說故事的方法來開場，往往可以集中學生的注意力與引發學生的好奇心，塑造有利的教學情境，從孩子們那雙閃閃發亮的眼睛，以及那對神采奕奕的眼神，就足以證明這不可思異的效果。在上述的例子中，物理課一向是學生們心中的夢魘，選擇失戀作為故事的主題，對於正值青春年華的國中生來說，是最為苦腦也是最感興趣的課程，與反作用力巧妙結合，總能激起孩子們羞澀的笑容，塑造出「酸甘甜」的情境；有些老師擅長賣弄文筆，總愛利用仿擬的技巧自編新奇的話語，總能令孩子們由衷佩服，適時的機會教育，多少可以使上課遲到的情況有所改善，更塑造出「沒聽到真可惜」的情境；新聞事件是最好拿來運用的溝通話題，不但有事實的根據，又能證明所學在生活中隨處可用，有效帶出「真實」的情境；舊經驗的提醒是引起動機常用的方式，小孩子們心中的疑問，極可能就是其他同儕的疑問，藉由分享的方式，不但可以喚起回憶，也可以令其他孩子學習到懷疑的態度與求知的精神，重現「過去」的畫面；機率當時也是我非常頭痛、排斥的一個單元，將意外

事故死亡率和中獎率放在一起比較，加上層遞的修辭技巧，很容易挑起學生不信邪的叛逆想法，反而會積極的計算，只為了證明老師說的是否真的表示已製造出「挑戰」的情境。無論採取何種方式，只要達到吸引學生的目的，就是成功的開始。

補習班老師的授課時間不如學校那樣長，為了要讓學生能在最短時間內獲取最大成效，各種加強理解和記憶力的方法紛紛出爐，口訣、怪招是應有盡有：

> 我在這裡要來和大家講一個我小時候悲慘的經驗，以前我的爸爸媽媽要忙著下田耕種，所以放學後經常要幫家裡做家事，每天都要到河邊挑水，一根扁擔左右各掛著整桶滿滿的水，來回至少十幾趟，哥哥和嫂嫂也不例外，工作量至少是我的兩倍以上；小時候我很調皮，每次一犯錯，總會惹媽媽隨手拿起扁擔追著我打，當時的我還一邊跑一邊不服氣的頂嘴說：「又不是我的錯，是哥哥和嫂嫂的錯啦！」這也讓我聯想到容積的單位，剛好可以作為背誦的口訣──扁擔都是哥嫂錯。

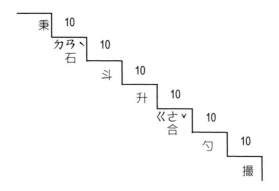

圖 5-3-1　容積單位背誦口訣

$\sin 3X = 3\sin \times -4\sin^3$——三上富士三

$\cos 3X = 4\cos^3 \times -3\cos$——四塊三減三塊（臺語）

$\sin A + \sin B = 2 \times \sin[(A+B)/2] \times \cos[(A-B)/2]$

——加的，「三元」加「三元」所以「二個三元」（臺語，sin cos）

$\sin A - \sin B = 2 \times \cos[(A+B)/2] \times \sin[(A-B)/2]$

——減的，錢比較少，所以「二元三」（臺語，cos sin）。

$\cos A + \cos B = 2 \times \cos[(A+B)/2] \times \cos[(A-B)/2]$

——加的，「一元」加「一元」才會「兩元元」（臺語，cos cos）

$\cos A - \cos B = -2 \times \sin[(A+B)/2] \times \sin[(A-B)/2]$

——減的，「一元」減「一元」就沒錢了，所以「散散」（臺語，sin sin），而且還「負債」（前面有負號）。

前者都寫和之半，後者都寫差之半。

距離＝速度×時間　　速度＝距離÷時間　　時間＝距離÷速度

要求的項目用手遮起來，馬上就能知道該怎麼算。

（資料來源：見尾三保子，2007：51）

圖 5-3-2　速率公式速記圖

雖然說數學一定要理解才能舉一反三並且以此類推，但是有些基本的公式還是應該熟記起來，而為了方便記憶，「諧音雙關」的修辭技

巧經常派上用場。第一個例子老師所介紹的口訣，就是利用「諧音雙關」來聯想，再加上故事情節的輔助，可以幫助學生易學易懂不易忘記；三角涵數是許多人的夢魘，因為有一堆的公式不能丟棄，而補習班教師利用穿插臺語的「諧音雙關」，這些幽默式的聯想內容，不但言之有理更有言之有趣的效果；我們的右腦具有發達的圖形記憶能力，能把看過的東西像照相一樣真實的記錄下來，將數學的題目或公式圖像化，不但記憶效果更持久，做起數學運算也更為容易，速率、距離、時間這三者的關係常令人混淆，有了上面的簡易圖表，馬上就能輕易算出答案了。

> 標點學習不太難，形狀作用記心間。
> 逗號圓點加尾巴，句中停頓才可加。
> 句號畫個小圓圈，一句說話已說完。
> 冒號上下畫一點，說話引文便可見。
> 頓號猶如瓜子點，並列語詞中露面。
> 問號耳下畫一點，疑問發問句中現。
> 括號畫出小彎月，補充解釋即可閱。
> 嘆號一豎加一點，驚喜感嘆才出現。
> 分號圓點加逗點，並列句子便顯現。
> （標點符號的用法——古今標點趣聞——有趣標點口訣歌，
> 2008）

對於剛學習標點符號的孩子而言，只是一些毫無意義的圖形，此時擅用「轉化修辭」及「譬喻修辭」的方式，就可以賦予生命，讓標點符號一個個活了起來，到處都是歡笑的音符，就像密不可分的好

朋友一般，不再陌生或抗拒，不再輕易忘記它的長像，又可塑造「歡樂」的情境。

　　學生上課到後段，往往會出現疲憊狀態，注意力不集中、心情浮躁，腦海裡只盼望著下課，對於課程的吸收能力只有一半，這時為了提振學生的精神不妨幽默一下，幽默感是教學的一大利器，可以控制全場氣氛，將昏沉的低氣壓注入一股強心劑，使學生眼睛為之一亮。幽默感不是只有講講笑話，其實它可以由許多種方式呈現，有的善用肢體語言，舉手投足之間誇張，或是態度表情明顯有特色，就可充滿幽默感；有的在講解課文時，採取譬喻的方式打個有趣的比方，展現幽默的功力；有的甚至以自己為嘲諷的對象，幽自己一默，真是最高境界。我曾經上過一位老師的課，他有五短的身材，其貌不揚的外型，上課總是會說：「你們已經見過全世界最醜的人了，再也沒有什麼值得害怕了。」常讓學生的嘴角由下垂四十五度到上揚四十五度；另外一位老師也曾說：「長得如此愛國並非我願，生得如此安全也並非我意，但是你們可以靠近一點，再靠近一點，就會發現其實我真的很溫柔。」聽完的確心中的距離拉近許多。至於氣氛是否能成功掌控，時機和題材是主要關鍵，除了相關經驗誇張版、社會事件搞笑版、廣告詞句改編版……等來源，學生之間的話題，更是幽默靈感的泉源。平時仔細觀察學生之間的互動，隨時檢討自己的教學技巧，認真吸取別人的教學經驗，用心嘗試活潑的教學方法，經常觀察學生的行為、把握和學生聊天的機會，偶爾如果得知哪個男生喜歡哪個女生、下課後都在玩些什麼遊戲、什麼卡通最有趣又好看……等，這些和學生息息相關的事件，最能使他們感興趣、有反應，最能製造出有效果的詼諧情境，配合上課題材發揮，使內容更加活躍。總之，與其讓學生充滿疲憊的離開教室，倒

不如帶著一顆愉悅的心情離開，在高潮中結束所有的課程，反而更能獲得學生的青睞。

　　補習教師最吸引人、最為人津津樂道的還是幽默。開朗、活潑的個性雖然可以增加不少助力，後天有心的觀察與學習才是致勝所在。想像在家中卸下武裝，解放以後的自己，也許會隨著音樂翩翩起舞，也許看到爆笑的節目會跟著傻笑，身心徹底的放輕鬆，才能將自己的幽默細胞全都蹦出來。把每一節課都當成自我的發表會，與臺下觀眾一起分享喜悅，形塑個人教學的語言風格，搜集四面八方得來的有趣題材，加上各種情境適用的修辭技巧，組合成最佳修辭策略——成功、轟動的結果已是可以預見。

第四節　產品行銷

　　所謂行銷，就是為了促銷或提升企業所販售的產品或服務的業績所制訂的經營策略計畫。〔阿黛莉亞・C・萊恩克（Adelia C.Linecker），2007：211〕記得上大學時剛開始接觸行銷課，最難磨滅的印象就是行銷 4P——產品（Product）、價格（Price）、通路（Place）、促銷（Promote）；而在今日服務業掛帥的年代，行銷 4P 加上業務員（People）——行銷 5P，這五個因素彼此間環環相扣，緊密的聯結在一起，才能形成一張牢不可破的網，將所有的目標消費群全部一網打盡。業務員是站在最前線和顧客短兵交接的先鋒，是直接影響客戶判定產品品質關鍵的人物，也是將企業形象深植於大眾的辛勤園丁。因此，本節將鎖定業務員（People），對於他們在銷售技巧上所使用的修辭策略，深入了解並詳加探究。

　　所謂「江山易改，本性難移」，從積極行銷業務方面來看非常有道理，如何找出個人特性，依照這特性加以琢磨精進，是最容易有成就的，因為天性使然，所以做起來會很得心應手、渾然天成；因為是天賦，所以很容易再提升為個人核心競爭優勢，只有發揮核心競爭優勢，才易與他人有所區隔而出類拔萃。多數人都將重心放在克服弱點上，而非以天賦為基礎創造優勢，總是相信個人成長來自於矯正弱點，而非發展優點，因此順理成章認為根據此種邏輯思維，大幅改善銷售業績的關鍵，是矯正弱點；但事實上，卓越績效來自於天賦長才，清楚自己的才能並發展成為優勢、了解如何運用優勢於每日的工作上，才是攀登績效顛峰的關鍵。根據研究顯示，銷售才能並非導因於教育、訓練或經驗，業績表現最好與最差的人，這三項條件皆相當雷同，頂尖業務員與一般業務員的最大區別如下：

- 建立關係。
- 對他人有影響力，並且能讓對方點頭答應。
- 發掘並解決顧客需求。
- 藉著有意義的目標與獎勵，刺激個人表現。
- 找到適當的方法、步驟成就著越的表現。

〔班森・史密斯、東尼・魯迪吉里亞諾（Besnon Smith、Tony Rutigliano），2004：36〕

了解自己的才能，發現自己的天賦，便能建立可運用於工作上的優勢。有個簡單的方法可以幫助自己發現才能，比如當你看到別人做某件事時，心中是否會有一種癢癢的召喚感：「我也想做這件事」；當你完成一件事時，是否會有一種滿足感或欣慰感；當你在做某類事情時非常快，無師自通，不是一步一步去做，而是行雲流水般地

一氣呵成，幾乎是自發的，不用想就本能的去完成這些事。(紀家祥，2007：122) 如果發現自己的才能，剛好有符合上述的幾個特色，那麼就趕緊揚長避短、順勢而為，設定「獲取輝煌事業、贏得幸福人生」的目標，堅持不懈，相信只要功夫深，早晚鐵杵磨成針。

根據美國非語言交流的權威——阿爾伯特·梅拉比昂博士所說的：「決定第一印象，九成以上是表情、聲音等視覺和聽覺的要素。」(朝倉千惠子，2007：30) 有好的開始才有成功的可能，有好的第一印象才有跨出第一步的機會，善用表情、聲音、動作、態度等肢體語言，是塑造優良印象的絕佳利器。依據銷售的商品、消費者的年齡層、職業別、自己所扮演的角色等，變換高低不同的聲調，使用不同的語氣，調整不同的說話速度是很重要的事；對認識的人用高音調說「你好！」時，展現今天將是活力十足的一天，但是對於不認識的陌生人就得稍微控制；說話速度太快會讓人有焦慮的感覺，尤其是和新客戶約見時，千萬不可因為心中預測會被拒絕，而讓說話速度加快，如果自己能沉穩的說話，對方也會跟著靜下心來聽你說的。彬彬有禮的態度可以讓人有親切感、合宜的舉止動作可以消除距離感，這樣的肢體語言修辭策略，再加上技術性的說話內容，就算是第一次陌生拜訪也能萬無一失：

> 櫃檯：「歡迎光臨！」
> 業務：「我是○○公司，我叫○○○，我想拜訪貴公司專門負責員工訓練的承辦人。」
> 櫃檯：「請問您有事先約好嗎？」
> 業務：「今天並沒有事先約定。」
> 櫃檯：「對不起，凡是沒有經過事先約定的拜訪，無法為您引見。」

業務：「謝謝您，改天我將會事先取得同意再來拜訪，到時候我應該找哪一個部門？」

櫃檯：「請找人事室的○○○就可以。」

業務：「為了避免失禮，請教一下您說的那一位○○○的職稱是什麼？」

櫃檯：「他是人事室的經理。」

業務：「謝謝您，那麼您有他的直撥電話嗎？」

櫃檯：「有的，○○○－○○○○。」

業務：「非常感謝您，打擾了。」（朝倉千惠子，2007：39）

即使第一次的拜訪沒能談成交易，甚至沒見到承辦人，但是運用設問的修辭技巧，將尋問的範圍逐步縮小，收集到交涉的部門、承辦者的名字、承辦者的直接聯絡電話等有用的情報，這就已經為下一次的面談機會，奠定良好的基礎。

成功的第一步跨出去後，如何讓消費者深深被產品所吸引，怎樣讓顧客進入產品考慮購買的階段，是邁向成功第二步的關鍵。所謂「知己知彼，百戰百勝」，只有深入敵營，才能獲取重要機密，唯有深入消費者的心，才能訂定成功的修辭策略：

《財星》雜誌（Fortune）預測，嬰兒潮世代也就是二次大戰後 1946 年至 1964 年景氣年代出生的人，將成為有史以來最富裕的一代，而且會花掉大部分財富。嬰兒潮世代的生活經驗與之前的世代截然不同，這個世代多成長於中產階級環境，未曾面臨大蕭條的困窘，或者需要高度犧牲的二次大戰戰時經濟，對這一代人來說，他們並不是為了不斷與人比較、唯恐落伍，亦非想誇示財富所代表的最新地位象徵，而是關

乎一種對美好生活更自我導向、更著重內心的渴望，換言之，隱性財富較關乎內在的奢華（即體驗），而非外在的奢華（即炫耀式消費），重點不在於擁有什麼，而是多麼享受它帶來的快感──奢華的體驗，而非物品本身。體驗購買比物質購買更能使他們快樂，因為他們可以自由地再體驗生活經驗，隨著時間過去不斷美化，使它在回憶中更令人愉悅，人們選擇性地從較正面的回憶裡，遺忘討厭及令人分心的事物，人們不會在擁有特有的物品後，再為它創造美化的幻想，但體驗卻歷時而更覺美好；體驗帶來更多快樂，因為體驗是一個人身分的核心，正如馬斯洛（Maslow）所言，體驗是自我實現的核心，有助於人們了解自己的根本身分及自我表達；體驗帶來更多的快樂，因為與他人的體驗產生關聯有較大的社會價值，分享關於個人體驗的故事可以增進社會關係，與物質所有物相關的故事則未必，談到巴黎之旅是一回事，提及在那裡買了什麼又是另一回事，買一輛新車或新的電漿電視，代表個人生活水準的提升，但在個人本質上並沒有什麼改變。

〔潘蜜拉‧丹席格（Pamela N. Danziger），2007：31～62〕

誠如上述所說，「體驗式消費比炫耀式消費能帶來更多的快樂」，運用這種消費心理作為產品行銷的標竿，銷售對話的效果就好像竿影一樣，有勢就用可別錯過，無勢就造情境萬千，總之，順勢而為才能立竿見影。黃金寶鑽除了強調品質精純、手工巧妙，產品背後的情感價值、甜美回憶與幸福未來、浪漫感動氛圍等更應該特別注重；汽車除了強調功能特色、配備設計，產品襯托出的身分地位、一家全體出遊的幸福畫面、溫馨的接送情感等更需要特別塑造；景點旅

遊除了強調鬼斧神工的奇景、人間仙境的自然美景,能拓展個視野、改變生命的體驗、刻骨銘心的永久回憶等無價的收穫,更絕對要特別表達;只有真正說到消費者在乎、重視的要點,只有挖掘消費者心中潛藏的渴望,只有引導消費者進入夢想的情境,才有希望將產品資訊留滯他們腦海裡,進行分析產品與考慮購買的第二階段。近年來政府推動一鄉一特色,引發許多人想體驗與感受的動機,帶動整體觀光產業產生新的風貌,無論是個人自助旅行、家庭出遊體驗,或是學校機關團體的觀光旅遊,都在蓬勃興盛的發展,如何打動顧客、吸引顧客,全仰賴業務員讓客戶感覺到有別於傳統的走馬看花,感受到無價的體驗式消費而定。以臺東縣海端鄉為例:

> 海端,一指「三面被山圍繞、一面盆開」之虎口地形,當地耆老則說「河流經過的時候,水流旋轉」,水的流向意指Haitotowan;是南橫公路的最高點,有霧鹿峽谷、霧鹿溫泉、天龍吊橋、埡口山莊的大關山隧道口等名勝古蹟;土地面積為全臺 319 鄉鎮第七名,是臺東縣面積最大的鄉鎮,人口為全臺 319 鄉鎮的第 318 名;87% 以上為布農族,布農族打耳祭每年四五月舉行,小米進倉祭每年十月舉行。
>
> (用心看臺灣──臺東縣海端鄉──319 走透透,2008)

你知道的南橫公路,她的起點在哪裡?你知道住在海端的布農族人,唱的 PASI-BUT-BUT,又是什麼音樂?到達海端要做的第一件事情,為什麼一定是先加油?海端,有一個「海」字,不過環境卻一點也不靠海;住在這山中的人事物,不管是鮮嫩的高山菜、陳大姐的醃高麗泡菜、志明兄的海端茶,或是余漿老師的陶甕教學製作,沿著南橫來尋寶,會發現這

裡沒有繁華的設施，只有簡單的生活。上蒼，用文化與族群融合的故事，把海端點綴成一個「就是海端」的地方，海端彷彿罩了一層薄紗，神神秘秘；跟著我們一起走進藏在中央山脈的海端，靜靜地在山谷與七彩溫泉壁中，欣賞她的神秘特質，聆聽她的聲音；這趟旅程，我們也要帶你到南橫的最高點，在攝氏五度的低溫下，海拔兩千七百多公尺的高山上，跟你一起感受踏上雲端的幸福。

（用心看臺灣──臺東縣海端鄉──心情手札，2008）

一樣都是臺東縣海端鄉的景點介紹，卻讓人有著截然不同的感受。直述式、重點式的介紹方法，可以讓人短時間內獲知詳細訊息，但卻無法引起消費者的共鳴；以設問修辭的運用，引發人們潛在的好奇心，以鄉鎮特有的生活型態、農作產物、民族文化等為題材，典型的敘事結構──開頭、中間及結尾，驅使著傾聽者一步一步踏進故事的情境，以真誠的語氣、親切的口吻、熱忱的態度，卸下聆聽者的防備並產生信賴，認為你是個可以帶他領略浩瀚世界的朋友，相信你是個值得依靠的好伙伴，這樣的修辭組合，就是達成消費者心動的最佳策略。再以非洲國家馬拉威為例：

馬拉威曾被聯合國評為世界上最不發達的國家之一，全國約有 55%的人生活在貧窮線以下，人均國民生產總值只有 600美元，是全世界最低收入的一群。因受愛滋病及高生育率影響，勞動力人口比例過低，人民的教育程度很低，國內低技術勞工過剩，但同時嚴重缺乏高技術人才。

（維基百科──馬拉威，2008）

非洲大陸有什麼？飢荒、疾病和貧窮；馬拉威又在哪裡？位
於非洲西南邊，觸目所及只能用蠻荒來形容；貧窮充斥的國
度裡要如何生存？人民餓了吃麵包果果腹，口渴喝酸敗的飲
料，要補充蛋白質就隨地抓老鼠來吃；馬拉威就像電腦遊戲
「世紀帝國」中的原始石器時代，黃土磚覆蓋著蘆葦和樹枝
做成的圓形屋，過的是沒水、沒電、沒衛生設備的家居生活；
竟有孤兒問說他到底是不是人？因為他的親人會在他的面前
吃東西卻不給他吃；如果沒有親眼看見，實在很以想像要吃
一口飯有多麼困難；如果沒有親身經歷，根本無法體會什麼
叫人間煉獄；如果沒有實地走訪，很難理解為何東方和尚願
意這樣犧牲奉獻；記得出發前做好必要的保護措施——施打
「黃熱病」疫苗和吃「瘧疾」的藥。
（冒險王——歷史的痕跡——非洲馬拉威，2008）

營利性產品成功的關鍵在行銷，慈善性活動成功的關鍵更在行銷。
事實的陳述和理性的分析，可以增加傾聽者的知識，可以幫助傾聽
者的了解，卻不容易打動、感染他們的心，畢竟知道是一回事，而
願意做又是另一回事；訴說者將自己的經歷以感性的口吻、平緩的
速度、體驗過的感動和適當合宜的肢體語言，用故事性的方式講述，
較易塑造出憂傷、淒涼的情境，揭露出人們悲天憫人的胸懷，引發
惻隱之心，達到感同身受而進入自我奉獻的考慮階段。上一段的內
容一開始使用設問的修辭技巧，短短幾句就足以將馬拉威概況完整
呈現，利用摹寫技巧以一些對我們來說是不可思議的題材作為後續
重點，讓故事情節有一波又一波的高潮點，示現的技巧讓難以想像
的生活實境彷彿歷歷在目，整個世界譬喻成「人間煉獄」實不誇張，
這種修辭策略能立刻引爆憐憫的情緒，奉獻的心已蠢蠢欲動。

　　「心動不如馬上行動」這句廣告詞真是經典，因為往往在成功扣關，以及打動消費者的心之後，如果沒有立刻簽約或立刻付款，之前一切所有的努力都將歸零、白費心血，交易要在確認契約或是收到款項後，才能真正算是成功；用心說話才能傳達到對方心裡，讓消費者感受到「攏是為著你啦」，搭配產品的促銷方案，加上誇張的手法，製造把握良機錯過可惜、過了這村沒了這店的情境，再來個欲擒故縱、欲走還留的技巧，不但更牽動消費者的心，同時也給雙方互留餘地不致衝動下決定。總之，情境第一、顧客第一、服務第一，相信業績也會第一。

第五節　金融保險

　　張雲翔，1977 年次，政大金融所博士，曾在中央大學及世新大學擔任講師。三年前，他選擇投入只要國中畢業就能做的保險業務員行列。「在大學教書很快樂，但當保險業務員我更快樂。」張雲翔說，剛開始「爸爸罵我、媽媽念我」，後來用行動證明自己抉擇並沒有錯，爸媽才改為支持。張雲翔表示，博三時在棒球場認識南山人壽一位主管，這位主管說服他投入保險業。剛開始他排斥，後來張雲翔認為，他喜歡交朋友，當保險業務員也滿適合個性。於是全心投入，真闖出一番成績，收入不錯。他坦言，不少客戶知道他是博士，總是問：「會不會太可惜？」但張雲翔認為，賣保險也是幫助人的行業，假設他有一百個客戶，可能就是負責照顧一百個家庭，更何

況，目前的月收入，比當大學教授多。「當保險業務員態度最
重要，跟學歷關係不大。」張雲翔說，若不努力，博士不見
得拚得過高中畢業的人。他不後悔沒有往大學教授之路走；
念博士，真的不一定要當教授。（林志成，2007）

這位不當大學教授的保險小子張雲翔，一直以「安逸難以長久，放
下需要勇氣，夢想等待啟動，理想必須堅持」作為自己座右銘的金
融博士，套用經濟學的原理，認為從事保險業務比在大學教書更有
利潤，每個人都認為教授是好工作，而賣保險惹人嫌，完全競爭市
場毫無報酬可言，真正的超額利潤來自於市場的「獨占」，沒人要賣
保險，正是在低競爭的限度下，全力衝刺的最佳時機；一句「念博
士，真的不一定要當教授」，似乎正對著許多的流浪教師提出忠告，
「有教師證，真的不一定要當老師」。保險業是一項思想性強、技術
難度高的工作，想要挑戰這行業、想成為一個稱職的行銷員，就得
先了解應該具備的素質有哪些：

(一) 心靈素質高──有強烈的自信心和責任感。

　　做為一名保險行銷員，應該堅信自己工作的高尚與偉大，要
　　想到保險推銷是為千家萬戶送去平安和幸福，是有價值的工
　　作，要用畢生的精力幫助人們解決他們自己意識不到的問題。

(二) 心理素質好──堅強的意志，良好的情緒。

　　保險行銷員所從事的推銷是一項開拓創造性的工作，必然伴
　　隨著一系列困難，想要獲得成功，沒有百折不撓、勇往直前
　　的韌勁和勇氣是絕對辦不到的；在推銷時要像一團火，富於
　　感染力，把自己的熱量傳給對方，把對方整個身心吸引過來，
　　使人因為有了你的到來而感到歡悅興奮。

(三) 業務知識廣博——保險專業與相關知識。

　　專業知識包括保險理論知識、保險商品知識、公司知識及保險實務過程方面的知識；相關知識包括生理學、醫學、數學、心理學、社會學、公共關係學、廣告學、法律、經濟學等方面的知識。

(四) 實際交際能力強。

　　行銷員還必須具備較強的實際操作技能，具體表現在社交能力、創新能力、應變能力和對話能力上。(劉子操、郭頌平編，2003：300～303)

　　其中第一、二項和自己的個性最為相關，個性很難改甚至不可能改，但是態度卻是可以隨著年齡的成長、經驗的累積、環境的學習而進步。只要肯用心就能培養出自信心與責任感；只要肯磨練就能培養出堅定意志與良好情緒；只要肯用功就能擁有豐富的知識；只要肯學習就能具備強大的實際交際力。保險業和客戶最密切相關的人非業務員莫屬，顧客對於企業形象的好壞、商品的滿意度、服務的優劣等，保險業務員可說是牽一髮而動千鈞，保險業務員的社交、創新、應變或是對話能力，都是影響成敗的關鍵。

　　「情境」是修辭的第一要義，「危機意識」是保險首要塑造的第一情境，只有讓客戶心中產生危機意識，客戶才會願意了解你的產品。業務員使用下列的方式，通常都能得到令人滿意的收穫：

　　國華人壽凱勝營業處經理蘇素妹，向客戶推薦長期看護險時，會先以國人十大死因的數據，以及各類遺傳疾病的發生率作為開場白；如果面對的是高職業危險的客戶，就會反問客

戶：「你知道每年因工作傷害致死或致殘的案例有多少嗎？」
「職災事故發生後，對職災勞工的家庭造成多大的傷害嗎？」

曾經在短短 2 天內成交 10 多件長期看護險保單的臺灣人壽長
冠通訊處區經理魏幼梅透露，他會以客戶的親身案例來說
明，也就是「脅之以災」的概念；他最常提及的就是一對 70
歲老夫婦，原本已備妥 2000 萬元退休金，4 年前卻因一場車
禍導致先生成為植物人，光支付醫療、看護等費用已花掉近
千萬元，辛苦存下來的退休金就已耗掉一半。

（顏真真、吳怡銘，2008：68～69）

以一曲「我的未來不是夢」走紅於歌壇的歌手張雨生，於 1997
年 10 月凌晨，不幸發生車禍，腦部受到重創，緊急送到馬偕
醫院時已呈現深度昏迷，而且昏迷指數只有 3，醫生已宣布
腦死，經過數十日的奮鬥終究敵不過死神的召喚。年輕是生
命力最旺盛的時候，也是收入最多的時候，身為家中老大的
張雨生，全家經濟的依賴都是他，生活是要成本的，生命是
要代價的，留下了年老的雙親及親人，面對未來的日子，他
是否想過「走的時候他什麼都不需要，家人活下來卻是什麼
都需要」，沒有為家人留下一筆療傷期間的生活費，這是多麼
殘忍；當耳邊又再次響起「我的未來不是夢」，現實裡，沒有
保險的庇護下，我們的生活未來「都」是夢！

（莊華山，1998：110～113）

常聽人家說「數字會說話」，的確，利用客觀的數據呈現具體的事實
面，不但增加許多可信度及說服力，更可以讓顧客產生危機意識，

立刻進入憂慮、焦急情境的的虛擬世界，例如「國人十大死因的數據」、「各類遺傳疾病的發生率」、「每年因工作傷害致死或致殘的案例」等，都是成功塑造情境的要素；另外，使用實際案例，無論是自己接觸過或是同事間聽聞來的故事，也可以達到「脅之以災」的目的，「天有不測風雲，人有旦夕禍福」，早已成為老生常談、老掉牙的對白，道理人人懂卻沒有人願意做，但是故事卻很容易帶領人進入情境氛圍，例如上述所提那對 70 歲老夫婦的故事，前面鋪陳的幸福美滿，後面結局卻令人跌破眼鏡，極大的落差反映出人生無常，又如上述所提名歌手張雨生的故事，如日中天的事業生涯，也抵不過惡運的召喚，「走的時候他什麼都不需要，家人活下來卻是什麼都需要」，這兩句話點出身為家庭中流砥柱，更應特別多為家人多想一點，塑造出「棺材是裝死人，不是裝老人」的憂患情境，有效震撼年輕人的心、打破許多年輕人「我還年輕」的迷思。

　　擷取名言佳句以及古今中外的事例，也就是「引用」修辭的善用，常可增加語言傳達的強度；例如達賴喇嘛曾說過的一句話，也是保險界非常經典的至理名言——你永遠不會知道「明天」和「意外」哪一個先到，就是引用的最佳句子，句中採用「明天」和「意外」這兩個對比詞，隱含帶出「希望」和「毀滅」這兩種對比情境，瞬間讓顧客和銷售員產生共鳴——說得真有道理；論理解說一則怕嚴肅、枯燥乏味的內容，二則怕沒辦法一針見血、說到要害，所以除了態度上要自然沉穩、真誠相待，更要針對不同的人使用不同的題材，才能面面俱到、一網打盡，絕不會有漏網之魚，以長期看護險來說：

> 對於年紀較輕、未婚的族群，建議把長期看護險當作傳統壽險來投資，不但擁有終身壽險和長期看護的雙重保障，保單

又可累積現金價值。

對於有高血壓、糖尿病等遺傳疾病的客戶，則透過醫學統計的數據，讓客戶了解有遺傳病史的人，日後罹患相關疾病的機率較高，使用長期看護險的機會也相對較大。

對於無子女者或不婚族，告知若投保長期看護險，萬一年老需要長期看護，不用擔心沒有子女幫忙，長期看護險會像一個孝順的好孩子，照顧自己。

對於育有子女的已婚族，則強調下一代未來可能面臨的競爭和壓力，為了避免自己可能成為子女沉重的包袱，應該趁自己還有能力時購買長期看護險。（顏真真、吳怡銘，2008：68）

面對不同年齡、不同背景、不同需求的顧客，必須採用不同的溝通題材；年輕又未婚的族群，總會有「我不會那麼倒楣」的固執，較難有長遠的眼光未雨綢繆，「保障」加「保值」這種一舉兩得的事，才是能讓他們眼睛為之一亮的話題；家人親屬有疾病事實的人，真實故事就在自己身旁上演，相對於其他人會更有危機意識，從這個題材切入成功機率最高；對於沒有兒女可以防老的人，老年生活的安排是最重要的學習課題，將長期看護險比喻成「孝順的好孩子」，等於在對顧客說怎能將長期看護險「遺棄」在外，使用譬喻技巧就能輕鬆有效的達成目的；已有兒女的人則應該認清事實，就算將來兒女們心有餘，也很可能能力不足，不如看破趕緊自己先作打算；總之，找到客戶心中重視的價值，才能圓滿達成銷售目標，否則就算講得口乾舌燥、天花亂墜，甚至手舞足蹈，也很難說服顧客。

　　發揮個人特色，展現個人優點，創造自我風格，才能獨樹一格、與眾不同，才能在顧客心中留下深刻印象，才會讓顧客對自己「情

有獨鐘」。如果我們身體不舒服找了一家醫院看病，與醫生初次見面，醫生二話不說就立刻開藥，還強調這種藥是新產品，不但可以治百病還可以精力充沛、青春永駐，話雖動聽，但是這樣的藥相信沒人敢吃，因為這位醫生根本就沒問哪裡不舒服，也不關心吃了這種藥會不會有後遺症，所以當然無法令人信任他開的處方；保險業務員所扮演的角色就好像是醫生一樣，「診療型」的業務員才能贏得客戶的信賴，他會透過精準的問題，加上自己的觀察力，切中要害，幫顧客找出潛藏的病因，然後對症下藥，例如先了解顧客現在的狀況，包括他的工作環境以及個人的生活情況，然後再試著了解顧客在未來的目標或期望是什麼，最後針對他所面臨的障礙與困難，找出最有用的解決方法；比方說目前景氣不好，顧客除了害怕收入不穩定，更害怕將來退休金沒著落，就算想要扭轉乾坤也力不從心、無能為力，「診療型」的保險業務員會在分析後，提供顧客適合的保險，此時保險就像及時雨，不但提供立即有效的援助，也提供想成為贏家必備的條件，當然退休金靠保險也不例外。

　　在銷售過程中事情變化多端，培養靈活的應變能力絕對十分必要；「機智型」的保險業務員，生氣時懂得控制自己的情緒、突發狀況時能夠迅速尋找到恰當的解決對策、根據事態發展狀況可以正確預料結果為何，這些方面的應變能力，都是促成保單簽訂與否的關鍵，例如：

> 「您決定買了嘛！」梁莉華趕快推出要保書給客戶。
> 「不行哪！我回去問問老婆。」客戶堅持，梁莉華只好等待。
> 兩人開始聊其他的話題。
> 「你很能幹，如果我做保險，不知道能不能賣出去？」

「王老闆客氣了，您這麼有成就，怎麼會有問題。」

「那您今晚就當保險業務員，把您老婆當客戶，試驗看看，一定成功。」梁莉華提議。

「說的也是。」王老闆興致勃勃的想試試。

隔天，梁莉華去見王老闆，王老闆滿臉喜悅。「成功了，我老婆同意。」

「太好了，我就說您沒問題嘛！」

「可是他是我老婆，成就感不大。」

「那要不要再試試別人？」（莊華山，1998：87～88）

男性遇到難以拒絕的事，往往都會用老婆當擋箭牌，沒想到這位「機智型」的梁莉華，逮到機會立刻話鋒一轉，除了誇讚顧客的能力，更不忘順水推舟的慫恿角色扮演，要他充當保險業務員，而且銷售的對象就是之前才推出的擋箭牌——老婆大人，既讓顧客證明自己的能力，又讓自己成功達成交易，真是妙招；事後更是把握良機，一聽到王老闆說因為銷售對象是自己的老婆所以成就感不大，趕緊接了一句「那要不要再試試別人？」這種借力使力的方法，更是高招啊！

「親和型」的保險業務員就如同好朋友、好鄰居，總是會適時的出現在你需要他的時候。例如，當車子需要做保養時，他就會打電話給你：「嘿！我何時可以來取車，幫你做保養？」或是經常送些小東西，比方夏天時送杯珍珠奶茶，冬天時送杯燒仙草，花費不大，卻會給客戶一種親切、貼心的感覺。

「社交型」的保險業務員能與客戶迅速溝通，多方交流贏得好感，建立信賴的關係。業務員面對各式各樣的客戶，要進行成功的

推銷就要和他們打交道、交朋友；熱情、禮貌、真誠、不卑不亢是
應該持有的態度，新聞時事、流行趨勢，甚至琴棋書畫、風土民情，
這些話題都是重要的溝通手段；卡內基有位兼職的講師呂望捷，除
了喜歡交朋友，還更具有熱心這種特質：

> 呂望捷大概每一、兩個月會辦客戶聯誼活動，而他邀請的人
> 都是刻意安排的，比方說，有客戶想節稅，而另一位客戶是
> 會計師，他就介紹他們來聯誼會認識；有客戶想買房子，有
> 客戶想賣房子，他就把他們拉在一起。呂望捷說，其實他做
> 的也不多，就是找一個場地，準備一些茶點，然後負責端茶
> 倒水，介紹大家認識，散會後，跟大家一一握手。
>
> （黑幼龍、黑立言，2004：177）

透過這樣的活動幫客戶介紹朋友，解決客戶的種種需求，無形中也
延展了自己的影響力，鞏固了人際網路，與其千辛萬苦的尋找新客
戶，不如紮實的深耕舊客戶。

　　保險銷售真正的核心問題是在於說服客戶投保，只有較強的對
話能力，才能夠清晰有效的表達自己的想法，才能贏得客戶的理解
與支持，施展感染力激起他們投保的興趣；至於如何配合當時實際
的情境，或成功的塑造有利的情境，選擇什麼適當的題材作為話題，
善用何種的修辭格讓傳情達意更順利，應該發展哪一種個人獨特的
風格，除了以上所說的原則，還需要靠自己平時知識的累積、能力
的培養，最重要的就是實戰的經驗，擁有經歷才能讓自己成長，敏
感捕捉每一個銷售的機遇，在保險加劇競爭的市場裡，披荊斬棘的
開出一條道路，邁向「保險銷售達人」、「超級業務員」的目標。

第六節　企業講師培訓

　　一般而言，為了讓新進人員或社會新鮮人，能在短時間內擁有豐富的知識、充足的能力、足夠的資源，可以實際進入前線、衝鋒陷陣，獲得滿載而歸、凱旋歸來的盛況，多數會採取「培訓」的方式，以確保成本效益。無論是由自己企業中的老幹部以經驗傳承來帶領新手，或是聘請專業的講師用知識傳達來培養新手，培訓內容大致上不外乎商品知識、公司知識、行業知識、市場知識、推銷技巧以及表達能力等，不管哪一種知識或能力，都必須憑藉修辭策略才能順利將訊息傳達到對方，只有讓對方接受、信服，一切的培訓才有可能產生效能。

　　修辭策略首要考量的是「情境」，知識性內容的傳達以「可靠」、「可信」、「可敬」、「可佩」等情境較為合適，或是「清晰」、「精簡」等情境較為合宜；技能性內容的傳達以「輕鬆」、「幽默」、「易懂」、「易學」、「我也可以」等情境最讓人接受。公司企業發展倘若能讓員工由衷敬佩，無形中已產生堅守不移的情感；員工只有信任公司組織制度、認同公司產品，才能夠充滿自信與風采；員工必須對培訓人員信服、信任，才可能願意接受與學習；學習目標是清晰可見、學習內容精簡不繁雜，員工較有信心勇往直前；相反的，在技能方面則需要更多元化的方式來指導，幽默的氣氛最讓人樂於接受，易懂易學的方式最讓人有成就感，輕鬆的氛圍中學習最有效率，當受訓人員心中產生「我也可以」的自信，那麼培訓課程便可說是成功一半了。

　　要達到理想中的情境，還必須藉助適切的題材、表達方式，以及修辭技巧的運用，想要影響他人，沒有任何工具比「故事」更有

力，往往不費一兵一卒就能攻佔他人心房。正如《說故事的力量》
這本書中所說的，「真正的影響不只是讓人們照著你的意思去做，而
是讓人們憑著對你的信任，接續你的工作。信心能克服任何障礙，
達成任何目標。故事是創造信心的途徑。訴說一個有意義的故事就
等於激勵你的聽眾──同事、上司部屬、家人，或一群陌生人──
得到你已經獲得的結論，同時讓他們自己決定是否相信你的話，並
照著你的話做。人們對自己的結論的評價遠高過你的，他們只會對
一個就他們個人而言同樣真實的故事產生信念。當人們把你的故事
當做他們的故事時，你就啟動了信念的強大力量。」〔安奈特‧西蒙
斯（Annette Simmons），2004：22～23〕例如「品牌故事」的擅用，
不但能讓員工對公司產生信念，也讓消費者對公司產品多一分眷戀：

> 阿瘦皮鞋的創立者羅水木先生，因為體型瘦小，所以被客人
> 稱為「阿瘦」，而這也是日後「阿瘦皮鞋」的命名由此來，最
> 早的時候阿瘦不是做皮鞋的，他開的是麵攤，因為愛賭的關
> 係，把麵攤都輸掉，只好去幫人擦皮鞋，阿瘦 23 歲那一年，
> 憑著典當手錶換來的 120 元創業，開始了一個屬於自己的擦
> 鞋攤，這也是阿瘦皮鞋的前身。擦鞋生意做了十四年後，因
> 為阿瘦的擦鞋攤把鞋子擦得亮麗如新，讓人誤以為是全新的
> 皮鞋，常常會有路人停下來詢問鞋子的價錢，於是羅水木在
> 37 歲時擦鞋攤掛上了「阿瘦男鞋號」的招牌。在「阿瘦男鞋
> 號」這個時期，羅水木做了一件最關鍵的動作，種下了讓阿
> 瘦在日後發展成為成功品牌的種子，那就是「廣告」。很難想
> 像一個路邊攤會做廣告吧，沒錯，羅水木就是做了一般人都
> 不會做的事。

當阿瘦皮鞋號客人漸漸多起來的時候，有個廣播電臺找上阿瘦，原來當時還沒有電視，一般人的娛樂就靠收音機，這電臺最受歡迎節目叫做淡水河邊，臺灣工廠的作業員們上班時就一面聽著收音機節目一面工作，所以下午的廣告時段最熱門，晚上十一點到十二點的廣告沒人買；電臺的業務常向阿瘦買鞋，看他鞋攤生意不錯又想到廣告時段賣不出去，於是順口向阿瘦推銷這節目半夜的廣告時段，一開始阿瘦也不想登，又怕得罪客人，遲疑了一下，廣播電臺的業務又把廣告費自動打了五折，羅水木算了一下，一個禮拜的廣告費差不多是他賣四雙鞋的價錢，牙一咬就答應了，沒想到這一念之間就此造就了一個傳奇般的鞋業王國。

原來以為沒人聽的午夜時段，剛好碰到夏天的晚上，在那個沒有電扇、沒有冷氣的年代中，原本該上床睡覺的時間大家都熱得睡不著，乾脆到屋外乘涼、吃吃水果，這時候聽聽廣播節目就是大家唯一的娛樂了，當時廣告的主力客戶都是藥品類的廣告，阿瘦皮鞋的廣告就顯得非常特殊，一下子就被廣大的消費者記住了。而因為當時他以銷售額的 5% 來付廣告費用，就這麼訂下了阿瘦皮鞋日後的所有廣告預算都以營業額的 5% 為準的規矩，阿瘦的業績節節高升，很快的，阿瘦皮鞋的廣播廣告就由午夜時段慢慢往前推，最後連下午的黃金時段都被阿瘦給包辦了，一個路邊鞋攤就這樣變成臺灣家喻戶曉的皮鞋品牌。（北士視覺設計顧問——品牌故事——阿瘦皮鞋，2008）

這個品牌故事所產生的信念,是「堅持做臺灣最好的鞋子」;這個品牌故事所代表的精神,是經典的「開溝縫線」鞋款;這個品牌故事所蘊藏的態度,是「一針一線,實實在在」。透過真實的故事,已傳達了完整的公司沿革、公司堅持的精神、要求的做事態度、產品知識等,對於受訓的員工而言,不僅學習沒有壓力反而輕鬆愉快,更容易從故事中自由領略創辦人「愈挫愈勇」的精神,體認「把握時機、創造新意」等的重要,不覺早已進入故事情境中化身為主角了。既然是故事,用最自然、平順的敘述方式,不用添加任何華麗的詞彙及修辭,更能凸顯出羅水木他樸實、踏實的個性,讓人感受到那份「腳踏實地」的真誠。

　　除了認同企業品牌精神,要留住人才、捉住人心,培養員工全體的向心力,還必須要將公司願景成功的傳達出去。1975 年,年輕的蓋茲(Bill Gates)為一家小而無名的軟體公司擬出了一個願景:「每張桌上和每個家庭都有一部電腦。」不到十年後,蘋果電腦的賈伯斯(Steve Jobs)宣布另一個更基進的願景:「每個人都有一部個電腦。」在個人電腦革命後,網際網路的拓荒者如思科系統、美國線上、雅虎等出動,以網路連結每部個人電腦,於焉開啟網際網路革命。AT&T 在 購 併 麥 考 行 動 通 訊 公 司（McCaw Cellular Communications）後,宣布邁入需求驅動創新的通訊新紀元,不再是過去的創新帶動需求。在這個新紀元,人們將可以在任何時間、任何地點通訊。1990 年代末期,歐里拉決定推動超越先前市場的數位聚合願景,在諾基亞的新願景中,行動電話是一個「把網際網路放進每個人口袋」的自然工具。〔丹・史坦巴克（Dan Steinbock）,2002:342〕相信在當時那樣的環境中,能接受這宏大願景的沒有幾個,也許員工還正在心裏暗自恥笑,「老闆是頭腦用量過多壞掉了

吧！」如果員工不能了解那個願景，那就不是個願景，因此傳達訊息選用的題材和方式，就顯得更為重要，「故事」仍不失為一個好方式，有個願景故事內容是這樣的：

> 一個人來到某個建築工地，有三人正在工作，他問第一個人：「你在做什麼？」那人回答：「我在砌磚塊。」他問第二個人：「你在做什麼？」他回答：「我在建一面牆。」他走向第三個邊工作邊哼歌的工人，問：「你在做什麼？」那人站起來，笑著回答：「我在蓋一座大教堂。」
>
> 〔安奈特・西蒙斯（Annette Simmons），2004：36〕

故事交織起所有的片段，將字字句句的話語串連成一幕幕的畫面，呈現完整的影片，願景故事是無意義挫折的解藥，要讓企業在世上有意義、有目標的生存，就必須擁有自己的願景故事，讓一切的奮鬥有意義。使用排比的技巧展開重複性的問題──「你在做什麼？」，更能加深聽者的印象、提高聽者的注意力；由淺而深的層遞技巧，從「砌磚塊」、「建一面牆」到「蓋一座大教堂」，正順利的將聽者一步步引領到講師所塑造的情境裏，人人都能成為那座大教堂的主人。

　　一切事前的準備不外乎是為了將產品順利的行銷出去，輕鬆、幽默的教導方式最容易讓人接受，愉快、歡笑的事也總會讓人印象深刻不易忘記。以下這個笑話及實例，就是用來說明銷售重要性的最好題材：

> 有人向某位畫家買畫，畫家說：「你很有眼光，這幅畫花了我十年的時間。」
>
> 這位買畫人很驚訝地說：「真的嗎？這幅畫花了十年才完成？」

　　畫家說:「不,這幅畫我花了兩天就畫成,其他的時間,全部花在銷售這幅畫。」(黑幼龍、黑立言,2004:14)

　　明華園是國內首屈一指的歌仔戲團,多年來在各地演出多檔膾炙人口、受到熱烈歡迎的傳統戲曲。只要有巡迴演出,必定場場爆滿。明華園不僅受到全臺灣民眾的熱愛,更在全世界的表演藝術中,建立了無可取代的地位。關鍵就在於明華園採取很多不同於其他劇團的行銷手法,也就是重新定位、採用電影的編導制度,讓每場戲的分鏡清清楚楚,所以劇情緊湊而紮實。同時明華園還大量使用舞臺劇元素,重視精采刺激的聲光效果,因此,成功地開拓傳統劇團碰觸不到的年輕族群市場。(紀家祥,2007:28)

笑話是開啟人們心扉的最佳利器,這個笑話只有短短的三兩句話,帶給受訓人員的省思空間卻是相當廣闊,利用「兩天」和「十年」這兩個落差極大的時間,明顯強調出「簡易」與「艱難」的差別,充分展現映襯修辭的神奇魔力,令說服的工作事半功倍。觀念認同後更重要的是如何使員工有具體的概念,選用實際成功的案例明華園做為題材,並分析能夠反敗為勝的關鍵,指出劇團沒有被時代潮流淹沒,反而脫胎換骨更上一層樓的理由,簡短有力的述說內容,彷彿是奈米科技的濃縮精華,讓員工迅速吸收、營養十足。

　　任何一種題材或表達方式,都必須視自己的語言風格而定,選用自己最真實的一面來表達,就是最自然有效的方式。例如愈是在眾人面前愈是有活力,總能夠滔滔不絕欲罷不能,有觀眾就有自信,有掌聲就能繼續,這種「演講型」的語言風格,在大家面前說話不但表達得體,在自己內心深處也可以獲得喜悅和成就感;或是另一

種「簡報型」的語言風格，除了擅長分析資料以及摘取重點，更擅長利用重點整理的方式表達，組織、邏輯、推理的能力令人讚嘆，條條有理的敘說方法，更是簡淺易懂，常會讓人有當頭棒喝、如大夢初醒般的感覺；還有一種「感動型」的語言風格，就像有些牧師在教堂裡講道，讓底下的聽眾心中滿是聖潔的光輝，聽完道走出教堂，連世界都變得美好許多，甚至會影響我們看待人生的方式，這種類型的人有股超強的感染力、影響力，最適合運用說故事的方式，來改變周圍的朋友、同事或親人於無形之中。不管是演講、做簡報、還是說故事，身體和聲音就應該成為舞臺、演員、服裝、音樂和道具，因為「人們聽到、看到和感受到的，是你的外在形象、聲音和動態自我的綜合；說話時，字句只佔聽眾『聽到』的 15%左右，聽眾還會從你的表情、姿勢、手勢、服裝、眼光移動、時機、音調和髮型等來接收訊息。適度地使用手勢能強化訊息，並創造一個演出的舞臺，利用雙手製作道具、畫出背景、增加一種情感的強度、刻意傳遞出一個不一致的訊息，或者只是增添一些樂趣，用手勢去創造一個畫面，讓聽眾看到那幅畫面而非手勢。」〔安奈特・西蒙斯（Annette Simmons），2004：107～109〕

　　想要塑造哪一種情境是首要考量的重點，要達到這目標應該搭配什麼題材，最好使用什麼表達方式，加上個人的語言風格，善用肢體語言，綜合分析以後選出最合適的組合——完善的修辭策略，就是邁向成功的不二法門。

第七節　大眾傳播業

　　傳播活動無所不在，形式紛繁，按其方式和內容，可以將傳播分為四種類型：自身傳播、人際傳播、組織傳播、大眾傳播。四種傳播類型中，大眾傳播出現最晚，這與人類交往活動的規模有關，更與現代傳播技術的發明有關；按照參與傳播活動的人數規模來看，大眾傳播是人數規模最大的傳播活動。（郭光華，2004：10）大眾傳播可以概括的意指：由組織化的媒體（如報社、電臺），運用其機構能力，將蒐集、處理過的訊息內容（如資訊），透過本身大量發行的媒介（如報紙、雜誌），經由行銷通道（如報攤、報販），傳達給大眾閱聽人（massaudience）的一種傳播形式。（彭家發，1997：46）借助現代傳播技術的發達，大眾傳播媒介每分每秒都以最快的速度，向我們提供世界上所發生的新聞事件資訊，其傳播速度之快、傳播範圍之廣、資訊量之大，其他任何的傳播類型真是無法可比。電視這個「魔術盒子」，它的正式問世大概在 1940 年代，但是經過短短數十年間，很快的就成為現在家庭中的必備家電之一。（彭家發，1997：255）結合了視聽藝術、動靜皆備，它刺激著人們的感官、衝擊著人們的生活；有電視相伴，人們如癡如醉，沉浸在這個魔匣之中，隨著劇中人忽悲忽喜、嬉笑怒罵、一起跳舞旋轉，宛如一場遊戲一場夢，如果缺了它，恐怕人們會耳目失靈、神經麻木、舉足無措。

　　相較於平面媒體逐漸走入歷史，電子媒體目前還在混亂中百家爭鳴，對多數的電視經營者來說，想獨佔鰲頭的夢想已經是可望而不可及，現在的電視競爭，能夠避開市場的殘酷殺戮獲得喘息已屬

不易，倘若能孤芳自賞，踽踽獨行地活下來，那就是成功。在新的商機裡沒有競爭，企業的利潤與市佔率卻大幅提高而成為贏家，這樣的思考模式就是「藍海策略」（Blue Ocean）；相對於傳統企業的經營與發展，它強調的是競爭、置對方於死地來獲取自己的利益，競爭讓對手們血流成河，最終匯聚成「紅海」，這就是「紅海策略」；企業不能只看到既有的產業，必須跨越不同的產業觀點，找出其他消費者的需求，特別是鎖定新客戶的需求，才不致於在紅海中與大白鯊互咬，才能脫離紅海的束縛而迎向藍海。（劉旭峰，2006：343～344）譬如由映畫傳播製作、中華電視公司監製的臺灣電視綜藝節目「快樂星期天」──藝能歌喉戰，常任評審包小松、包小柏、黃舒駿、巫啟賢，每個評審以犀利的言語，講評各個藝人參賽者的表現，這種「特別」到令人嗤之以鼻的講評方式，竟掀起了歌唱比賽節目的風潮，開啟新的契機；（維基百科──快樂星期天，2008）譬如由金星娛樂事業股份有限公司製作、中國電視公司監製的臺灣電視歌唱選秀節目「超級星光大道」，有別於中國大陸《超級女聲》式的毒舌評審方式，以專業及回歸歌唱作號召，創歌唱節目的巔峰；（維基百科──超級星光大道，2008）譬如由薛聖棻製作，於臺視週末八點播出的綜藝節目「百萬大歌星」，既不比音色也不比音準，而是考驗參賽者對歌詞的記憶，強調輕鬆和趣味，不同於時下的歌唱競賽，創造不同的音樂熱潮。（維基百科──百萬大歌星，2008）以娛樂性的綜藝節目而言，主持人及評審委員身負收視率高低的重要任務，是節目成敗的關鍵性人物，「語用學中講究得體策略：對適當的人，在適當的時間，在適當的地點，說適當的話。大陸著名的語言家呂叔湘先生說：『此時此地對此人說此事，這樣的說法最好；對另外的人，在另外的場合，說的還是這件事，這樣的說法就不一定最

好，就應用另一說法。』」（郭光華，2004：36～37）足見一樣都是靠張嘴，卻因不一樣的傳達效果，而造成不一樣的結果；究竟如何才能一炮而紅、才能一定江山、才能一舉成名，這節就從主持人或評審的修辭策略切入，一起來探個究竟。

> 自從在「快樂星期天」擔任才藝評審的包小松和包小柏，因為在節目中評論余天兒子余祥銓唱歌技巧要改進，引發余祥銓精神受到刺激不言不語不吃不喝，新聞持續延燒數周，最近余祥銓精神狀況轉好，又發生雙胞胎兄弟被毆事件，這條因節目「毒舌」延伸出的問題還沒完沒了！而打人的三名黑衣男子已由市警大安分局偵訊當中，不過初步了解三名男子都否認與余祥銓和余天有關，他們是自己看不慣小松小柏的毒舌評審作法，所以遠從虎尾包車上來，就是要給兩兄弟一點教訓而已，背後並沒人教唆。（李幼君，2006）

「快樂星期天」在 2003 年 4 月 6 日開播，創始之初的類型是屬於大型綜藝節目，後來陸續推出「藝能歌喉戰」歌唱比賽單元，因為評審委員包小松和包小柏的講評太過「毒舌」，除了引發一連串的新聞事件外，同時也引發觀眾的好奇心，提高節目的收視率；評審們有別於傳統的比賽節目，摒棄鼓勵性、支持性的話語，而採取直接、一針見血、一刀斃命的用語，塑造出令人「膽顫心驚」的情境。例如以上新聞事件的男主角余祥銓，由於一出場就忘詞，犯了明顯的嚴重錯誤，於是評審一開始的講評內容就採用「你是藝人嗎？」「你有受過訓練嗎？」這兩個對藝人來說相當羞辱的問題，加以運用設問修辭來批判，立即塑造出「膽顫心驚」的可怕情境；接著再以「有上過課不代表沒有問題，而且上一、二個月就知道程度不到。」

「以一個新人來參加歌唱比賽的角度來說，那就是沒準備好。」「前面都已經有幾個人幫你暖身做過氣氛了，你還覺得緊張，我還是覺得程度不到。」「你一定要拋開過去，人家給你的鼓勵那個騙你的話，這些東西是不存在的。」「不要浪費了每一個開演唱會的角色，那是大家很想要的一個夢，但不要濫用。」這些話語，一句句像利刃般的刺向心坎裡，一遍遍像棒槌般的敲碎夢想的城堡，不但真實的恐怖，而且現實的殘忍，更持續延燒著「膽顫心驚」的情境。最後用「你拿了麥克風你就是歌手啊？有了樂隊老師幫你伴奏你就是天王了嗎？這只是變成了你高級的卡拉 OK 場所，這是很遭糕的。」（You Tube──藝能歌喉戰──余祥銓受難記，2008），這幾個諷刺性的問題，加上激問的修辭技巧，完全達到「二月春風似剪刀」的傷人效果，讓人傷得體無完膚。姑且不論這種作法是否得當、是否道德，就評審的修辭策略來說，不僅達成預設的情境，使用的話語、用詞及修辭方式的運用，也非常明確顯現出「毒舌」的語言風格，傳播效果相當成功，幾位評審因此紅遍半邊天，真可說是「無毒不丈夫」呀！

　　從 2007 年初開始播出就爆紅的電視歌唱選秀節目「超級星光大道」，號稱為「臺灣歷史上規模最大的選秀會」，主持人為陶晶瑩，另設有五席評審，擔任常任評審的有袁惟仁、黃韻玲、張宇、鄭建國（Roger）、黃小琥等知名演藝從業人員；一樣的歌唱比賽節目，卻採用不一樣的評審方式，有別於犀利的語言風格，以專業及回歸歌唱內容作號召，因此，除了營造「明星製造機」的夢幻情境，更須打造「批評，要聽得懂才贏」的受教情境，讓一批批熱愛音樂的「素人」，在這熠熠的舞臺追夢摘星成功之前，必須先經歷五種教練角色的指教，能夠聆聽忠告並虛心受教，才有可能更加進步而順利晉級，一圓明星的美夢。這樣的情境分別由五位常任評審，相當於

五種不同類型的教練角色，加上主持人扮演的調和角色，共同營造得恰到好處：

表 5-7-1　星光大道評審語言風格解析表

評審	語言風格	解析
袁惟仁	市場導向型	例如：「你們的表演一定要有攻擊性、要有殺傷力。」「你還有其他歌曲嗎？每個人的口袋裡應該都要有二、三首口袋歌。」從實務派的觀點出發，用字遣詞選擇簡短有力、開門見山的內容，重點放在現實的市場接受度，以平順的口氣及和顏悅色的態度，引領參賽者進入現實、看清競爭的世界。
黃小琥	正中要害型	例如：「這位同學你剛很緊張是不是？」「你唱歌剛開始好像低音都下不去是不是？」「這個中間是有一點忘詞是不是？」「這個比賽是殘酷的。」有實力又聰明的評審，立即能命中要害，有著一針見血的洞悉力，猶如替參賽者把脈並對症下藥，表達方式輔以設問的修辭技巧，句句都顯露出快、狠、準的語言風格。
黃韻玲	慈母提攜型	例如：「先把自己的得失心放掉，再回頭咀嚼評審的指導，你就會有很強的能量，重新回到舞臺，反彈向上的力道會很驚人。」使用安慰性的話語要參賽者先把勝負放一邊，再繼以諄諄教誨性的引領參賽者正向思考，運用轉化的修辭方式將鼓勵的話語順利傳達出去，溫柔慈善的口吻就像師長或母親一樣，總能安撫人的情緒並給予溫暖的提醒。
張宇	就事論事型	例如：「倘若把時間花在低音加強，會不會把自己很棒的高音給丟掉？」「究竟哪些是適合我的改變？哪些又是我天生沒有辦法克服的缺點？」「倘若我為了讓人覺得我咬字清楚，刻意改變發音方式，可能我的特色就不見了，顧此失彼下，到最後把自己弄得什麼都不是，也不會有好成績！」針對參賽者的用功程度、歌唱技巧、發音方式等優缺點，堅持以專業為標準，採直述性的語句、中肯的態度來表達，具體的說明不參雜情感因素，給人言行一致的可信賴感。
鄭建國 Roger	挖掘潛質型	例如：「這次的造型是誰幫你做的？我想他應該是想害你，再加油好嗎？」「我覺得那個感動還是少了一點，這和你的年紀絕對有很大的關係，因為你那麼年輕，要去了解比較艱澀的意境，內斂的感動通常是比較難的，所以我覺得還是要去多看書、多看表演、多去體會一下人生，對你們的歌唱會有很大的幫助。」不直接批評，而採取諷喻的口吻表達造型的不適當；除了指教之外更替參賽者找臺階下，除了建議之外更提供參賽者具體的方法，和藹可親的笑容加上極有耐性的講評，就像伯樂正在賞識千里馬一般。

（資料來源：祝康偉，2008：96～103）（超級星光大道──yam 天空部落，2008）

這個節目的靈魂人物——主持人陶晶瑩，幽默風趣、自然爽朗的風格，爆笑、有創意的內容，加上善用譬喻、轉化、諷喻、雙關等修辭方式，有效的創造出「輕鬆而不隨便」、「講評而不毒舌」的情境，例如「血滴子」、「大魔頭」、「滅絕師太」等稱號，個個都譬喻得非常貼切，形容得恰到好處；例如「安可（encore）」發音極近「叔叔（uncle）」，在要求再唱一遍的時候，利用諧音雙關不直說「encore」，卻俏皮的說我們要「叔叔」。主持人適時的串場、調和氣氛、製造歡笑，加上五位評審們專業的歌唱背景、職業的歌唱水準、獨特的歌唱講評，每個人都有不同的修辭策略，卻能非常和諧的取得均衡點，就造了這個紅透半邊天的歌唱選秀節目。

　　臺視全新歌唱益智節目「百萬大歌星」，2008 年 5 月起開播即掀起另一波音樂浪潮，有別於現在的歌唱節目都是歌唱實力在金字塔頂端的人參賽，「百萬大歌星」則讓金字塔下面的人可以來參加，考驗記詞功力，尋找記詞功力一級棒的「活歌本」。因此整個情境的塑造趨向「歌唱比賽遊戲化」、「輕鬆和趣味」，全場氣氛靠主持人一肩扛起，主持的修辭策略，就從具體的例子來仔細推敲：

> 「警衛，把她帶出去。」
> 「這是一種病，停不下來啊！」
> 「很無趣啊！都沒有那種停下來啊，或者坑坑疤疤，音準到令人討厭你知道嗎？」
> （YouTube——百萬大歌星，2008）
> 「希望佩甄給看電視的朋友一個範例，就是說唱歌唱不好，詞記得牢就好了，我是在鼓勵你喔！」
> （YouTube——百萬大歌星，2008）

　　利用反語可以製造幽默的感覺，採取嘲諷的話語只要不踰越分寸，更可以顯得感情夠濃厚的親近感，選用這些題材以及修辭方式，完全呼應「歌唱比賽遊戲化」、「輕鬆和趣味」的情境氛圍；主持人的地位舉足輕重，是眾所矚目的焦點，因此肢體語言特別顯得重要，熱情有朝氣的聲音、精力充沛的表情與笑容、跟隨著音樂活力旺盛的手舞足蹈，整體的搭配充分顯露個人的特殊風格，沒有咄咄逼人的氣息，有的是直來直往的豪爽；沒有居高臨下的傲氣，有的是平易近人的和善，成功傳達出「熱情」、「朝氣」、「活力」、「歡樂」的氣息。

　　一樣都是歌唱型的綜藝節目，為求別出心裁，讓觀眾有耳目一新的感受，最佳的方法就是為自己量身訂做一套修辭策略，首要考量節目想呈現的情境氛圍為何，再選擇傳達內容適切的題材，加入合適的修辭技巧使效果增倍，配合傳達者獨特的語言風格，以及肢體語言的如虎添翼效果；用對修辭策略，舞臺上耀眼炫麗的主角，將是指日可待。

第八節　學術仲介

「什麼都有、什麼都賣、什麼都不奇怪」奇摩拍賣的廣告詞大家耳熟能詳，的確，處於科技發達、資訊爆炸的二十一世紀，處於不怕奇怪只怕不怪的年代，只有創意才能立於不敗，只有創新才不被淘汰，只有創見才可獨樹一格，就行銷層面來說，也可以是「什麼都做、什麼都賺、什麼都不奇怪」。曾經看過一篇相當有意思的文章——吳地的〈幸福家庭公司〉，內容大致是這樣的：

> 他跟平常一樣，下了班回到家裡，她站在門邊，笑眯眯的，門邊一個、兩個、三個娃娃探出頭來喊：「爸爸好」。三個孩子都很精靈懂事，湊過來親他一下，最小的身上還帶著清淡的乳香。他們纏了他一會兒，問他今天辦公累不累，他們很有分寸，很懂得看他的臉色，知道哪些話不應該問，他們有經驗。
>
> 他喜歡喊她：「梅」。她從廚房裡邊應聲邊出來，她很美，只是個家庭主婦的漂亮，沒有好看得像個女秘書，或是電影明星什麼的。她淡淡的化了點粧，嘴唇薄薄的潤紅。她告訴他今天吃什麼菜，都是他喜歡吃的。
>
> 吃飯時他坐主位，儼然一家之主。小孩很親熱的嘰嘰喳喳的同他講話，簡直是有問必答，對什麼問題都不見怪，他問：「你們覺得秦伯伯怎麼樣？」小孩一點都不為難，說：「爸爸，我們比較喜歡你。」她停了筷子微笑，然後與他交換了親密的一眼。天，他簡直不能不溶入這種情況裡去，簡直是真的一樣，美滿、溫馨、快樂、甜蜜的家庭，他幾乎要哭了。
>
> 一個和諧的夜晚終於過去了。她帶著孩子離開，他們穿戴整

齊，很甜蜜的說再見。臨走時，他把裝著鈔票的信封交給她，她也遞給他一張卡片。那是她們公司的宣傳名片，他已經看熟了，不過他仍然讀了一遍。

「供給第一流的家庭溫暖。單身的人有福了，本公司備有各種類型各種年齡的幸福家庭，供給寂寞的單身者天倫之樂……」（陸正鋒等，1979：72～74）

真是個超有創意的行業，未婚的人應該去試試看哪一種伴侶、家庭結構是適合的，也許從此積極尋找幸福的婚姻；已婚的人可以去嘗嘗看做個一家之主或是小男人的滋味，也許從此安分不再有出軌的想法；離婚的人應該去試試不一樣的伴侶、不同類型的家庭，也許從此不再對婚姻恐懼。總之，創意能讓人快速連結到成功的另一端，有創意就能搶奪先機，提高勝算的機率。

「知識經濟」是世界未來經濟發展的趨勢，幾乎已經被世界大部分國家所認同，隨著「知識經濟」趨勢的影響，終身學習的觀念已經廣為大眾所接受，從在職進修、專業認證、學歷提升等，更足以見證「年齡不是問題」，正如所謂的「活到老學到老」，以前上班族見面第一句話可能是昨晚去那裏玩了，但愈來愈多的上班族見面第一句話是：「你最近上了什麼課？」行政院主計處的資料中也顯示出國人的教育程度狀況，2006 年我國 25 到 64 歲人口，接受大專及大專以上教育比率

為 32％，較 2005 年日本之 40％及加拿大 46％等國為低，高於 OECD（經濟合作發展組織）國家平均之 26％，2006 年臺灣地區大專以上人口比率 31.6％，較 1996 年提高 12.4 個百分點。（行政院主計處──答客問──政府統計──社會指標統計──國人教育程度

狀況如何，2008）換句話說，有人就有消費，有消費就有市場，有市場就「有利可圖」；在這高度精密分工的時代，各展所長、各展所能、各取所需，除了為求降低成本，也求縮短時間以提高工作效能，如果讓「學術」遇上「仲介」，也許會迸出炫麗的火花，有著意想不到的驚奇！

　　修辭策略首要考量的情境，換個角色思考會較客觀、有效，用消費者的角度來考慮，「信任」和「值得」會是第一衡量的指標；反過來說，塑造出「有我就搞定了」和「絕對有這個價值」這樣的情境，會是學術仲介這個向度的最適合的選擇。接著該選用哪一種話題內容、可以用哪一種方式表達、應搭配哪一種修辭技巧，適時加上哪一種肢體語言，以下用選擇「論文指導教授」的例子來說明，會更具體、更有概念。對於研究生而言，選擇一個合適的指導教授，就像選擇一個合適的情人一樣，關係著未來在論文通過前的日子裏，是否能彼此相處融洽，是否能彼此觀念互通，是否能彼此各有所獲；選對了教授——人生是彩色的，選錯了教授——人生是黑白的。對於研究生而言，最關心的話題是哪一位教授最和善，哪一個教授最機車；最感興趣的八卦是哪一位教授最仁慈，哪一個教授最難過；最想知道的是哪一位教授可以獲益良多，哪一個教授可能虛有其表；總之，最終目的只有一個，就是怎樣才能順利通過口考、取得畢業證書。了解研究生平時談論的話題以及他們關心的議題，掌握消費者的需求，才足以提供準確無誤的服務，例如我所擬議：

　　　　選擇教授首要避免偶像的迷思，大家一窩蜂的你爭我奪，搶
　　　　得昏天暗地，最後搶破了頭終於搶到了，但也許他並不是合

適的人選，豈不是賠了夫人又折兵後悔莫及；就算是教授不僅名聲響亮，也真的是心目中的理想人選，但旗下子弟兵人數眾多的情形之下，他苦無分身你也只能自求多福。

切忌憑直覺或第一印象給分數，畢竟現實社會裏還是得戴戴面具才好做人，只憑一時的喜好就決定，可能從此過著幸福快樂的日子，也可能從此墜入痛苦的萬丈深淵，本人在此只能說聲「祝你好運」。

如果要簡單省時間不傷腦筋，不妨使用刪去法。選外校的教授，可能日後考試相關作業會憑增許多麻煩；選別系所的教授，可能面臨要和自家系所的學生爭奪的局面；選自己系所的教授，去除掉「話不投機半句多」型的，再去掉「半瓶子水響叮噹」型的，或去掉「高談闊論不切實際」型的，最後己所勝無幾，從中擇一就是最佳拍檔了。

對於大眾容易犯的錯誤，就應該直接了當的點破，除了不要追逐偶像，也不要隨意任性亂選擇，否則也只能用「吃苦當做吃補」來安慰自己。修辭技巧運用層遞，可以漸入核心問題，循序漸進式的話語，不致讓人有一針見血的犀利感；使用反襯修辭，可以凸顯出好與壞的天壤之別，強調出失之毫厘差之千里的遺憾；再適時的加上轉化修辭「分身」，以及反語修辭「祝你好運」，可以增點趣味，緩和嚴肅的氣氛；善用排比修辭做分析，同樣的語法和句型結構，有條有理清晰分明，會更容易做比較；加入俏皮性的話語，「話不投機半句多型」、「半瓶子水響叮噹」、「高談闊論不切實際」來譬喻，可以增加幽默感也可以達到婉轉的效果，免得殺傷力太強有失公正。又如我所擬議：

甲教授好溝通、好商量、好妥協，但是好脾氣絕不等於沒脾氣，就曾經在上課的時候有過這麼一段小故事：老師質疑為何上課氣氛如此委靡，有同學以「誠實的態度」直言說出心中的想法，有同學以直述式語句道出「老師上課到底教些什麼？可否說清楚讓我們明白」，不料緊張刺激的情節就此展開，甲教授難忍心中怒火，用更直述的語句道出「你上課有認真參與活動嗎？唸到研究所，老師教些什麼應該是自己去體會、感受，既然你瞧不起我，沒關係，讓你來上課我站在後面聽也無所謂……」且不管誰對誰錯，但在對老師提出質疑之前，是否該先問自己有沒有做好本份？既是不認真上課在先，又如何能體會教授教學的用心？

乙教授有脾氣、有規矩、有要求，對於上課遲到及缺席的情形，認為沒理由、沒藉口、沒得妥協也沒得商量，曾經在校外參訪時有過這麼一段小故事：由於學生在對規畫參訪的活動流程中，並沒有做一個校外參訪的最後總檢討，教授除了意外還大為震怒，當晚立刻緊急召開總檢討的會議。整個場景教授針對缺點逐一批評，學生羞愧覺得無地自容；教授上演「狂風怒吼」、「雷雨交加」的劇情，學生演出「涕泗縱橫」、「相擁而泣」的畫面；還好柔能克剛，最後以淚水澆熄了所有的怒火，教授表達恨鐵不成鋼的心情，學生表示盡全力達成目標的態度，終於落幕結束。

丙教授笑口常開、待人和氣、亦師亦友，上課滿堂歡樂、輕鬆的愉快氣氛，對於專業卻有著過人的堅持，曾親耳聽聞這麼一段小故事：討論室裡正充斥著緊繃的氣氛，原來是教授在上論文指導，門外沒有愉快的歡笑聲，研究生們個個鴉雀

無聲，只聽到教授一陣陣的獅吼，說是這也不行那也不行，就是沒說什麼可行，這也不對那也不對，卻沒說該怎樣才對，有人被說得哭了跑出來，有人擔心得手足無措不知如何是好，甚至有人痛定思痛決定另覓良師。

每個人日常生活中的小故事多不勝數，用實際發生的事情作為題材，以說故事的方式來表達，除了讓聽者感興趣且深入其境，還可以讓聽者透過故事去自我評判，去自我感受故事中的主角到底是怎麼樣的人，遠比說者講得頭頭是道、口沫橫飛，都還要來得客觀有效；述說故事時應注意態度中立，切勿加入太多個人感受，遣詞用字應盡量委婉，切勿加入太多批評或讚揚的形容詞，把是非對錯、禍福吉兇留給聽者決定，畢竟每個人的觀感不盡相同，也免得讓人誤解對某人有偏見，只需要置身事外，就像個播報新聞的記者一樣，將事實的情形、發生的經過、以及故事的結尾完整呈現，據實描述就行了。修辭技巧適時的採用映襯，「教授上演『狂風怒吼』、『雷雨交加』的劇情，學生演出『涕泗縱橫』、『相擁而泣』的畫面」、「教授表達恨鐵不成鋼的心情，學生表示盡全力達成目標的態度」，可以凸顯想要強調的情節，刺激聽者的注意力；適時的採用類疊，「這也不行那也不行，就是沒說什麼可行」、「這也不對那也不對，卻沒說該怎樣才對」，重複性的語句可以增加聽者的印象。

學術仲介適合的情境是「有我就搞定了」和「絕對有這個價值」，如果熱情過頭容易顯得做作，如果語速過快容易顯得輕浮，如果表情太多容易顯得虛偽，這絕對不適合，免得讓人誤以為是「打拳頭賣膏藥」的江湖郎中；只要保持禮貌性的微笑，使用不疾不徐平穩的語速，適當大小的肢體擺動，專業感及信任感就會漸漸浮

現。想想這位知名的人物——謝震武律師，在電視螢幕上呈現出來的畫面，就算是主持歡笑的娛樂性節目，也是輕鬆詼諧但是絕不會放鬆隨便，連他所拍的廣告也都是高雅有氣質，通俗而不低俗，給人的感覺是沉穩、專業、可信任，有自己獨特的語言風格。當然每個人的性格及專長都不同，找出自己最優秀最擅長的一面，發展出自己最與眾不同的語言風格，利用對的話題、好的題材、妙的修辭技巧、巧的肢體動作，營造完美的情境氛圍，這就是最成功的修辭策略。

辛苦耕耘的嘔心瀝血之作——論文，再進一步加工編排出書，就算不能名留青史永垂不朽，至少也可以有機會讓大眾閱讀自己的「曠世鉅作」，嚐嚐作家的滋味，追求馬斯洛需求層次的最高階——自我實現，地球村的時代，也許真的覓得知音，而從此展開寫作的生涯，人生又多成就一番美事。順著這樣的方個思考，當論文完成後其實就可以緊接著建議顧客，將論文以專書的型態出版，搜集詳細的出書仲介資訊供其選擇，這個後續動作，無論規畫成學術仲介最優惠的售後服務方案，或是設計成折扣方式的配套措施，都不失為留住顧客的好方法。關於專業出書方面，在下一節當中還會再稍涉及。

第九節　其他

拜科技產品的發達，資訊快速流通之賜，唱歌幾乎已經成了全民運動，不但歌唱節目如雨後春筍般的出現，提供免費音樂下載、線上學唱練唱、歌詞動態搭配等，完美方便的音樂搜尋引擎，也形

成百家爭鳴的局面。一首經典的老歌如同一本經典的名著，時間愈久愈見證出價值；聽老歌的感覺就像讀名著的感覺一樣，腦海裏出現的是一幕幕的畫面，心裏感受到的是醇醇濃郁的酸甘甜滋味；生活中有了歌曲的參與，世界變得更美好，有了名著的陶冶，眼界變得更廣大。歌星可能隨著時代遷移而被淘汰，也許隨著後浪的推進而被遺忘，或者隨著年華老去而被冷藏；但是一首好歌卻會像好酒那樣愈陳愈香，像好茶那樣愈久愈回甘，像好友那樣愈老愈相知。詞和曲二者相輔相成，曲的專業與技術在這姑且不談，詞的修辭策略才是探究的重點；如果平時很容易感動滿滿，喜歡將所有的感動化成文字，那麼就別浪費，再把這些文字轉換成歌詞，也許下一個「超級星光」就是你。

　　樂壇上有名的才子鄭進一，與眾不同的格調及語言風格，觀眾的評論很兩極化，多年前自己創作的一首臺語歌曲──〈家後〉，雖然當時他自己演唱時，並沒有受到大眾的矚目，但在 2001 年時臺語歌壇的天后江蕙，將「家後」收錄在她的「再相會」專輯中，這首歌不再被埋沒，這次終於展露頭角，簡直是「轟動武林、驚動萬教」，「無人不知無人不曉」，蟬聯數年 KTV 臺語歌曲的點播率冠軍，成功創造佳績。多年前由國語歌壇天后蘇芮演唱的歌曲──〈牽手〉，曾經在 1993 年時，就被選為「喜宴」這部國際名片的片尾曲，2008年隨著民視連續劇「娘家」的播出，被選作片尾曲的「牽手」又再度掀起高潮，無論是 KTV 或是線上 K 歌的點播率，都引起了層層熱浪，可見好歌永遠不寂寞。這兩首歷久彌新的好歌，使用的修辭策略為何，值得讓人細細思量：

家後　　　　　　　鄭進一、陳維祥作詞

有一日咱若老　找無人甲咱友孝　我會陪你
坐惦椅寮　聽你講少年的時陣　你有外攀
吃好吃醜無計較　怨天怨地嘛袂曉　你的手
我會甲你牽條條　因為我是你的家後

阮將青春嫁置恁兜　阮對少年跟你跟甲老
人情世事已經看透透　有啥人比你卡重要
阮的一生獻乎恁兜　才知幸福是吵吵鬧鬧
等待返去的時陣若到　我會讓你先走
因為我會嘸甘　放你為我目屎流

有一日咱若老　有媳婦子兒友孝　你若無聊
拿咱的相片　看卡早結婚的時陣　你外緣投
穿好穿醜無計較　怪東怪西嘛袂曉
你的心我會永遠記條條　因為我是你的家後

阮將青春嫁置恁兜　阮對少年就跟你跟甲老
人情世事嘛已經看透透　有啥人比你卡重要
阮的一生獻乎恁兜　才知幸福是吵吵鬧鬧
等待返去的時陣若到　你著讓我先走
因為我會嘸甘　看你為我目屎流
（ezPeer──家後，2008）

牽手　　　　　　　李子恆作詞

因為愛著你的愛　因為夢著你的夢

所以悲傷著你的悲傷　幸福著你的幸福

因為路過你的路　因為苦過你的苦

所以快樂著你的快樂　追逐著你的追逐

因為誓言不敢聽　因為承諾不敢信

所以放心著你的沈默　去說服明天的命運

沒有風雨躲得過　沒有坎坷不必走

所以安心地牽你的手　不去想該不該回頭

也許牽了手的手　前生不一定好走

也許有了伴的路　今生還要更忙碌

所以牽了手的手　來生還要一起走

所以有了伴的路　沒有歲月可回頭

（ezPeer——牽手，2008）

兩首歌所描寫的都是另一半、妻子的角色，塑造的情境都一樣是「婚姻的真實面」、「攜手披荊斬棘」、「不輕言後悔」、「相伴到老」。真實的寫出婚姻生活中可能面臨的現實問題，雖然沒有童話故事中的夢幻浪漫，卻一樣過著幸福快樂的日子；自然的呈現生活中瑣碎吵雜的一面，雖然沒有神話世界裏的優雅高貴，卻一樣有著甜美滿足的享受；反而最貼近生活中的故事寫真，才是最容易令人感動，最容易牽動人的情感；畢竟相愛容易相處難，沒有保證一定甜的瓜，如同沒有保證一定美的人生一樣，但愈是經歷人生的風雨，愈是要堅定的一起走才能久，愈是遇到人生的低潮，愈是要不回頭的往前走才能遠。這個平凡而偉大的女性彷彿重新被看見，默默耕耘在背後

推動的那雙手，似乎漸漸顯現而不再隱形，為家庭撐起一片天的人物，好像也已被大眾認同；這樣的情境不僅牽動老夫老妻的心，同時也扣住新婚夫婦的情，更是戀愛中情侶追逐的目標。

　　歌名選用意義深遠的「家後」，更意味著早期農業時代甚至於是現代，女人的角色無論是妻子、媳婦、人生伴侶或是媽媽，總是個無聲的奉獻者、默默耕耘者、最大支持者、無怨付出者，永遠不爭名不爭利，一輩子不求回報，就像是個躲藏在家後面的隱形人物，就像是個空氣中看不見的氣體，那樣的具體那樣的貼切。「家後」這首歌鄭進一以自己父母的真實故事作為題材，以平鋪直述的方式表達，就像一齣人生縮影的舞臺劇，每一句聆聽到的動人對白，都能呈現一幕幕感人的畫面；使用的語句是鄭進一的父親在中風後和母親間的對話，沒有華麗的文字，就像清澈的白開水，「吃好吃醜無計較，怨天怨地嘛袂曉」、「穿好穿醜無計較，怪東怪西嘛袂曉」、「我會陪你坐惦椅寮，聽你講少年的時陣你有外擎」、「你若無聊拿咱的相片，看卡早結婚的時陣你外緣投」、「等待返去的時陣若到，我會讓你先走，因為我會嘸甘，放你為我目屎流」，直接明白清楚易懂，格外顯得平易近人，不加修飾的真實最易讓人動容鼻酸。修辭技巧搭配排比，可使歌曲唱起來琅琅上口，容易廣為流傳，段落歌詞表達的意境，就像一場又一場的單元劇，有場次分明的效果；故事類型使用層遞的修辭技巧，就像帶領聽眾進入時光隧道，任意游移在過去和未來，直到劇終人散。從樸實的歌詞中可以感染到「人生如戲，戲如人生」的自在觀，也顯露出不經雕琢的鄉土風，更透露出作詞者隨遇而安的語言風格。

　　另一首歌名選用語意深長的「牽手」，更意味著「少年夫妻老來伴」，不管年輕時一起約會散步走小路，不管中年時攜手打拼為前

程，不管老年時同看夕陽無限好，當一隻手牽起另一隻手，早已勝過千言萬語，早已無聲更勝有聲。題材選用以人生伴侶最堅定的「愛」為主軸，從兩人之間的互愛、互信到互諒出發，延續到兩人可能遇到的風雨、坎坷路，直到最後無怨無悔無歲月可回頭，以「牽手」的意境貫穿全程，除了感受到愛情的力量，更感受到親人的無可替代；「因為」、「所以」和「也許」、「所以」的句型，強調出理由和原因並凸顯出因果關係，歌詞簡單能清楚的烙印在聽眾的心裏，整首歌都運用排比的修辭方式，句型結構相同易懂易記易流通，全部三段之間以層遞的修辭技巧連繫，由新婚時的「誓言不敢聽、承諾不敢信」，到「沒有風雨躲得過、沒有坎坷不必走」的認知，到終老「來生還要一起走」的強烈信念，感情由淺入深、化淡為濃，不覺已令人感動滿懷。作詞者遣詞用字謹慎小心，字裏行間都透露著成熟穩重的紮實感，讓人感受到認真、沉著的語言風格。

　　總之，設想一下想要塑造的情境為何，再尋找適合的材料放進去，加點修辭調味一下，一定可以煮出一道獨特的風味餐。以下這是高雄市國光高中二十二屆學生，在五年前為畢業而作的「今年夏天」：

今年夏天　　　　　　　　江婉綾作詞

　　友情　無聲降臨　我回味從前　想起了你

　　心中　泛起了一波波漣漪　雖有時嘔氣　卻還是珍惜

　　朋友　曾經相惜　我站在窗前　靜靜回憶

　　臉上浮起了一絲絲笑意　心中雖有時感到空虛　卻依舊溫馨

　　今年夏天是個充滿希望的季節　我們就要說再見

　　不知何時會相見　曾相處的畫面　不停重複上映在眼前

今年夏天有種令人不捨的感覺　徘徊在你我之間

抹去彼此流下的淚水　重新展開笑顏

各自踏上　錦繡的明天

友情不曾離去　我想起從前　好多美麗

人生不一定會一切順利　但我會將你放在心裡　替自己打氣

今年夏天是個充滿希望的季節　我們就要說再見

不知何時會相見　曾相處的畫面　不停重複上映在眼前

今年夏天有種令人不捨的感覺　徘徊在你我之間

抹去彼此流下的淚水　重新展開笑顏

各自踏上　錦繡的明天

今年夏天是個離情依依的季節　我們友情到永遠

對你說一聲再會　輕輕畫上句點　最美的句點

（魔鏡歌詞網——今年夏天，2008）

看了民視新聞的這篇報導，才知道這首歌是如此驚為天人：

今年最夯的畢業歌是哪一首，在網路上有超過六萬人次，爭相點閱名為「今年夏天」的學生創作曲，歌詞和旋律簡單又感傷，搭配上幾米的動畫，成為今夏最動人的畢業 mvNS「今年夏天」，旋律由鋼琴伴奏，歌詞淺顯易懂，創作者是高雄市國光高中二十二屆學生，在五年前為畢業而作，配上幾米的動畫，五年後醱酵，在 YOUTUBE 網站上，有六萬人次點閱過 MVNS，更有許多學校畢業典禮上播放的紀念影片，以這首歌當襯底，配合上生活點滴 NS 臺中縣頭家國小生活教育組長蔡志鴻，從學生作品得到了靈感，他用「今年夏天」搭配照片，製作出影片公開播放，蔡老師你催淚催過頭囉，連

安心上路，這種投名狀裡土匪說的話也跑出來，更別提一路好走了，但是師生被影片感動，不但不計較，還哭到不行學生哭到無法控制自己，其實不只頭家國小，其他許多老師或學生也引用這首歌，放在各種離別催淚影片，讓這首高中生的創作品，驗證了越簡單越動人的道理。

（民視新聞網——最夯畢業歌「今年夏天」催淚，2008）

夢想除了堅持更要勇敢的去挑戰，認真想想自己是否也有寫歌詞的潛能，或是超有興趣卻還裹足不前，在看了以上高中學生的創作歌曲，以及如此成功的報導後，別再猶豫，只要擬定好修辭策略，背起裝滿勇氣的行囊，現在已經是夢想出發的時刻。

近年來寫部落格（Blog）大行其道，題材天馬行空無所不有，但以記錄生活趣事及感受為主流，塗塗寫寫的風氣大為盛行，提供不少愛書寫的人一個發揮的空間。如果自己平日就喜歡在字裏行間亂竄，且有如行雲流水般的舒暢；或是喜愛發表言論、抒發情感以文字的方式公諸於世；甚至樂於創作、專業知識寫作、人生百態以筆運作；那麼不妨思考一下，將自己的興趣放大、專業加深、專長加廣，「獨樂樂不如眾樂樂」，幫助別人把他們的心血結晶寫作成書，無論是心情小品、高貴詩詞、通俗小說、旅遊日記，或者散文、自傳、講義教材等，幫助有需求的消費者量身定做，經過整理或修改書寫等專門的服務後，平日的家常料理也可縱身成為餐廳的知名菜餚，昔日的鄉間小吃也可躍然成為國際的知名餐點。集結志同道合的三五好友，編輯、寫作、文書打字等分司其職，無限可能的明日之星也許從此誕生。

在「abooks 博客思出書服務網」這個部落格中，有篇文章相當震憾我心：

前兩天一位臺東長濱鄉八仙洞那個地方來的老太太，她要出書。她沒有讀過多少書，雖然有 3 個兒子都是大公司的老闆，但現在還是一個人在鄉下種田，種地做一個農婦為生。並非她的兒子不孝，是她不願意離開臺東那個生長多年的家鄉。她要出書，但是由於沒有讀過多少書，到底要怎麼出？我想大概她要出一本她的奮鬥史吧，或者是寫她教養三位大老闆的過程吧！不然就是她的家族史吧！結果，我猜錯了。她想要出書的一本書是──原住民的生活全紀錄。在那個窮山惡水之地，她含莘茹苦的養大了孩子，到了可以享福的時候了，但是她卻把自己獻給原住民，為原住民繼續付出她的青春血汗。除了希望出原住民的書之外，她還打算在樟原建立一個圖書館，視聽教室，和 K 歌中心……她是一個七十歲的奇女子。（abooks 博客思出書服務網──編輯記事，2008）

這所以讓我震憾感動的原因，一是臺東這個地方帶給我太多美好的回憶，有著一份特殊的情感；二是這個久居後山鄉村的老婦人，平凡的背景竟有著不平凡的理想。寫作出書不僅可以為自己建立信心完成夢想，舉「筆」之勞更可以幫助他人實現畢生的理想，一舉兩得的事如果已經心動，就該立刻行動。

　　第五章全部九節的內容中，僅列舉九個向度詳加探討，其他還有許多值得推敲的面向，只要把握擬定修辭策略的原則，依此類推將原則套用在任何地方，都將無往而不利。最後要特別注意的是，傾聽是非常重要的步驟，下面用圖解的方式表達：

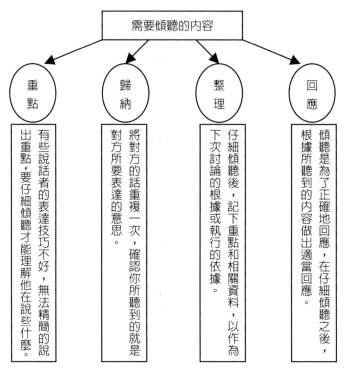

（溝通達人工作室編，2007：95）

圖 5-9-1　傾聽技巧圖解

無論是口說語還是書面語，除了構思情境、蒐尋適當題材、運用合宜語彙、善用修辭技巧，以及凸顯個人語言風格之外，正確的聆聽才能真正明白對方的需求，達成有效的溝通，才能夠製訂出正確的修辭策略。

第六章　流浪教師修辭策略
在新時代的轉進

第一節　掌握社會的脈動

　　網際網路新興傳播工具的發展，主要是由布希（V. Bush）、尼爾森（T. Nelson）、伯納斯李（T. Bernerps-Lee）三人所代表。1945 年布希在《大西洋月刊》（Atlantic Monthly）中發表了他著名的文章 As We May Think，該文中他指出了即將出現能夠處理人類千百年智慧積累的工具，同時也指出了知識積累速度超越人類理解——在今日看來十分明顯的知識爆炸問題的處理可能，對網際網路發展的最大貢獻在於提出了技術上重要的構想及文字與圖解相聯、資訊相互串聯儲存、搜尋……等。1965 年尼爾森提出「hyper」超聯結的觀點，是他對「網際網路」科技發展最重要的貢獻，尼爾森不但透過「hyper 超聯結」定義了超過三度空間的思維方式，爾後更投入超過三十年時間設計電腦程式實現「hyper 超聯結」，他把自己所發展的系統稱之為 Xanadu。伯納斯李扮演了布希和尼爾森工作的最終實踐者：1990 年伯納斯李開放大眾使用「全球資訊網」的全球超文件系統，這個能創造、搜尋、擷取超文件的軟體，並界定「超文件傳輸協定」（Hyper Text Transfer Protocol），這個協定現在已經成為能讓所有電腦都能相互查詢文件的標準格式，同時伯納斯李也創造出了「通用資源位標」（Universal Resource Locator，簡稱 URL）——這個標準

使得只要輸入「網址」www.website.com 就能搜尋文件成為可能──
和「超文件標記語言」（Hyper Text Markup Language，簡稱 HTML）
──類似文字處理軟體功能的標準設計，使得能將特別程式加入文
件中。（梁瑞祥，2001：83～84）

　　近一兩年來，我們很容易在報章雜誌上讀到有關網際網路的最
新發展，其中有些我們了然於心，但也有一些我們似懂非懂。例如，
部落格（Blog）風起雲湧，明明看不到在賺錢，人氣熱絡的部落格
卻能成為企業購併的對象；借助群眾之力共築的維基百科
（Wikipedia），已經讓傳統的紙本百科失去吸引力；雖說長尾理論無
限好，到底有多少人知道怎麼追到它？像骨牌連鎖效應般，在國內
外陸續傳出的，是報紙、雜誌、電視等媒體，因廣告預算漸次轉移
到網路，導致獲利衰退而必須裁員、減薪或關閉的消息，雖然我們
不一定理解這一切的來龍去脈，但我們知道這一切與我們息息相
關。回首過去，在短短的十年之間，我們已經從陌生、抗拒質疑、
嘗試，到伸手擁抱網際網路，任它成為我們不可或缺的夥伴，現在
的我們，已經無法習慣沒有網路、手機、無線寬頻的生活，如同愛
因斯坦所說：「人類需要全新的思考方式，才能繼續存活下去。」當
我們敞開想像力，放下抗拒質疑的心，才能以全新的思維，在下一
個世代掌握自己的機會。（梅田望夫，2007：3～8）

　　2006 年網路界最熱門的話題除了 Web2.0 之外，另外一個就是
「部落格」了。Web2.0 正確的定義至今還沒有定論，梅田望夫認為
其本質是：「肯定網路上不特定多數人並非被動的服務享受者，而是
主動的創作者，並積極地開發技術或服務，鼓勵這些人參與」。（梅
田望夫，2007：116）部落格誕生於二十世紀九〇年代初期，約莫是
有全球資訊網（WWW）的時候就有它，2002 年 10 月在臺灣所創立

的「藝立協」（http://blog.elixus.org/）組織成立了「正體中文 Blog 資訊中心」，開始推動相關的應用，將 Blog 翻譯成中文時採用了「部落格」這個兼具信、雅、達的譯名，而相對應書寫「部落格」的人，則被稱為「部落客」。（林克寰等，2006：27）部落格是網路日誌（weblog）的簡稱，落格（Log）意指「日誌」，網路部落格意指某種記載在國際網際網路上的日誌。〔休・伊威特（Hugh Hewitt），2007：前言 1〕部落格是從市井小民間逐漸崛起的，原本只是少數人以網路即時張貼資訊的方式，討論共同的興趣，後來逐漸演變成上百萬個部落客與讀者之間的持續交流；它最大的特色，不在於科技面，而是驅動部落格圈的龐大社群，數百萬部落客針對自己感興趣的領域，發表想法、心得與資訊，使這個媒介儼然成為一個全球論壇。過去的行銷活動都是由公司發布，盡可能向廣泛的閱聽大眾進行單向溝通，例如透過廣告、網路上的彈出視窗等，但是有了部落格以後，則是吸引顧客參與，因為每位讀者瀏覽你的部落格都是出於自願，他們選擇和你的事業進行互動，都想從你這邊得到多一點消息，這種強而有力的交流方式，培養出一群推廣大使，在部落格出現以前，幾乎是不可能發生的。〔傑若米・萊特（Jeremy Wright），2006：19〕《連線》（Wired）雜誌總編輯克里斯・安德森（Chris Anderson）在 2004 年秋季發表的知名文章中（www.wired.com/wired/archive/12.10/tail.html），首創「長尾理論」（long tail）一詞。克里斯的基本論調如果運用在部落格上，就是雖然超級部落格的閱聽大眾人數可與主要新聞媒體匹敵，但這些部落格的影響力和規模，和小型部落格加總起來的影響力是相同的。克里斯在文中以下圖為例：

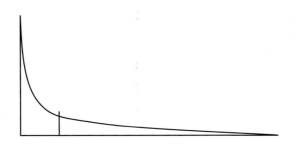

這張圖顯示，實際上有些超大型部落格的確存在，但是圖中長尾的部分也包括數以百萬計的其他部落格，他們整體的重要性並不輸給最大的部落格。事實上，部落格的效用大多是在這群長尾族群中，交流在此進行，顧客也在裡頭。〔傑若米‧萊特（Jeremy Wright），2006：139～140〕

　　部落格來勢洶洶並在網路界掀起了濤天巨浪，這樣的威力與影響已不容忽視，既然如此就乾脆順著風乘著浪，順勢而為的攀上巔峰才是明智之舉，如此偉大而且免費的工具，不用豈不太過可惜！從發展之初，部落格就帶有雙重的功能，一方面它是很棒的線上日記，另一方面它是個絕佳的交流工具；後來演變成一種分享個人心得，及分享其他個人自覺有用訊息的方式。參考下列的情況，開始動筆寫出個人風味獨特的「明星部落格」：

> 有些書閱讀年代已經久遠，甚至被封在箱底不見天日，如果想要避免重複買同一本書的困擾，乾脆就每次買書都寫下來，包括書的基本資料、內容簡介、書中佳句摘錄、讀書心得等，加深自己對書的印象，也可以透過搜尋方式，彈指間就知道自己有沒有一本書。
> 要當作家，絕非靠靈感來寫出好文章、好作品，而是必須持之以恒，多閱讀、多寫作，所以想要朝作家之路邁進，就開

始寫部落格吧，每天固定寫出一千字來，就是最紮實、最基礎的訓練。

晶瑩剔透的眼淚，可能出現在最高興的時候，也可能出現在最悲傷的時候，如果沒有收集起來，就會如同人魚的泡沫般瞬間消失。如果每收集一滴眼淚，就在部落格上寫下這滴眼淚的故事，那麼等到收集了一公升的眼淚，就可以明白幸福是什麼。

發現自己常碰到喬裝打扮的明星嗎？在一堆人當中往往可以很快分辨出來其中有哪些名流政要嗎？如果自己有這些天賦，那麼就開始一個專門記錄與名人的每次奇遇，挖掘出不為人知的秘密，寫出比狗仔隊更精采的文章。

凡吃過的必留下痕跡（當然，累積在身上各部位）但是卻常常很快就忘了曾經嚐過的美食到底何在，朋友聚餐的時候也會找不到好地點，如果把吃過的餐廳資料與心得都用 Blog 寫下來，以後想到哪家餐廳就都可以迅速找到。

氣不吐不快，只要是在人組成的團體中，難免會碰上一堆機車的人，如果不幸遇上機車同事跟機車老闆，別把話都憋在心裡，才不會內傷。部落格就是一個讓你大聲說話、自由編派的樂土，開始把每天看到聽到的眾多芭樂事件寫下來，你會發現，原來你並不孤單，到處都有機車同事和老闆。

（林克寰等，2006：79～83）

事實上，寫部落格這個行為，能使當事人以驚異的速度成長。梅田望夫在《網路巨變元年》這本書中曾經提到「透過部落格，我得到的最大收穫就是『無法變現的資訊或創意，與其自己囤積起來，不如免費分享出去，可以得到無形的很大的利益』。」（梅田望夫，2007：

156）透過部落格聯結到許多興趣相投的同好，彼此經驗交流心得互享，不僅是個知識的成長園地，一旦創造出高流量的佳績，還會像收視率很高的電視節目一樣，廣告主個個不請自來；與其兢兢業業怕因為達不到業績而被解雇，或是汲汲營營的因追求近利而放棄夢想，不如眼界放大、眼光放遠，創造出自己的吸引力與價值，只要有真材實料，或許還會成為大型企業搶著三顧茅廬的對象。解讀經營成功的案例，了解自己該怎麼做才能有所突破：

　　近來以 MSN 大頭貼繪製聞名的彎彎（http://www.wretch.cc/blog/cwwany）來說，她在成名之前已經「練功」許久，科班出身加上多年的嘗試，早就為她打下深厚的基礎。她與部落格相遇之際，彷彿如魚得水、蓄勢待發，很快地就有了一個舞臺。再加上部落格具有搜尋引擎優化的特性，彎彎所發表的每一篇部落格文章，都可以很快地被搜尋和瀏覽，網友們也可以迅速地給予回應，甚至發生「搶頭香」的網路次文化。於是彎彎就這樣寫著畫著，逐漸受到網友的肯定，進而演變成部落圈中的大頭貼手繪名家。

　　（林克寰等，2006：33）

　　小劍劍可以說是全臺灣最知名的年輕農夫。「小劍劍&開朗少男的奮鬥史」（http://tw.myblog.yahoo.com/apple57655765-lui 1981520/article?mid=7099）這個部落格，不僅把自己的「農耕生活」與對農業的「想法願景」傳達到網路上許多人的面前，而且還促使一般人能夠對於臺灣農業環境有了更真實而切身的體會。小劍劍仔細的重新觀察自己栽培上的每一個細節，把詳細的過程與經驗，和只有自己知道的事情分享出來；除了熱血之外，小劍劍也用這樣的衝勁去研究網路，發現如何透過與熱門時事的搭配來創造更有吸引力的文章；還有搭配趣味圖片、影片的內容，更容易吸引到讀者幫你廣告流傳；當然這些東西最後都要揉合在作者自己想出來的「絕妙點子」上面，只要你做出一個「和別人不一樣」的東西，你就會更容易的吸引到讀者目光。（PCuSER研究室，2008：22～24）

米果的「私・生活意見」（http://blog.roodo.com/chensumi/）是
臺灣長期經營又寫文不懈的文藝型部落格，雖然裡面文章的
題材眾多，但是卻能吸引讀者不斷地參與閱讀，主要的原因
還是這些文章即使千樣百態，但總是透漏著米果「私人」對
於「生活」觀察的獨特「意見」，而讀者正是從這些其人其事
裡獲得思想的更新與情感的慰藉。米果部落格的讀者，許多
是從中學生成長到研究生，從職場菜鳥升遷到管理階層，也
有當時青春美少女到現在為人妻人母，一路上讀者就伴隨著
米果的文字一起成長，聽來別有一番深刻的感受。米果曾幫
助嘉義東石鄉的聖心教養院募款，共辦了兩個系列，第一系
列是義賣郭泰源的五顆簽名球，共募得 181300 元，第二系列
是旅外球員的簽名球與相關商品，募得 281861 元，沒有透過
任何拍賣機制，純粹就米果的部落格讀者的直接參與。
（PCuSER 研究室，2008：34～36）

對部落格的作者而言，我想重要的不是懂多少，而是怎麼跟別人
溝通與分享，多博學、多深刻並不是關鍵，而是所表達的別人能
懂，能夠一起分享，因此下筆時可以多元思考，該怎麼表達使大
家更理解：

表 6-1-1　部落格修辭策略分析表

彎彎的部落格	「會心的一笑」，進入部落格之後的一眼瞬間，相信許多人都會有這樣的直覺性反射動作。「開懷的大笑」，MSN 即時通裡 Q 版的心情圖樣「忙」、「病」、「悶」，大頭人偶、電腦螢幕、小賤狗「該該」，這些線條簡單但表情誇張的小圖片，以及爆笑的四格 Kuso 漫畫，相信早已引起許多人心裡的共鳴。當情溢乎詞、筆墨不足以形容時，這些圖片所代表的更勝過千言萬語；當心情煩悶、生活枯燥時，那些漫畫就是重要調劑。彎彎分享的是「歡笑一籮筐」，體貼的是「我懂你的苦」，大方分享和細心體貼的風格，潛藏在部落格的每一處。
小劍劍&開朗少男的奮鬥史	「我一點都不帥，一點都沒什麼吸引力，也沒什麼才華，但是我卻想瘋狂的過著每一天，把自己的生活當成一種樂趣，努力的玩耍」醒目的大標讓人感受到的是積極生活、自然面對的開朗人物；「既然來了就忘記煩惱，懷著開朗又輕鬆的心情來逛逛走走吧！」貼心的提醒語讓人感到熱情的渲染力，這個部落格帶給人「詼諧逗趣」、「鄉土純樸」的親切感。搞笑的漫畫人物、真實的自拍影片、公益善事的參與、獨樹一格的文字語詞、誇飾的技巧，這個在花蓮土生土長、滿腦子絕妙點子的幽默小劍劍，陽光開朗的個人風格背後，更呈現出樂天知命、悲天憫人的情懷。
米果「私。生活意見」	不同題材的文章，卻都帶給人一樣的「寫實」與「感動」。題材廣泛，左上角搭配一張簡單圖片，一旁書寫雋永動人的文字，卸除多餘的修飾保留真實的情感，公益活動的參與，這位興趣寬廣、見聞廣博的米果，雜亂的「柑仔店」風格，還別具一番深沉的味道。

寫部落格最大的喜悅，就是發現同好把你的部落格掛到他的友好串聯裡，表示你的文章有人懂、有人欣賞、有人需要、有人願意分享，有時候朋友的部落格如果於不同的時間寫同一話題心得，也會以不同的角度切入，好似一個小小的圈子裡，因為不同的觀點讓這個話題更圓滿。讓自己的部落格一炮而紅或是細水長流，關鍵終究在於

所發表的每一篇文章。可以創立自己文章的語言風格，或是利用善用關鍵字訂文章標題，還是設計活潑生動、精采逗趣的內容；此外，「老貓學出版」這個臺灣知名的專業領域部落格的站長老貓，還提供了下列幾點私房建議：

> 1、參雜真實的你的成分，部落格才會有味道。
>
> 2、長期的去推動一件事，經營需要時間的催化。
>
> 3、文章要有自己的看法和具體的建議。
>
> 4、認真歸納出自己專業領域的基礎，並將它們轉化成人人都懂的文字，因為讀者是一般的大眾。
>
> 5、信奉長尾理論，讓自己的文章有被反覆長期閱讀的價值，這比短線操作更重要。（PCuSER 研究室，2008：33）

「不照自己想要的方式過活，那可不行，因為這是自己的人生。」（島田洋七，2006：63）佐賀超級阿嬤的人生哲學雖然簡單，卻頗耐人尋味。寫部落格就是應該這樣，一切跟隨著自由的原則前進，個人頭上也可以闖出一片天，創造新的流行與趨勢。

第二節　滑鼠在手能掌握所有

　　網際網路的出現，為人類創造出全新的生活型態，操控滑鼠的那隻手，彈指之間就能擁有全世界；電腦兩端連繫的是互不相識的陌生人，滑鼠一按訊息立即發送，透過網際網路的居中牽線，就能為彼此搭起友誼的橋樑；利用「關鍵字」的協助，無論是尋人或是

失物招領，不會再有「眾裡尋他千百度」的迷惑，只會有「回頭驀見，那人正在燈火闌珊處」的喜樂，配對成功的準確度還遠遠超乎想像，以前常說「沒知識也要常看電視」，二十一世紀已經是「沒知識也要會查關鍵字」的天下。也許哪天發現打小孩不如打廣告來得有效益，也許哪天走到半路發覺網路是條出路，也許哪天為人妻為人婦想要回歸家庭，也許哪天成了宅男宅女大門不想出二門不想邁，其實網路開店或是網路拍賣是個不錯的選擇。近幾年來，人們交易的方向已經逆轉，以前老闆或業務員要用打電話、信件或是報紙廣告的方式來追顧客，現在是顧客在網路上追逐著交易的機會。想想每天早上睡覺睡到自然醒，電腦一打開，郵件信箱裡躺著的是熱騰騰的銷售查詢；不用在豔陽底下低頭、大街小巷穿梭，悠遊的漫步於網路世界，轉角就能遇到閃亮動人的業績和訂單；這種情景就算是做夢也會笑得很甜美，更何況在今日這已經是隨處可見的局面。不少成功的故事來自於「名不見經傳」的創業家，做的並非什麼「見不得光」的行業，這些人常讓人搞不清楚他們在做些什麼，常被以為他們都是失業一族；這其中有些老爺夫人、先生小姐，可是紮紮實實的將許多白花花的銀子賺進口袋；在今日，這一切只須要擁有步向成功的墊腳石──關鍵字廣告。

　　在《Google 關鍵字行銷》這本書中，作者認為「只要你跟顧客腦袋裡正在想的事情發生對話，便能夠得到他們的注意；技巧地利用廣告中的關鍵字，就可以做到這一點。」〔派瑞・馬歇爾、布萊安・塔德（Perry Marshall、Bryan Todd），2007：59〕讓我聯想到班上的那個過動兒，小威不但活潑過度而且有創意過頭，我總是隨時保持警戒狀態，到後來甚至只需要用眼睛的餘光掃描，就能清楚他的意圖，必須在他行動前先下禁令：

> 上課時小威正準備起身到後面遊蕩。「小威，現在不行！」
>
> 下課後小威背後藏著球打算在教室裡玩。「小威，教室裡不可以玩球！」
>
> 用餐時小威拿著餐具正準備鏗鏘作響。「小威，吃飯時不準吵鬧！」
>
> 考試時小威眼光一直不斷的飄向我。「小威，不要看別人的！」
>
> 吵架時小威手握拳頭迎面衝向前去。「小威，不可以動手！」

每次當小威情緒舒緩下來，在和他分析講道理時，他的眼神總透露著「你怎麼都知道？」似乎他心裡所有的秘密都會被我看穿，我就是能「命中」他的意圖，所以才能及時勸阻。有次研究所上課時，班上同學說到：「當學生總是特別容易在上課時想睡覺……」教授緊接著說：「那是在上誰的課？」全班一陣哄堂大笑，只因大家心知肚明，答案應該都是一致的。彷彿每個老師都會「讀心術」，知道學生腦袋裡想的是什麼，所以總能利用「關鍵語句」，一語道破學生心裡所有的詭計，就像觸動了消防警鈴，驚醒了所有沉睡中的人，引發了高度的注意力。這就是「關鍵字」的功能與特性，能夠有辦法成為顧客肚子裡的蛔蟲，能跟顧客腦袋裡正在想的事情發生對話，那就是最好的「關鍵字」。

「人們在一個網站上停留的平均時間不超過 7 秒鐘，7 秒鐘不足以讓一個瀏覽者做出購買的決策，只夠對你的網站到達網頁留下印象」〔派瑞・馬歇爾、布萊安・塔德（Perry Marshall、Bryan Todd），2007：221〕廣告效果能發揮什麼程度，除了關鍵字端視文案的內容而定，瀏覽者是否會到你的網站購物，跟廣告文案的關係也勝過其他因素。就像是「電梯演講」，除了在短時間之內要引起注意力，更

要在數秒鐘之內，將產品內容或服務理念說清楚、講明白，這不是件簡單的事，卻是影響成敗的關鍵。書生之筆力勝於刀，能夠寫出具有說服力的文案，絕對可以贏過一位優秀的業務人員，其他一切自然水到渠成。觀察以下的幾則關鍵字廣告：

Yahoo！奇摩關鍵字廣告

隨機出現在 Yahoo！奇摩首頁的廣告，點擊進去後可以很明顯看到「免付費諮詢電話」，另外以跑馬燈的形式，出現「用關鍵字廣告打敗天下無敵手，給你非用不可的理由」：

1、廣告費用划算又實在。

2、預算全在掌控之中。

3、廣告將會廣泛出現。

4、廣告被點擊才收費。

5、網站瀏覽人數大幅提升。

6、短時間提高知名度。

Google 廣告方案

Google 的主要營收來自於 Google AdWords 和 Google AdSense 兩大類廣告。

進入主要頁面後，格式以兩欄方式呈現，分成「適用於廣告客戶」和「適用於 Web 出版者」兩大區塊：

適用於廣告客戶——Google AdWords

透過 Google AdWords，您可以吸引正在尋找您的產品和服務的目標客戶。以每次點擊的計算方式收費，表示有人點擊您的廣告時您才需要支付費用，更易控制成本。

適用於 Web 出版者——Google AdSense

利用網站增加收益，同時為使用者提供更佳的線上體驗 Google AdSense™ 精確地放送與您的網站相關的文字和圖片廣告——配置合適的廣告，對您的讀者來說，是非常實用的資訊。且當您新增 Google AdSense for search 到您的網站時，AdSense 也會在您的搜尋結果網頁放送與搜索結果相關的廣告。透過 AdSense，您將能以最少的心力獲得最多的廣告收益，而且不必額外支付任何成本。

MSN 搜尋關鍵字廣告刊登

點擊主標題進入頁面後，呈現選擇加入方式的兩大方案：

1、超值方案——由專業顧問為您做預算分配、規畫關鍵字與廣告內容，企畫服務費用全免。
2、基本方案——自行登錄您所需要的關鍵字，廣告經審核後上線。

Pchome 大補貼廣告

點擊主標題進入頁面後，呈現條列式的「大補貼特性」與「廣告概念」：

What is 大補貼廣告

PChome 專為微型創業者規畫的網路工具，以 Display 圖像式廣告呈現，搭配點擊計費方式，完全符合中小企業及網路創業者，小預算大效益的需求。

大補貼特性

高曝光：大幅圖像表現，擁有互動式創意廣告表現型態。

低成本：點選付費概念，符合微型創業者小預算的需求。

大效益：效果即時監看，線上即時監看廣告做迅速調整。

廣告概念

大：大版面，大創意，大效益。

補：流量補助，訂單補助，收入補助。

貼：網站貼，相簿貼，部落格也有貼。

廣告之所以吸引人、感動人，甚至於影響人，是因為「懂」消費者在想什麼，「了解」消費者需要什麼。當代廣告的重要影響人物，廣告界的巨人克勞德・霍普金斯（Claude C. Hopkins）在他的自傳《我的廣告人生》中提到，「我很確定，如果我為勞斯萊斯汽車、蒂芬妮珠寶或史坦威鋼琴規畫廣告宣傳，那注定要失敗；因為我不懂得有錢人的反應，但是我懂得一般人。我喜歡跟勞動階層溝通，研究必須量入為出的家庭主婦們，贏得窮人家孩子的信心，並認識他們的野心，給我一樣他們想要的東西，我就能夠挑動令他們有反應的那根絃……住在千千萬萬簡樸房屋裡的一般人，會看我寫的廣告，掏

錢購買廣告中的商品，他們會覺得這個廣告作者了解我。就廣告業而言，所謂的一般人，可是佔了 95%的顧客。」〔克勞德‧霍普金斯（Claude C. Hopkins），2008：21〕換句話說，塑造「我的世界只有你最懂」這樣的廣告情境，是相當必要的。以上 Yahoo！奇摩、Google、MSN 和 Pchome 這四大家搜尋引擎的「關鍵字廣告」，內容整體都呈現出相同的情境。他們懂得中小企業及網路創業者，最需要有人幫他精打細算，以最小的成本換取最大的利潤；最期待有管道能夠讓他完成心願達成夢想；最想獲知有效的方法達成最艱難的任務。

　　在選材方面，Yahoo！奇摩、Google 和 Pchome 都選擇以「被點擊才須付費」作為主要訴求重點，強調廣告主的錢都會撒在刀口上，絕對不浪費任何一塊錢。Yahoo！奇摩在自己網站首頁秀出的廣告，只有「他到底是誰！？」「你認識這位超強的 super sales？」這兩大標語，擬人化的技巧、標點符號驚嘆號和問號的使用，強烈滿足人們的好奇心，成功吸引瀏覽者點擊進去，結果發現不是「人」而是「關鍵字廣告」，能將這二者聯想在一起，真是令人心生敬意、佩服至極；廣告主頁除了用條列式的方法傳達訊息，更明顯強調免付費諮詢電話，似乎鼓動著消費者，如果覺得那些訊息言之有理，趕快動手打「免付費」的電話進一步了解；文字詞語簡淺易懂、字字珠璣，沒有外加修辭的精裝版，只有真材實料的平裝版。Google 是先分類，再個別採用解說式的方法傳達訊息，平鋪直述句，彷彿一位真誠的好友知道「好康」要來給你「報報」，擷取重點精華並且娓娓道來，家常菜卻包含著真情味。Pchome 採取條列式的方法敘述，兵分二路同時強調「大補貼特性」和「廣告概念」，使用和「大補帖」諧音、字形雙關的「大補貼」作為主打的標題，試圖喚起消費者以

前的舊經驗，與強調什麼程式軟體都有的「大補帖」聯結，導入省錢大作戰山窮水盡的絕佳聰明法，有易記易懂的優點，更有重振學生時期刻苦耐勞的意涵。MSN 則是乾脆不囉嗦，開門見山的只給兩種選擇，有能力就靠自己，直接將作品送出去的「基本方案」，沒能力靠 MSN，另有專人免費幫助你的「超值方案」，除此之外店面沒有其他的擺設品；簡短的語句清楚明白，修辭技巧在這只會顯得多餘。

　　一樣都是關鍵字廣告，不同的題材、修辭技巧和運用語句，加入不同圖片及文字變化，就呈現出完全不同的語言風格。Yahoo！奇摩有著豐富的想像力，將關鍵字廣告想像成超級的業務員，而且運用擬人的修辭技巧，「他到底是誰！？」驚嘆號給人一種吃驚的感覺，畫龍點睛的描繪出驚喜的臉部表情，問號挑起淺藏在每個人心中的好奇心；廣告訴求在畫面偏左的地方，用跑馬燈形式由下往上出現，反而更能吸引到機靈消費群的注意；這種特殊的語言風格，和楊致遠、大衛・費羅（David Filo）這兩個創辦人率直坦言、喜愛自嘲自謔的性格，工作時那種玩世不恭、西部拓荒的味道，簡直是不謀而合。Google 的語言風格，給人的感覺就顯得穩重許多，商業氣息也較為淡薄，兩欄的格式供不同需求類型的人比較，中規中矩的表達相關訊息，沒特別的變換花招。相較之下 Pchome 的「大補貼」，就像俏皮可愛充滿活力的學生，頭上綁著布條還寫上「必勝」兩字，夜以繼日的不眠不休，眼中充滿臥薪嚐膽、準備蓄勢待發的決心，這樣的畫面令人感受到擇善固執的語言風格。不一樣的 MSN，帶給人「多說多用腦，多想多費時，不如直接打電話問或直接點擊進去了解」這樣的調調，也帶給人「簡單絕對懂、時到時擔當」的豪爽，「啥米攏嘸怕」的語言風格一覽無遺。

　　書面語言加上圖片配置，運用文字大小、色彩等變化，不但可以為解說效果加分，觀看效果更是精采萬分。Yahoo！奇摩的廣告，字型大小和色彩變化的組合，就構成一幅具有吸引力的圖片；Google加入圖片，讓解說的文字化抽象為具體，傳達訊息更有效率；Pchome行列式的編排，加上簡單底色和文字大小變化，也傳達良好的視覺效果；MSN的清爽自然風，單調和清湯掛面的特殊設計，正是獨有的特色。

　　太空梭的時代還一步步地走，顯得有點拙；有巨人的肩膀不踏還一階階地爬，顯得有點呆；有先驅者的風範不追隨還一次次地找地圖，不是普通的路痴；新媒體的消費革命不參與還一遍遍地逃難，不是普通的鴕鳥。「到 2008 年，整個媒體景觀將大不相同，拜科技之賜，民眾如何運用與控制媒體，將更加不可不知，更加漫無章法。廣告將只在有意參閱的人面前出現，『鋪天蓋地』式電視廣告的紀元已成過去，徒添垃圾的廣告發行即將走入終點，大眾媒體廣告志在吸引對產品或服務有興趣的消費者，然後將他們帶到一處新所在。廣告不會銷聲匿跡，他仍將無所不在，廣告外觀將漸趨模糊，因為他變化成來自更多地方的眾多訊息，以不同類型人士為對象，針對每一個人訴說量身打造的客製化故事。」〔大衛・佛克林、伯妮絲・坎納（David Verkin、Bernice Kanner），2008：20～26〕關鍵字廣告已是擋不住的潮流，如同永慶房屋宅速配 e 化篇的廣告詞，進化才能永遠領先，不進化就會成為歷史。無論是自己創業不假他人之手，或是參與行銷團隊，和志同道合的夥伴一起打拚，都是值得考慮的路途。

第三節　就是愛說書

　　我想身為教師應該都有過這樣的經驗，就算是再怎樣不愛唸書的孩子，上課再怎樣坐立難安的小孩，但是一聽到老師講故事，就像被點了魔法棒一樣，被故事牽動著每一根神經而無法自拔，很快的就進入情境當中，臉上寫的全是「然後？」「結果？」這就是故事本身的魅力，也是我愛說書的吸力。

　　穆罕默德・尤努斯（Muhammad Yunus）是當今最有創意的企業領袖之一，他在孟加拉創辦鄉村銀行（Grameen Bank），率先推行微型信貸（microcredit）運動，倡導為貧民提供小額貸款。尤努斯對有意參與的合作伙伴演講時，都會說下面這個故事：

> 　　讓我真正體會何謂貧窮的人，是孟加拉一個村婦蘇菲亞・貝甘（Sufiya Begum），許多農村婦女的境遇都跟她一樣。她和丈夫，還有幾個稚齡子女，住在一間搖搖欲墜的土牆屋，茅草屋頂逢雨必漏。蘇菲亞為了填飽家人的肚子，整天在泥巴地院子裡製作竹凳。但她的辛苦工作無法讓家人脫離貧窮，蘇菲亞和村子裡許多村民一樣，必須向當地金主借錢買竹凳原料，但對方開出條件，蘇菲亞製作的竹凳只能賣給他，而且價格由他決定。更不合理的是，他收取的利息高得離譜，少說也要週息 10%，甚至高到日息 10%。蘇菲亞並不是唯一的個案，我列了喬布拉村（Jobra）高利貸受害者的清單，一共 42 個債務人，借款總金額是 856 塔卡（taka），當時換算起來還不到 27 美元，身為經濟學教授，我真的好好上了一課！於是，我從自己口袋掏出 27 美元，幫助受害者脫離高利

貸的魔掌。小小的行動讓這些人感激涕零，也讓我採取進一步行動，如果這麼一點錢就可以讓這麼多人這麼快樂，我為什麼不發揚光大？從此，我就有了使命。

每當尤努斯對銀行家、企業執行長與政府高官講述微型信貸運動的緣起時，那些聽眾總是大受感動，心情隨著故事的情緒氛圍起起伏伏。尤努斯的努力，為他和鄉村銀行贏得 2006 年諾貝爾和平獎。每當尤努斯在尾聲中籲請大家伸出援手，為世界各地每個貧民提供他們負擔得起的貸款，聽眾的反應幾乎都是起立鼓掌，紛紛承諾提供協助。〔彼得‧古柏（Peter Guber），2007：91～92〕2005 年，美國華頓商學院評選 1979 年以來全世界最有影響力的 25 位經濟領袖，尤努斯名列其中，與比爾‧蓋茲、傑克威爾許齊名。但是他選擇的道路，卻是迥然不同的人生路徑。1971 年底，孟加拉在千瘡百孔中宣布獨立，隔年三十二歲的尤努斯辭去美國教職，放棄大庭園房子，先進的生活設備，回到這個街上充滿乞丐、幾近餓死的母親和嬰兒、水質嚴重污染、連抽水馬桶都沒有的祖國。（商業周刊──他，扭轉 1 億人命運，2008）每個人心中都有個信念，一旦被說故事的人啟動，心動才會化為行動。蘇菲亞的故事啟動了尤努斯「貧窮應該是屬於博物館，而不是文明社會」的信念，於是成立鄉村銀行辦理微型信貸；尤努斯的故事啟動了銀行家、企業 CEO、政府高官「為善最樂，捨我其誰」的信念，於是紛紛承諾提供協助；他們的故事還持續啟動著更多人的信念。

一則撼動人心又啟人深思的故事，來自蘭嶼拍紀錄片的護士──張淑蘭。當時不過 25 歲，僅有三年公共衛生護士經驗的他，面對全鄉老人廣大的醫療範圍，以及醫療與文化衝突的問題，自己一人

到每個部落找個案，開始推動居家護理；沒有人喜歡面對油盡燈枯的生命，甚至避之唯恐不及，但他卻選擇用拍攝紀錄片《面對惡靈》一肩挑起。住在蘭嶼北面朗島部落生活淒苦的謝老夫婦，是張淑蘭起心動念拍攝的關鍵：

> 謝阿公還沒中風前，還可牽著失明的謝阿嬤到山上去，兩個人合力種菜或是挖一些地瓜回家吃，日子倒也還過得去。但阿公因高血壓未控制好，中風後身體右半邊整個癱瘓，只能爬行或者拄著四腳杖勉強走幾步路，老夫妻倆再也無法到山上。「這樣怎麼互補？一個看不見，一個又不會走路，兩個人就像廢人一樣，湊合後還是廢人」，阿公無奈地述說。達悟族的傳統屋每一戶分三棟，有高度在地面下的主屋、搭在地面上的工作屋和涼臺，還有中間以石砌的庭園或階梯銜接，日常生活就在這三個建築間穿梭。阿嬤常因要煮飯或晾衣服在自己家中跌跌撞撞，臉上和身上到處是傷痕，甚至他不知瓦斯爐火點著了沒，只好用摸的或聞的，要不弄得手很痛要不就是眼睛很刺；因為看不見，只好用爬行的穿越從地下屋到工作屋間狹窄且陡的石砌階梯，「孩子啊你知道嗎？有時下大雨我沒辦法快跑，就只能任由雨淋」，阿嬤邊爬邊對著拍照的張淑蘭說。（顧景怡，2005：27～29）

達悟族傳統觀念中，將生病視為惡靈附身，因此更視接觸病人為畏途，怕有不好的事情發生，如果外人要去照顧更是萬萬不可，除非病家有能力給予照顧者珍貴的瑪瑙、豬隻和田地作為報償，那時在蘭嶼生了重病，似乎只能認命等死，無法有乾淨舒適的環境，或者飽食的三餐。面對這樣的處境，張淑蘭開始問自己：「我的文化怎麼

會是這樣子？」《面對惡靈》初試啼聲便獲得很大迴響，它拋出的不是答案，而是讓人思索在達悟族傳統文化、現代醫療和信仰相互拉鋸中，如何謀求平衡，為老病者的生命闢出一條路來；因為紀錄片，張淑蘭重新認識家園，也帶領外界一起探索蘭嶼。（顧景怡，2005：35～42）

　　這一節行筆至此，不覺竟已數次潸然淚下；不用移動滑鼠點擊搜尋引擎，大腦快速且準確的啟動超連結，將所有記憶庫裡的相關資料，全部羅列呈現在我眼前。也許是和臺東的因緣際會結下不解之緣，也許是慶幸在蘭嶼的某個角落，存在著「史懷哲」、「南丁格爾」、「德雷莎修女」的醫護典範，也許是──觸碰到自己生命裡潛藏的渴望。尤努斯將他的經濟學專業與人生使命結合，重回祖國幫助同胞脫離貧窮；張淑蘭將他的醫護專業與人生使命結合，重返家鄉從事醫療服務選擇生命被看見；流浪教師也能將教育專業與人生使命結合，透過說故事推動閱讀並重建自己的價值，活出豐盈而動人的生命。

　　能夠觸動聆聽者情緒感受的話語和理念，才是故事動人力量的泉源，我們之所以能鼓舞、說服、激發、吸引與領導眾人，都要倚賴說故事這種口語敘事的傳統。〔彼得‧古柏（Peter Guber），2007：92〕至於故事的威力能有多大，影響能有多深，感動能有多少，能將故事的功用發揮得淋漓盡致與否，全都仰賴說故事者的功力，想要說得一口好書，「切合情境」是主要關鍵；講述同一個故事，因應不同的情境與場合，就該有不同的表達方式以切合需求。就像那英所演唱的〈白天不懂夜的黑〉，歌詞中「你永遠不懂我傷悲，像白天不懂夜的黑；像永恆燃燒的太陽，不懂那月亮的盈缺」這幾句話想要傳達的概念，沒有交集的兩人是無法體會對方的感受，沒有重疊

的感情是無法了解對方的世界。說故事者要站在聆聽者的角度觀看，才有辦法同理；要讀出聆聽者臉上的渴望，才有辦法變化情緒氛圍，拿捏住最適合需求的情境；要尋得雙方都有交集的點，覓到彼此都有重疊的線，才有辦法織成最完美最牢固的情境網。無論對象是學校裡上課的學生、社區中研習的志工媽媽、行銷會議上的業務人員、一起逛街聊八卦的姐妹淘、學術研討會場中的教授，都要設法讓故事切合當時的情境。

說話時，字句只佔聽眾「聽到」的 15%左右，聽眾還會從你的表情、姿勢、手勢、服裝、眼光移動、時機、音調和其他難以預料的因素來接收訊息，不論我們有多渴望自己是公正客觀的，所有人類都會根據進入腦中的各種形式的刺激做判斷。〔安奈特·西蒙斯（Annette Simmons），2004：107～108〕口說語的最佳輔助利器就是肢體語言。將喜怒哀樂的神情寫在臉上，誇張的表情聆聽者最愛閱讀；人物特徵用誇大的動作，甚至是手舞足蹈，最能吸引聽眾的目光，容易辨別劇中角色；清晰的聲音隨著故事情節高潮跌起，音調、音量隨著主角人物情緒變化而產生變化，可以為故事灌注更多的生命，劇中人物活靈活現的就在眼前；這樣的組合方式，相當切合「快樂歡暢」、「無拘無束」、「自由馳騁」的情境，對學童而言比較恰當。細膩的表情和微漾的笑意，傳達的意涵可以高深莫測也可以害羞靦腆；細微的手勢或簡單的動作，往往更具有說服力；狀聲詞配上節奏快慢、音量大小等微量的變化，讓整個故事更具感染力；這種的組合方法，就較切合「莊重」、「大方」、「沈穩」的情境，對業務報告、面試口考等人員比較適合。在現代忙碌的世界裡，我們很少有時間好好說一個故事，在這麼短的時間內只能說完有限的字句，因此用身體為故事增色，不失為一件好事。就像手勢，身體能

啟動聽眾的想像力，去「看到」故事中的場景、角色或物體；可以用改變位置扮演兩個角色，不需要說「他說」、「然後她說」，因為身體明確顯示出是誰在說話；嗶嗶聲能在聽眾腦中描繪出一臺正在倒車的卡車，甚至整個停車場的畫面；停頓和速度能為故事增添不同的意義，沉默的語言和時間節奏的掌握，可以產生超越口語的力量，有時無聲更勝有聲，停頓讓聽眾有時間參與、思考並處理故事。說故事沒有一套固定的公式，因為其中充滿著太多的未知數，如何將故事說得有聲有色，透過經驗的累積和生活的觀察，是解出答案和提升成功指數的唯一捷徑。

貧富不均的 M 型社會影響到整個教育資源分配的不平均，剝奪了許多偏遠地區孩子改變一生的機會；即使孩子們的學習一波三折，幸而仍有許多民間團體為此疲於奔命不遺餘力：

> 天下雜誌於 2002 年成立「天下雜誌教育基金會」，2004 年有鑑於世界各國紛紛以推廣閱讀來打破先天或後天的不平等，於是結合多家標竿企業，共同啟動「希望閱讀」計畫，期盼藉由推廣閱讀的習慣，幫助下一代建立終身學習的基礎。迄今已認養了 200 所偏遠小學，帶領 25,000 名孩童親近書本；培訓超過 400 位的閱讀種子教師；號召近 2000 位大學閱讀志工進入校園說故事；啟動兩臺閱讀巡迴專車跑遍了臺灣整整 20 圈；最重要的莫過於對政府部門決策的影響，承諾投入資源，推動「焦點 300」、「活力 800」等閱讀政策，讓閱讀運動在各地風起雲湧的持續發酵、茁壯。
>
> （天下雜誌教育基金會──希望閱讀，2008）

中華汽車 2004 年贊助天下雜誌一部閱讀巡迴專車，為了傳達出「閱讀天堂」的設計概念，特別選擇了能夠行走於偏遠地區的菱利 4WD 車款，將其改裝成行動圖書館，透過許多貼心的機制，包含設計出繽紛色彩的書架，分層擺放符合中、高、低年級的優良圖書；提供適合高年級小朋友使用的可收納式愛心閱讀書桌、中、低年級小朋友方便取書與閱讀的階梯，以及可以讓故事媽媽與義工跟小朋友說故事的互動式教學白板與組合式小桌椅，希望所有小朋友可以在閱讀專車的世界中，發揮無限的想像力。2006 年繼續響應此計畫，再捐贈一部以「親子共讀」為概念改裝的希望閱讀專車二號，來邀請家長們也一起加入親子共讀的行列，陪伴孩子們同游在書海裡，將共讀的氛圍率先在校園點燃，進而走進偏遠孩童的家庭。(中華汽車企業網站——公益活動人文關懷類，2008)

臺積電文教基金會贊助天下雜誌教育基金會「希望閱讀」專案，除捐贈書籍至全國二百所偏遠小學，讓超過二萬五千名學童隨時隨地都有可讀的好書外，為了提供學校師生更完善的閱讀資源，臺積同仁及眷屬更組成「導讀志工」服務隊，至臺積廠區所在地的新竹及臺南地區五所偏遠地區的小學，說故事給小朋友聽，希望藉著導讀的服務，啟發孩子閱讀的興趣，開啟孩子無限的未來。(臺灣積體電路製造股份有限公司——臺積志工服務，2008)

企業家善用資源整合的優勢、發揮媒體影響力，結合經費、書籍、交通工具和最重要的人力支援技術，讓這群希望工程師有足夠的能量，面對困難的環境，讓我們的孩子真正成為海闊天空的一代。老

師是帶動臺灣下一波閱讀競爭力最重要的推手，流浪到各地時，別忘了瀟灑地喚起最初投身這個行業的熱情，搭上電影裡的「北極特快車」，和孩子們一起出走，通往夢想的國度。

　　「沒有書看」和「看不見書」都是一樣的令人痛惜，透過說故事，視障生看見的色彩更豐富，當什麼都看不見的時侯，想像的世界竟可以如此廣大。許多名人作家、演藝人員，紛紛加入說故事的行列，為視障生獻「聲」，帶領他們「看」遍花花綠綠的奇妙世界：

> 「愛盲兒童圖書館」是臺灣第一、也是目前唯一專屬於視障兒童的圖書館，於 2008 年 1 月 2 日正式落成。繼愛盲公益代言人任賢齊率先赴圖書館為視障孩子說故事之後，知名主持人趙自強、尹乃菁與王文華，也犧牲週休假期，加入說故事志工的行列。三位主持人發揮電臺名嘴的功力，說、學、逗、唱樣樣精通，陪伴愛盲的視障小朋友歡度溫馨的週末假期！長期投身兒童表演藝術領域的趙自強，以水果奶奶的形象大受小朋友歡迎，視障孩子們終於能聽到水果奶奶親自說故事給他們聽，不但難掩興奮之情，更是全神貫注的聽著故事，專注的神情也讓趙自強相當感動。愛盲基金會希望藉由這三位主持人的拋磚引玉，可以帶動更多朋友一起為視障兒童的未來奉獻一己之力。
>
> （財團法人愛盲基金會部落格──活動訊息，2008）

慈善並不能真正的解決問題，捐錢只夠讓他們用一次，但如果有更多志工朋友的幫幫「盲」，視障小朋友在求知路上，就能升起一道曙光，而不再忙與茫。「如果還有明天，你想怎樣妝扮你的臉？」公益浪潮席捲全球，當忙於埋首書堆、挑燈夜戰、懸梁刺骨時，在急於

為事業打拚、勞碌奔波時，茫然於網路速度、新穎設備等科技文明時，偶爾暫停一下，放慢腳步，看看身邊的人事物，反思該做些什麼？能做些什麼？運用說故事的力量，凡事「使命必達」。

第四節　捉住感覺不再走馬看花

有「飯店教父」之稱、臺灣觀光旅遊的領航人嚴長壽認為，觀光客的成長大致可分為三個階段：第一階段「走馬看花」；第二階段「深度旅遊」；第三階段「無期無為」。第一階段旅客的特色是抱著累積紀錄的心情，每到一個景點之後，快速瀏覽一番，就開始拍照留念、買紀念品，然後趕緊上車轉往下一個景點；這類客群單獨旅行的能力不足，因此都是團進團出，只要通關便利，有三星級到四星級的飯店接待，注意飲食衛生、交通安全，同時有體貼的導遊帶著吃喝玩樂、買紀念品，旅客大致就滿足了。第二階段深度旅遊，觀光成了整合各種在地資源、文化、生活面貌的複合產業，要讓旅客感動，甚至超乎他們的預期；這個階段的觀光客，出發前多半做過詳盡的功課，對要去的地方並不陌生，觀察的面向也更廣，所以每一個觀光區的公民都是地方的門面，唯有提供更完善的服務，才能贏得這些旅遊行家的掌聲，讓他們一來再來。第三階段無期無為，是因為工作和生活的壓力愈來愈大，社會價值觀也認為適度放鬆有助於工作產值，人們便希望藉著旅行體驗截然不同的風光民情，暫時擺脫原有環境的壓力，好放鬆身心找回更大的動能；定點旅行、不需要導遊的自由行，甚至來個 SPA Villa 假期，睡覺睡到自然醒，

然後做 SPA、曬太陽或到日本的民宿泡湯，長住幾天就滿足了；這階段的旅客對於體驗異國文化、自然風光的需求更高。（嚴長壽，2008：18～21）旅遊之所以「好玩」關鍵在於「人」，除了同行的伙伴外，最重要的影響人物就是——導遊。第一階段的旅遊行程通常包山包海包吃住，導遊運用幽默風趣的言詞、搭配著獨特的人文風情，及令人拍案叫絕的各種典故，能衍生出無窮的趣味，旅遊就不再只是「走馬看花」；導遊令人對於原本熟悉的旅遊景點，找到不一樣的旅遊情趣，旅程就不再只有「上車睡覺，下車尿尿」的來去匆匆。第二階段通常會融入「體驗」的旅遊行程；導遊山水與美食搭配精采絕倫的故事，介紹名勝和古蹟搭配不曾聽過的地方傳說，遊客親自造訪會感受到不一樣的旅行，捉住感覺不再走馬看花，因為眼所見耳所聞已轉化成了感動。第三階段最需要的則是「心靈導遊」，順著感覺走，走入內心最嚮往的地方，走出塵世最喧囂的處所，只要仔細聆聽心底的聲音，用心看見真實的一面，「心靈導遊」就會幫助旅客找到希望。

> 7 月 4 日到臺灣的中國大陸居民赴臺灣旅遊首發團，總人數為七百六十人，團長由中國國家旅遊局長邵琪偉擔任。國家旅遊局新聞發言人祝善忠下午在記者會表示，大陸居民赴臺旅遊首發團，由旅遊團和考察團組成，首發旅遊交流考察團行程七天，首發旅遊團行程十天。北京出發的北京分團三百五十三人，其中有幾十名考察團員和新聞記者。上海出發的上海分團，南京出發的江蘇分團，廈門出發的福建分團，廣州出發的廣東分團都各為一百人。（HiNet 新聞網，2008）

臺灣觀光局指出，7 月 4 日當天將有 25 個分別來北京、上海和其他 3 座城市的大陸首發團約 700 人抵臺，臺灣方面已做好準備，當日將舉行盛大歡迎儀式，其中臺北松山機場更會以紅地毯迎客。由於週末直航包機對兩岸民眾交流具有重大意義，臺觀光局為擴大宣傳效果，海峽兩岸觀光旅遊協會除在機場以舞龍舞獅迎賓外，更將在臺北圓山飯店安排臺灣美食及節目表演，歡迎首發團旅客。7 月 4 日以後，每週都將有包機航班往返兩岸。7 月 18 日正式實施以後，每天都將有 3000 名大陸居民赴臺旅遊。

（大紀元，2008）

　　在目前政府持續大力推動觀光產業，以及開放大陸人士來臺觀光的情形之下，觀光旅遊及相關行業已成為就業職別中最熱門的的選擇之一。觀光業中最具挑戰性的導遊及領隊工作，是極需專業能力才能勝任，因此「自 2008 年起導遊及領隊人員證照的取得，已比照專技人員由國家辦理普考產生；每年 3 月間舉辦，考生資格凡高中職以上畢業，不論任何科系，無須工作經驗，男女皆可參加。」（觀光導遊暨領隊人員國家考試總論，2008）這意味著如果通過了導遊或領隊的考試，將可選擇服公職或是進入旅遊業！想擁有一份穩定收入又具有十足潛力與備受肯定的工作，導遊和領隊不失為築夢踏實的最佳實踐工具。外國人（含大陸人士）來臺灣旅遊須有專業人士帶領解說，稱之為導遊；帶領國人到國外（含大陸、新加坡、香港等東南亞國家）去旅遊的人員，稱之為領隊；兩者之間的服務內容與專業技能仍有所區別，本節只對導遊加以著墨。「導遊」對於旅行者的功能，就像「導讀」對於學習者的功能一樣。教學者透過

導讀的方式引領學習者進入浩瀚書海，可以提高閱讀的興趣、掌握閱讀的技巧，一步步提升閱讀的能力；導遊運用完善的服務、誠摯的接待，專業的解說與細心的介紹，帶領旅行者進入新奇的世界、走入奇妙的情境，可以感受到旅遊的樂趣、捉住感覺引發內心的感動，一遍遍提升旅遊的層次與能力。

俗語說「見人說人話」，指的是說話必須要以切合情境為首要考量。「一樣米養百種人」，無論是老中青、男女性、強弱勢、城鄉差等接待對象，或是渡假、學習、考察、商務等不同旅遊動機目的，都得採取因人而異、因材施教的方法，來做「個別化」考量，以找出最合適的情境。以兩岸直航後的大陸觀光客來說，以下的例子值得我們省思一番：

> 有位年輕的女導遊說，一次她接待來自大陸東部沿海地區的大學教授團，遊覽車開往東北角時，這位導遊正努力地介紹，突然一位教授大聲開口問：「小姐，臺灣到底有多大啊？」她熟練地背出數字：「三萬六千平方公里。」「什麼？多大啊？」她以為對方沒聽清楚又說了一次。「小姐，我們一個省都比臺灣大哪！」這句話讓她覺得對方態度挑釁，心裡不太舒服。到了東北角她開始講龜山島的故事。剛才那個教授又說話了：「我說小姐啊，你老遠帶我們來這裡，拉車這麼久，就帶我們看這兩個石頭（指龜山島的龜頭和龜背）啊？」於是她以不服輸的口氣，刻意開始講臺灣的民主、文化，弄得氣氛凝重，最後幾乎不歡而散。（嚴長壽，2008：197～198）

只有了解與認同，才能有效的引導遊客。大陸東部沿海、江浙一帶的人，家離海比較近每天都能親近大海，到我們的東北角當然不覺

得有什麼特別；大陸近幾年來對外經濟開放，邁向國際化的腳步積極，經濟進步改變了他們的看法、視野和信心，臺灣的城鄉規畫，已無法像大陸那樣大刀闊斧重建，大部分來自大陸的朋友初抵臺灣時，都會出現「臺灣與期待有落差」的反應。面對有這樣成就和心態的遊客，應該要順勢而為，切合「正面肯定」、「釋出善意」的情境氛圍，才能讓人聽得入耳。例如：「大陸最近幾年來經濟成長非常快速，全世界都刮目相看，我看過許多報導，各位來的地方，從上海、蘇州、杭州……每個城市都有令人稱羨的成就……」（嚴長壽，2008：199）

導遊的口語導覽工作，包含現場、流動或車行沿途，人文景觀、自然風光或博物館等景觀文物育樂等，服務項目多如牛毛；俗話說：「一年拳、兩年腿，十年才練一張嘴」，導遊不只是靠花拳繡腿就能輕易過關，溝通應對、歷練與否，是成為金牌導遊的先決條件。幽默風趣的導遊人見人愛溝通無礙，想要練就一嘴的好功夫，題材的花樣可不能少，說笑話、順口溜、諺語、俚語、歇後語等，都是事半功倍的最佳利器：

下面有人洗嗎？

一間房子出租給多名男女，浴室共用，洗澡都要排好久。
某夜，小吳從外頭回來想去洗澡，但正好浴室有名女子在洗，
於是小吳問：「小姐，你下面有人洗嗎？」
小姐生氣的回答：「下面我會自己洗啦！無聊！」
小吳：「喔！不是！我是說，後面有人洗嗎？」
小姐回答：「我後面自己也會洗啦！」

小吳：「嗯！不是的，我是說，等一會兒會有人來洗嗎？」

小姐更生氣的回答：「我現在已經在洗了呀！」

小吳正要急著辯解時：「嗯！我……」

小姐急忙答道：「好啦！要進來就進來啦！討厭。」

高潮村

王師傅坐公共汽車到上海市嘉定區高潮村。

因沒去過所以剛過二站就開始問女售票員：「高潮到了沒有？」

女售票員回答：「沒有。」

過了二站後，王師傅又問：「高潮到了沒有？」

女售票員回答：「沒有。」

沒過幾分鐘，王師傅又問：「高潮到了沒有？」

這時，女售票員實在是不耐煩了，

高聲地回答道：「高潮到了我會叫！」

五知

到了北京才知道官小，

到了上海才知道樓小，

到了深圳才知道錢少，

到了包廂才知道老婆老，

到了海南才知道身體不好。

愛情新感受

結婚是失誤，

獨身是覺悟，

離婚是醒悟，

再婚是執迷不悟，

沒有情婦是廢物。

（Yahoo！奇摩部落格，2008）

只要逗得遊客開懷大笑，什麼憤怒都忘掉，只要歡笑滿天飛，什麼疏失都不追。「站在巨人肩膀上，你看起來比他還要大」，偶爾遊客借用權威人士的論點而語出驚人時，使用隱喻的俚語，褒的含蓄卻能聽的明白；「鞭炮不釋放、累積變炸彈」、「鞭炮不給放、炸彈炸稀爛」，當遇旅客有任何不滿發牢騷時，除了傾聽認同暫時不反駁，也可用句尾押韻的順口溜自娛娛人；「人不親土親」、「月是故鄉明，人是同鄉親」，牽親引戚、視客如親，善用地理專業，可以迅速拉近與旅客之距離，牽親引戚法，最可討好媽媽旅客，其效果之優超乎尋常想像。

　　說故事可以增加吸引力、提高娛樂性，為人、事、物注入更多的生命。透過民間故事、鄉野傳奇，人文古蹟的過往歲月似乎又活過來；訴說原住民傳說故事、習俗典故，種族之間少了神秘而多了親密，增添許多色彩與美麗；描繪浪漫動人的愛情故事、仙履奇緣，自然景觀的堅毅剛強彷彿輕柔起來。臺灣民間農曆三月的宗教盛事——大甲媽祖遶境，伴隨的民間故事不勝枚舉，也跟著一起行遍天下，其中「媽祖與大道公」的戀情故事，常為人所津津樂道：

媽祖與保生大帝大道公均為宋代人，二神均為福建人氏，一
在同安白礁一在莆田湄洲，兩地相去不遠且雙方均未婚即昇
天，因此民間盛傳大道公與媽祖婆的羅曼史。民間傳說大道
公與媽祖婆原係一對戀人，當大道公迎娶的花轎抵達媽祖家
中之時，媽祖見母羊生產之痛苦狀，萌生悔意，毅然退婚；
大道公無故被拋棄，心有不甘，於是每當媽祖婆誕辰遶境時，
就施法降雨意圖淋下媽祖臉上的脂粉，媽祖也不甘示弱，每
逢保生大帝出巡時，即施法颱風吹落大道公頭上的帽子。因
此民間有「大道公風，媽祖婆雨」的諺語，意謂大道公誕辰
（農曆 3 月 15 日）都會颱風，媽祖誕辰（農曆 3 月 23 日）
就會下雨，顯示二人鬥法至今不休。

（臺灣民俗文化研究室，2008）

其實農曆三月正值梅雨季節，颱風、下雨是自然的現象，然而大道
公與媽祖婆鬥法的故事反映民間豐富的想像力，將大道公與媽祖婆
從人世間的愛情糾葛，轉至神界的法力交戰，兩位神祇呼風喚雨的
能力，更是海洋文化的表徵。「原住民故事豐富，不同族群對神話及
傳說的想法不同。人類的起源，泰雅族認為人是從石頭蹦出來，南
投縣仁愛鄉發源村就是誕生地；鄒族則認為是天神降臨玉山，玉山
上有棵楓樹，天神搖搖楓樹，掉下的果子是男人，楓葉則是女人；
而布農族則認為祖先過去像蟲一樣，軟軟地在地上爬，後來碰到螞
蟻向他逼近，一緊張站起來，結果成為人類。典型的射日神話是泰
雅族，有三個年輕人背負族人使命前往射日，經過很久時間，年輕
人老去由孩子繼承，完成使命後回到部落，是一種薪傳的概念；排
灣族的射日神話則是古時布曹爾部落有太陽，經常吃人，族人想要

消滅太陽，於是眾人請來兩位勇士攜帶弓箭，趁太陽正在頭頂上準備吃人時將它射殺。」（豐富的原住民文學，2008）有趣、豐富的故事帶出許多原住民的傳統文化。

　　歌曲是傳情達意最好的媒介，描繪當地風景人文而寫的歌謠，一句句將當地特色、生活習性，藉由歌曲廣為傳播。一首〈高山青〉，歌詞裡面的「高山青／澗水藍／阿里山的姑娘美如水呀／阿里山的少年壯如山」，就吸引了無數的大陸觀光客，非得到阿里山一遊不可；臺灣許多地方也都有招牌歌曲四處傳送著，光是臺東的歌謠就有不少，例如〈臺東人〉、〈綠島小夜曲〉、〈綠島之夜〉、〈來去後山〉、〈卑南情歌〉、〈布農族飲酒歌〉、〈我們都是一家人〉等都廣為流傳，還有沈文程這首著名的〈來去臺東〉更是大家耳熟能詳：

來去臺東　　　　　　　　沈文程作詞

　　你若來臺東，請你斟酌看：
　　出名鯉魚山，亦有一支石雨傘；
　　初鹿之夜，牧場唱情歌；
　　紅頭嶼、三仙臺、美麗的海岸；
　　鳳梨釋迦柴魚，好吃一大盤，
　　洛神花紅茶，清涼透心肝；
　　你若來臺東，請你相招伴，
　　知本洗溫泉，乎你心快活。
　　（魔鏡歌詞網，2008）

鹿港小鎮　　　　　　　　　　　羅大佑作詞

假如你先生來自鹿港小鎮，請問你是否看見我的爹娘，

我家就住在媽祖廟的後面，賣著香火的那家小雜貨店；

假如你先生來自鹿港小鎮，請問你是否看見我的愛人，

想當年我離家時她一十八，有一顆善良的心和一卷長髮；

臺北不是我的家，我的家鄉沒有霓虹燈，

鹿港的街道、鹿港的漁村、媽祖廟裡燒香的人們，

臺北不是我的家，我的家鄉沒有霓虹燈，

鹿港的清晨、鹿港的黃昏、徘徊在文明裡的人們……

（魔鏡歌詞網，2008）

〈來去臺東〉歌裡就介紹了五個風景點、四個名產、一個溫泉，正所謂的十全十美。對遊客來說，鹿港的第一印象是，羅大佑的〈鹿港小鎮〉聲嘶力竭的吼出對都市的無力感，對家鄉的懷念，也因這首歌讓人對鹿港更迷戀。（林龍，2006：187）溝通也並不盡然就只靠一張嘴，還必須輔以肢體、語言、傾聽或書寫等手段，親切的話語、誠摯的笑容、熱忱的服務，都是必備的條件；隨著自己的個性做事，培養出專長的一面，就會獨特的風格呈現。例如資深導遊林龍，熱愛臺灣鄉土文化，多年來不斷搜集各種臺灣諺語、地方傳奇故事、有趣的傳說，在導遊名勝古蹟時，往往能舉一反三、唱作俱佳，製造不同的「笑果」，他幽默風趣的言詞、搭配著獨特的人文風情，及令人拍案叫絕的各種典故、導遊經歷，衍生出無窮的趣味，「熱情誇張」、「妙語如珠」、「臺灣國語」便是他特殊的語言風格。

　　觀光和文化有唇齒相依的親密關係，文化需要透過觀光的活動來發展，觀光需要有文化的存在來支持。導遊處於觀光事業的最前

線，遊客印象的好壞他是關鍵；左手一邊賺錢數鈔票，右手一面將臺灣的美與好傳出去；讓自己的荷包滿滿，更讓臺灣有機會和世界做朋友；雙贏策略就靠小兵立大功，導遊向前衝！

第七章　建構流浪教師修辭策略的理論

第一節　塑造個人語言風格

　　語言風格是一種氣質和格調，它並不是抽象的存在，而是根植於語言的要素。關於語言風格的各種論點，雖然體系不同、學派不同、方法不同，但都是從語言學角度來給風格下定義的，因此都離不開語言要素和語言修辭手段。已故語言學家高名凱是在中國倡導建立漢語風格學的第一人（程祥徽，1991：5），在 1960 年《語言學論叢》第四輯中，他曾對語言風格提出定義：「風格是語言在特殊的交際場合中為著適應特殊的交際目的而形成的言語氣氛或格調及其表達手段」。（引自張德明，1994：20）而「突破傳統的風格學格局另立原則與方法的是二十世紀的文體學，就是廣義的風格學，它以索緒爾以來的現代語言學為基礎，著重當代語言實例的收集、紀錄與審辨；所謂廣義，是指研究的範圍不限於書面語言也擴充到口語，而兩種之中又各有若干類別，如書面語有法律文書體與私人書信體之別，口語之中課堂演講體又迥然不同於電話問答體；此外旁涉廣告、商品說明、科技報告、新聞報導等等實用文體。」（中國大百科全書智慧藏，2008）本節對於語言風格的探討，將以高名凱所下的定義為依據，並把關注的焦點放在各個向度的個人風格上。

　　教育應該重視「因材施教」，風格則應該強調「適性而為」。臺語俗諺裡有句話「牛牽到北京也是牛」，也就是江山易改本性難移；另一句「猴穿衫以後也是猴」，旨在嘲諷人喜歡裝模作樣。既然人都

是獨一無二的個體，有著與生俱來的特殊性格，那麼就無須刻意去改變，改變只怕是「邯鄲學步」，反而失卻自己本來的面目；應該隨性所趨、隨心所往，順著自己的興趣及長項，盡情地發揮與展現，塑造出個人獨特的語言風格。個人在不同的情境中，往往呈現不同的語言風格，在辦公室中對上司說話、和同事聊天；在家中對子女的嘮叨、跟老伴的細語；在學校和同學討論報告、向教授請教學問，都各有一套風格不同的語言。「週末文學對談」是國家臺灣文學館頗具口碑的推廣教育活動，最大的特色在於邀請「專家學者」與「作家」作為搭配組合進行深度對談。一方面透過專家學者的主持與引介，可以更容易進入作家的創作脈絡和心路歷程；另一方面則透過作家個人的自我陳述，使讀者進一步在作家與作品之間，找尋相互印證的蛛絲馬跡。任何情境下開場白總佔有關鍵性的地位，在這場文學心靈饗宴的特殊交際場合中，為適應作家與讀者間對談的特殊交際目的，所形成的言語氣氛或格調及其表達手段，各主持人都有其獨特的語言風格。以下分別擷取「吳達芸」、「施懿琳」、「游勝冠」三位學者兼主持人的開場白片段，作為解析的範本：

〔吳達芸與李昂的交鋒與交流〕各位看到我們兩個女人坐在舞臺上，舞臺很高，好像在演出一樣，事實上作者與讀者的對話照理應該是各自在書房中孤獨進行的，心靈間有什麼交集也該是在超時空中神祕晤對下的心領神會。如今般到高臺上進行，難免有展示之意，展示什麼？作品已經完成，作者要呈現什麼也應俱足在其中了。大家比較不解的只剩我這讀者的意圖或反應是什麼，以及雙方相會會激起什麼樣的火花。而這番展示對各位來現場觀看的朋友們，會有何加分作

用？連我也很好奇及興奮。李昂的作品我讀了很多，越來越有「仰之彌高，鑽之彌堅」的感受。但老實說，當我第一次讀《自傳的小說》時，是匆匆一閱，卻即心生反感及排斥，像我這樣教小說多年，嗜讀小說的人，對這本她的力作竟然無法消受及欣賞，我不服氣也不放棄，在細細品味之後，終於讓我掩卷嘆賞不已……關於李昂有很多資料，我特別準備少一些，是希望不夠的地方由李昂自己來補充，或是李昂聽了不高興，也可以開罵沒關係……（呂興昌等，2006：104～108）

主持人吳達芸，以「兩個女人」來稱呼自己與李昂，以「舞臺」來形容身處的對談現場，似乎提點觀眾這場演出的主角就是這兩位「女性」；「展示什麼？大家比較不解的只剩我這讀者的意圖或反應是什麼，以及雙方相會會激起什麼樣的火花」、「會有何加分作用？連我也很好奇及興奮」，以提問的方式，站在觀眾的角度來審視，用疑問的技巧，吸引聽眾繼續看下去；時而以讀者的身分表達對李昂作品的無法消受，由於擇善固執的個性使然最後終於掩卷嘆賞，時而以主持人的角色表示對來賓的尊重，給予多發言的時間；甚至用「李昂聽了不高興，也可以開罵沒關係」的反語來製造點輕鬆詼諧的氣氛，營造自然真實不做作的情境。

〔施懿琳與汪其楣的交鋒與交流〕今天我的角色扮演是一個研究者，我的對談對象汪其楣老師是一位創作者。以下我嘗試用對照的方式來介紹我們兩人：汪老師出生在中國的北京，我是出生在臺灣的鹿港，我們兩個有些同質性——我們出生於古都；汪老師的星座是天蠍座，我是巨蟹座，都是

有殼而且有鉗子的水象星座，雖然都是有殼、有鉗子，但是我們不會傷害對方，因為都是水象星座的緣故，所以我們和樂相處……汪老師是北一女畢業，我是彰化女中畢業，各位知道這兩所都是非常清純的女校喔……以下我就要開始介紹我完全沒辦法跟汪老師對比的幾個特色：汪其楣老師是一位非常有活力的導演、劇作的編寫者、社會公益服務中非常有力的推動者。汪老師曾說過一個很有趣的比喻：「胖子為什麼胖？就是每天一睡醒就在想要吃什麼東西。我呢，每次睡醒睜開眼就在想要讀什麼書，所以我是精神上的胖子。」接下來，我就要請這位「精神上的胖子」為我們介紹一下她的求學歷程，從她的童年、她的求學一直到她開始走入戲劇。（呂興昌等，2006：128～129）

主持人施懿琳全篇以對照的方式來作開場白，前段匯集了兩人的相似處與相同點，後段則以自己所不及之處來凸顯來賓特別的一面。前段的題材選用「出生地」、「星座」、「出生家庭」、「父母親職業」、「求學歷程」、「進修過程」、「同校任教」，從這些相似處尋找出兩人的相同點，透過這點點滴滴的關係，無形中距離將很快的由遠而近，如同親密的摯友一般，好友過招可是百戰不厭；如果一味的將自己和來賓相提並論，不免讓人有哄抬身價的感覺，因此為避免反效果，後段則選用作家獨特且無人能及之處作為題材，「非常有活力的導演」、「劇作的編寫者」、「社會公益非常有力的推動者」，以有條不紊直述式口吻簡要的描繪，快速有效的引領觀眾進入作家的世界；前後段整體映襯手法的應用催化主持人親和的效力，最後以來賓曾自喻的「精神上的胖子」，將來賓在幽默親和的情境中介紹出場。

〔游勝冠與廖鴻基的交鋒與交流〕歡迎大家來到這裡，我們該如何描述廖鴻基？我想就由他自己的作品來加以說明，在《漂流監獄》的〈鯨〉一文中，他所描述的鯨與海，其實也就是自己本身的寫照：鯨的脂肪很厚，牠的體溫被包裹在深層內裡，表皮溫度和體溫差達攝氏三十度左右，牠內溫外冷。十年捕魚經驗，海洋給我的知覺也是內溫外冷。清冷孤絕的外貌下，海洋和鯨都若即若離隱隱含含向我透露著牠們內裡的溫暖。我想起，為何牠們曾經上岸生活的祖先會再次選擇冰冷的海洋作為生存的領域？我回想自己點點滴滴從海洋獲得的溫暖感覺，回想自己決定下海成為討海人的心路歷程，我恍然能夠理解，牠們的選擇和牠們深沉的孤獨。好，我們就請脂肪很厚，內溫外冷，曾經在岸上生活，現在選擇冰冷的海洋作為生存領域的海翁廖鴻基先跟大家打聲招呼。（呂興昌等，2006：224）

主持人游勝冠，選用作家自己的作品作為題材來介紹，真是再貼切不過了，往往作品裡所呈現出的意境，正是作家自己所嚮往或追求的理想，主持人只要將來賓的作品如實描述，就彷彿已經徹底的把作家掃描過一遍，引領觀眾走過一趟歷史旅程。藉著故事本身的魅力，透過「鯨」的生理特性，傳達作家清冷孤絕的外貌下有著不為人知的溫暖；透過「海洋」的物理特性，傳達作家面對冰冷海洋的挑戰，卻能以內心的熱情與堅持和海洋擁抱；採用隱喻的方式間接透露作家「內溫外冷」的獨特風格，運用譬喻及諷喻的技巧，將這位「脂肪很厚，內溫外冷」的「海翁」，在愉悅的情境中介紹出場。

　　我們平常要描寫一個人的個性、氣質，與其塞進一堆形容詞來呈現，不如具體的描述這個人平日的一言一行，而從這些言行中讓觀眾自己去體會他是怎樣的一個人。像蔣士銓的〈鳴機夜課圖記〉，描寫自己母親的賢慧、聰穎、孝順種種美德，完全如實的記述母親說過的話、做過的事，讀者閱後自然會感受到賢慧、聰穎、孝順等美德；如果用所有可以想得到的形容詞堆砌起來，以描寫母親的個性、氣質，那麼讀者讀到的訊息一定不會如此鮮明、深刻、有力。以上三位學者和接受對談的三位作家，透過既是同事或是好友的情誼，同時也是研究者與創作者的關係，在多重角色與身分重疊的情況下，激發出許多深入、有趣的交鋒與交流；這三段介紹來賓出場的開場白，分別選用不同的題材、不同的方式，及搭配不同的修辭技巧，塑造的情境各有風味，形成的個人語言風格：吳達芸的「坦率與直接」、施懿琳的「幽默與親和」、游勝冠的「詼諧與豪爽」，都可以在如實的文字記錄當中一覽無遺。外貌是個人最真實的假象，風格是個人最虛偽的真相；沒有最好的語言風格，只有最獨特的語言風格，因為那才是「自己」的語言風格，找出自己的語言優勢為核心主軸，輔以興趣專長，以塑造個人語言風格。

第二節　天時地利人和

　　古語「三綱者，天、地、人」，歷史上大事大業的成就，天時、地利、人和三者缺一不可，目前處於此一關鍵轉型之際，應當從天、地、人三方面作宏觀性的策略思維。在既有的基礎上承先啟後，理

性務實的以前瞻性的眼光，開闊包容的胸襟；在新的世界局勢中，以順天、用地之理重新定位，因勢利導，開創新局面；在資訊科技互動的年代裡，利用豐富的人際網絡，創造出無限寬廣的可能與價值。(愷特，2007：9) 今日，伴隨著知識經濟時代的來臨，人們重視的是智慧資產的價值，誰擁有智慧財產，誰就能創造財富、擁有財富，這也是我們的核心競爭力。

> 在知識經濟時代，知識密集型服務業，包括運輸倉儲及通信、金融保險不動產、工商服務、社會及個人服務等四個行業。關於服務業部分，工作包括了深化服務的發展，如二十四小時服務、到府服務、全套服務、客戶訂做、有求必應的服務；新的服務，如壽命保證公司的設立、提供新經驗的服務、創造新流行的服務；快遞、直銷的服務；網路基礎建設、電子商務的服務。

表 7-2-1　知識經濟時代的特色

知識經濟時代的特色	知識遽增、資訊爆炸。	人類的科技知識，十九世紀是每五十年增加一倍，二十世紀中期是每十年增加一倍，二十世紀末則是三到五年增加一倍。科技由發明到用於生產的周期也愈來愈短。
	生產要素結構發生根本變化。	生產要素投入中，科技知識的投入占生產成本的 90%，而勞工成本只占 10%。
	產品製造模式和生產方式發生根本變化。	產品製造模式轉向知識密集，在 1970 年代，代表性產品是微處理機，到了 1980 年代，代表性產品是軟體；生產方式的改變，則由原先大量且標準化的生產，改變成小量而有彈性的生產。

產業結構與就業結構的改變。	以服務為主的第三級產業，重要性與比重增加，第二級的製造業，比重下降。就業情況傳統製造業人數減少，服務業人數增加；藍領工人減少，從事技術與腦力的技術人員增加；傳統行政工作人員減少，與電腦及資訊系統相關的工作增加；全職就業機會減少，兼職工作機會增加。
財富分配的方式改變	以前擁有土地、資本的人就擁有財富與權力，現在是誰有知識、資訊、技術，誰就擁有財富。

（資料來源：行政院國家科學委員會，2008）

看了以上表格所整理的內容，再遙想一代名臣大儒曾國藩，對於富貴功名抱持著「謀事在人，成事在天」的態度，為了自己的理想、抱負與願望，應該盡全力以赴，至於成功與否就得看上天的意願，不免感嘆古時礙於交通不便、資訊不利、人脈不良等多重因素的影響，導致辦事沒效率全靠自己摸索，時機易錯失後悔莫及，或是只能單打奮鬥而缺乏良師益友的激勵，失敗也只能自我安慰說是「天不從人願」、「天命難違」、「天將降大任於斯人也」。相較於今日科技發達地球村的時代、知識經濟潮流的現況、Web2.0 資訊共享的環境，就算「不在辦公室，也能辦公事」，創意當道「想像力就是你的超能力」，大膽秀自己「最佳女主角」都可以「換人做做看」；洞悉時勢潮流對於現實概況了解的重要可見一般，覺察社會脈動與世界接軌實在有其必要，甚至「流行是可以被創造的」——掌控趨勢促進社會進化才是上策，愚公移山「人定勝天」的例子，在網路的虛擬世界裡早已不再是新鮮事。

　　臺灣觀光旅遊的領航人嚴長壽，他把自己幾十年來在國際上所學的、在專業上所領悟的、在地方上所看見的，做了條理分明又激勵人心的剖析，於《我所看見的未來》一書中提出他的觀點：

最近幾年，全球刮起學習中文的風潮，也是吸引外國年輕人來臺灣的大好機會。全球中文程度最好的，就是大陸和臺灣，在大陸未開放之前，臺灣曾經獨占全球中文教學市場50年，美國幾所知名大學聯合設立培養精通中華文化的菁英「史丹佛中心」，也曾設在臺灣。臺灣的中文教學，還是有優勢可以發揮，現在大學課程中，針對外國人開的華語班，都至少一學期以上，沒有一週、兩週的短期課程，外國人或觀光客無法隨到隨上，是最大的障礙，如果突破這個部分，再結合書法、臺灣美食、太極拳等教學，或整合文化、禪修，相信對外國年輕人會充滿魅力。此外，世界各大企業準備進軍中國的各級幹部，是另一個潛在市場。我們可以開設「前進中國短期速成班」，運用臺商在大陸的實戰經驗，不只傳授中文，也教導「中國經商ABC」、「中國經商成功秘訣」等課程，提高國際企業在大陸經商的調適能力。以臺灣對大陸人的了解，和原本就熟悉國際商業運作的條件，對外國人一定更具說服力。無論是招不到學生的學校，或是無學生可教的老師，不妨換個角度，以修學旅遊開創臺灣教育的新藍海。(嚴長壽，2008：107～109)

從地理位置來看，臺灣自古就是往來於大陸之間最優越的跳板。美軍打越戰時以臺灣作為中繼站；歐亞經商往來交通要道也是臺灣；日據時代日本的南進政策，更是以臺灣為主要基地；經濟地位的重要性，自然不在話下。而隨著今日的物換星移，不變的依然可以是昔日地利之便中繼站與轉運點的角色，因為這世上大概再也找不到比臺灣人更了解大陸情況，憑著同文同種的先天優勢、臺商進駐大

陸多年累積的經驗及經營要訣，搭配中文的學習風潮，只要有心人士的投入，就可「以修學旅遊開創臺灣教育的新藍海」。

「人脈」真的是件很不可思議的事物，不管是人生還是工作，甚至包含了戀愛，在你周圍所發生的任何事情，其成功或順利與否的關鍵點，其實就是人脈，僅憑著自己的力量而成功的例子雖不是沒有，但也是相當有限的；自己所遭遇到的問題或計畫，其囊括的範圍越大，所需要的幫助就越多，如果缺乏多方的援助，幾乎就沒有辦法順利進展下去。（中島孝志，2002：22～23）例如當年郭台銘成立鴻海、施振榮成立宏碁，資金全都來自親族；創辦 104 人力銀行的楊基寬，則是既向銀行借貸也有家人支援；（王樵一，2008：68～69）二十六歲如願當上最年輕的電視節目製作人，創辦的金星娛樂公司如今已成為臺灣最大的娛樂製作與經紀公司，從「電視街」、「連環泡」、「我猜我猜我猜猜猜」，到近幾年華人世界最紅的「全民亂講」、「康熙來了」、「超級星光大道」等電視世代的喜怒哀樂，幾乎全由他一手編劇、執導的王偉忠，當初他一個南部窮小孩到臺北，身上帶的是全家人所湊出來的兩萬塊；（天下雜誌，2008）有「臺灣之光」稱譽的王建民，也是因為有人脈的鼎力相助，才見今日的耀眼光輝：

> 不愛念書的王建民，本來一心只想趕快畢業、當完兵後加入業餘球隊，就在這時，遇到了改變他一生的教練——高英傑。高英傑在王建民的身上，彷彿看到當年的自己，不但說服王建民繼續念書，還讓王建民先休養了一年，帶他去臺大看醫生，調整略些疲憊的手臂；一年後，王建民的球速已經飆到 150 公里。高英傑幫助王建民爆發速球的能量，而另一位關

鍵人物——前臺北體院球類運動系主任林敏政，則幫王建民
推上了洋基。為了幫王建民爭取球團的青睞，林敏政和高英
傑特別安排了一場室內集體投球測試，並幫他提出最有利的
談判條件。最後，王建民以一百九十萬美元的簽約金、建教
合作的方式，加入洋基球團。回想起來，王建民慶幸當年加
入北體的決定，「繼續念書，才有機會到美國。」

（天下雜誌，2008）

人際關係就像播種一樣，播種越早收獲就越早，撒下的種子越多，
你收獲得也越多；人是生活在一個社會群體之中，而人際關係就成
了與社會交往的一種樞紐，只是人際關係並不是一夕之間可以建立
起來的，而是需要長期的經營和累積。簡單的講就是「大樹底下好
乘涼」，背後如果有貴人在全力護航，將會萬事順心如意、暢通無阻。
（劉津，2003：75～82）

第三節　我流浪但我很高貴

「貧賤夫妻百事哀」，這句話以前我從未認同過，但隨著年紀漸
長身邊實際發生的例子漸多，如小孩生重病，健保卻因久未繳費而
無法使用；車子壞了沒錢修無法出門做生意；愈來愈能了解為何爸
媽總是將這句話奉為圭臬。《M型社會白領階級的新試煉》這本書描
寫了近幾年來的社會現況：

自 2001 年經濟衰退以來，學歷高、經驗足的人失業率持續攀高。2003 年底失業率達 5.9%左右；但和較早的經濟衰退相比，這回失業的人口中有極大比例──將近 20%或大約 160 萬人是白領的專業人員。先前的經濟衰退最主要是打擊到藍領階級；這一次博得媒體同情的相對是屬於菁英的專業、技術性和管理職員工。例如 2003 年 4 月時，《紐約時報雜誌》（The New York Times Magazine）的一則封面故事引發熱烈討論：一位過去年薪三十萬美元的前電腦業經理，在失業兩年後到 GAP 服飾當銷售員。2000 年起整整四年當中，類似的故事時有所聞：企業鉅子或純屬中階的員工身價大跌，遭到公司革職，被迫到星巴克賣咖啡。自 1990 年代中期以來，不斷篩選的過程已經被「人事精簡」、「公司適型化」、「智慧適型化」、「架構重整」以及「組織扁平化」等修辭給制度化了，現在又加上一項──把白領職務外包給國外的廉價勞工市場。二十一世紀初一本商業暢銷書中的隱喻，「乳酪」──意指穩定、報酬好的工作，已經被搬走了。〔芭芭拉・艾倫瑞克（Barbara Ehrenreich），2007：11～12〕

隨著 M 型社會的來臨，過去員工是最值得企業培養的長期資產，而今員工薪資及福利成了應當緊縮的短期開銷。這樣的一個經濟體系影響，「教師」、「公務員」等收入穩定、社會形象清純高雅、薪資報酬良好的工作，自然吸引大眾紛紛投入，錄取率創新低的特殊情況近年來屢見不鮮。然而，誠如芭芭拉・艾倫瑞克所說，在二十一世紀，那些穩定、報酬好的工作「乳酪」──已經被搬走了；臺灣近幾年來「公營企業民營化」、「停止教師退休金 18%優存」、

「軍公教人員需繳稅」等的變動狀況；求職或轉業者在尋找工作時，「穩定」這個因素絕不該再被視為優先考慮或唯一考量的要件，工作內容的迷人之處、薪資狀況、成功條件、隱憂及缺點等，更是必須納入考量的範疇，找到了真正符合興趣及志向的工作，才有可能在該行業熱情地投入。

「SWOT 分析屬於企業管理理論中的策略性規畫。包含了 Strengths、Weaknesses、Opportunities、以及 Threats，意即：優勢、劣勢、機會與威脅。應用於產業分析主要在考量企業內部條件的優勢和劣勢，是否有利於在產業內競爭；機會和威脅是針對企業外部環境進行探索，探討產業未來情勢的演變。此一思維模式可幫助分析者針對此四個面向加以考量、分析利弊得失，找出確切的問題所在，並設計對策加以因應。」（國際合作知識網 Start Menu，2008）SWOT 除了可用作企業策略擬定的重要參考之外，也可用在個人身上，作為分析個人競爭力與生涯規畫的基礎架構，其結構雖看似簡單，但卻可以用來處理非常複雜的事務，可說是一種相當有效率，且幫助作決策者快速釐清狀況的工具；與其站在十字路口徬徨不知何去何從，或像隻無頭蒼蠅亂飛亂撞結果墜機跌入萬丈深淵，不如事先運用 SWOT 分析，將自己看得更透澈，如果在未進入產業前已經了然於心，知道未來在哪裡，就好比諸葛孔明「戰鼓未響，勝負已定」。以下就以簡單的方式，先作出一涵蓋有四個區域的表格，依次將個人所持有的優勢、劣勢，與外在環境的機會、威脅等狀況填入，製作一個清楚並符合個人需求的 SWOT 分析表，則大致狀況將可一目了然：

表 7-3-1　個人特質 SWOT 分析表

S	W
Strength（優勢） 列出個人持有優勢： ◎興趣與專長為何？ ◎語言表達能力優勢？ ◎邏輯思考、組織、推理能力？ ◎人際關係優勢？ ◎有何個人潛在特質？	Weakness（劣勢） 列出個人持有劣勢： ◎能力與經驗是否充足？ ◎年齡、性格、習慣不利點為何？ ◎學歷、技術是否不足？ ◎哪些事是做不到的？ ◎無法滿足哪類型的人
O	T
Opportunity（機會） 列出外在環境機會： ◎有何適合的新契機？ ◎未來十年的發展為何？ ◎可提供哪些特別技術或服務？ ◎社經變化有哪些有利機會？ ◎如何強化個人的差異性？	Threat（威脅） 列出外在環境威脅： ◎大環境近來有何改變？ ◎競爭者近來的動向為何？ ◎哪些因素的改變將面臨生存威脅？ ◎是否無法跟上需求的改變？

以上表格內容僅列出幾個面向提供參考，其彈性空間很大可以視實際需求來變化；善用每個優勢、停止每個劣勢、成就每個機會、抵禦每個威脅，SWOT 分析最終目的在於應對策略，找出解決的方案才能讓分析產生意義。以流浪教師為例，排除掉單純只為了相對的高薪、穩定的收入、良好的社經地位，甚至是家人親友要求而非自願的在此不談，會踏進這條坎坷路的合格教師，在 Strength（優勢）方面，應該具備有「教書」的興趣與專長、良好的語言表達能力和邏輯思考等能力、擁有教學熱忱或喜愛學生或教學相長等潛在特質；在 Weakness（劣勢）方面，能力與經驗是主要關鍵點，教學經驗可以透過代理代課來累積，第二語文能力已經是時勢所趨應及早

學習，利用暑期進修是一石二鳥的好方法，所有學科的基礎語文教育是個好選擇，專業知識的精進能為自己提升競爭力；在 Opportunity（機會）方面，上一節內容當中已有所提及，在此不再贅述；在 Threat（威脅）方面，第三章內容已有詳細的探討，在此也不多加著墨。教師甄試的錄取率逐年下降，年年難考年年有人考上；「專心把一件事做好，不受雜念干擾，其實並不是一件輕易的事，那需要比別人更深入、自律、抗壓、堅持。觀察這群年輕人，他們甚至願意比同儕再多投入 20%的努力，當投入極限之上的 20%之後，事物的臨界點就會被突破，一種『破壞力』於焉產生，同儕難以相提並論，工作也發生質變。」（官振萱，2006：14～15）官振萱採訪多位年少英雄，在《新世代工作地圖》這本書中提及。太魯閣壁立千仞的大理石峽谷，在一睹太魯閣水石之美後，詩人席慕容寫下詩作〈雕刀〉，其寓意深遠，詩句動人心弦：

雕刀　　　　　　　　　　　　席慕容作

縱然

你已去遠

想此刻又已隔了幾重山

我依然停頓在水流的中央

努力回溯

那剛剛過去的時光

想你從千里之遙奔赴到我的身邊

原也只為了這一刻的低徊和繾綣

從雲到霧到雨露

> 最後匯成流泉
> 也不過只是為了想讓這世界知道
> 反覆與堅持之後
> 柔水終成雕刀
> （新臺灣新聞週刊，2008）

中橫公路上太魯閣峽谷地形，大理石在立霧溪水經年累月的切割之下，反覆與堅持之後，柔水終成雕刀，竟形塑出垂直陡峭的峽谷，落差達一千公尺。俗話說「關關難過關關過」，堅持著比同儕再多投入 20%的努力，秉持著反覆與堅持，有準備的人和「機會」總有相遇的一刻，讓這個世界知道，就算柔水也有成雕刀的時候。

民歌時期由陳淑樺所演唱的這首〈浪跡天涯〉，彷彿是流浪教師進行曲：

浪跡天涯   小軒作詞

> 浩浩的江海在呼喚，呼喚迷失的水；
> 高高的山嶺在等待，等待飄零的雪；
> 悠悠的流水走千里，也有它的歸處；
> 輕輕的雪花隨風飄，總有它的家鄉；
> 流浪的人兒流浪的你，迷失在何方；
> 流浪的人兒流浪的你，重回到我身旁。
> 流水的雙臂擁大地，我卻擁不到你；
> 高山的雙眼俯看千里，我卻尋不著你；
> 流浪的人兒流浪的你，迷失在何方；

　　流浪的人兒流浪的你，重回到我身旁。

　　（ezPeer——浪跡天涯，2008）

凡事「心隨境轉」。在通過教師甄試之前，流浪到高山峻嶺有機會一睹白雪風采；流浪到江河大海有機會體驗浪濤洶湧；這恐怕是流浪教師才特有的福分。用詩句將感動打包收藏在記憶盒裡，建構理論扶助志同道合者，流浪的人兒最高貴！「因為路過你的路，因為苦過你的苦，所以悲傷著你的悲傷，幸福著你的幸福」，既然自己身陷其中，最能體會那分無助與徬徨；自己嘗過那種酸苦，最為明白平凡有多麼美好；仍在流浪中的教師，最了解期待與需要是什麼。導引心中奔騰不平的情緒、愈挫愈勇的強韌毅力，如同本論述針對修辭策略建構出一套理論模式，一起為流浪教師建構更多相關知識；又如第五章第八節涉及到的學術仲介之類，也可以單獨另成一體系，再深入詳盡建構出完整模式。聚沙成塔，集結這群為數可觀的漂泊者來共襄盛舉，效力遠超乎你我想像；將教育專業與人生使命結合，做該做、能做的事，流浪——更顯得高貴。

第八章 結論

第一節 重點回顧

我可能做得更好嗎？回顧過去這一年多來「流浪教師修辭策略」的理論建構，打從一開始鎖定目標群流浪教師，試圖利用修辭策略，為「除了教職一途還能走往何處」尋得解答，直到現在仍然一本初衷，企盼這份研究，確實能為流浪教師、為自己帶來助益，找到「除了教甄我還可以做的事很多」這樣的答案。本節再以整篇論文作一重點回顧。

「沈默的教師走上街頭吶喊」、「正式教師僧多粥少一位難求」、「黑箱作業考試不公」、「考生大腹便便挺個大肚上考場」、「軍公教退休金停止 18%優存」、「拖著行李箱從北考到南」、「報名費交通費食宿費帳單滿天飛」……一堆特有的社會亂象似乎在一時間全都爆開，就像在觀賞一齣後現代的舞臺劇，開幕後演員們個個粉墨登場，拼貼的手法及荒誕的內容情節，震懾住臺下的觀眾與我，無法承受和理解，多年後仍然尚未落幕，圓滿的結局是眾人期待，唯一的選擇是靜心等待。於是我開始反躬自省並且發奮圖強，以「幫流浪教師找到想要的」，和「幫流浪教師找到更多想要的」為主要目的；仰賴現象主義方法、社會學方法、符號學方法、美學方法、心理學方法等數種語文的研究方法；鎖定經由「設有師資培育中心之大學校院」及「師資培育機構」，這兩類學術機構所辦理的「教師在職進修學分班」、「學士後師資職前教育學分班」、「教育學程學分班」以及

「師範學院大學學分班」的「國小教師」作為研究對象，啟動按鈕著手進行相關研究，從第一章噴射出發。

　　千頭萬緒在整理後，找到開端便能抽絲剝繭探一究竟。「流浪教師」與「儲備教師」的名詞釋義不可或缺，開門見山透理說明，才不致於霧裡看花；定義「修辭」，採廣義性的探討「修辭的類別」，再以具體實例輔助說明，讓理論更清晰易懂；定義「修辭策略」，針對「題旨與情境」、「字形、聲韻、詞彙」、「語言風格」等三個面向，進行詳細的探討與介紹，說明如何加以搭配組合，進而制訂出最適合、最有效的個別化「修辭策略」；一個成功的修辭策略，尚必須跟隨時代潮流、甚至帶動、引領風潮，才能得到推波助瀾的效果，後現代與網路時代情境都一併納入第二章中探討。另用表格方式整理如下：

表 8-1-1　流浪教師修辭策略彙整表

儲備教師的定義		已經領取到教師證的合格教師，就是所謂的「儲備教師」。
流浪教師的定義		經由師資培育機構或是一般設有師資培育中心的大學所培育出的學生，無論是師院生、教育學程的學生、或是師資班學生，那些修畢教育學分、完成實習教育、通過教師檢定才領取到教師證的合格教師們，想要成為正式老師卻始終機會渺茫、不得其門而入的，都稱之為「流浪教師」。
修辭的定義		綜合來說，修辭就是修飾或調整語辭與文辭，使人們在溝通、傳情達意上，能夠更為適切、明確，甚至有力、感動的所有方法。
修辭的類別	材料	1、譬喻。2、借代。3、映襯。4、摹狀。5、雙關。6、引用。7、仿擬。8、拈連。9、移就。
	意境	1、比擬。2、諷喻。3、示現。4、呼告。5、鋪張。6、倒反。7、婉曲。8、誇飾。9、設問。10、感歎。

	詞語	1、析字。2、藏詞。3、飛白。4、鑲嵌。5、轉品。6、回文。
	章句	1、對偶。2、排比。3、層遞。4、錯綜。5、頂真。6、倒裝。7、跳脫。
修辭策略		為有效傳達個人內在思想、表達內心情感的計謀，為生活中增添色彩、歡笑、回憶的工具，為有效說服、強烈感動對方，使對方認同或改變初衷的一種綜合戰術。
制定修辭策略		先找出欲達成或是必須配合的情境。
		接著對字形、音韻、辭彙等材料廣泛的蒐集與適當的篩選。
		搭配個人獨特的語言風格後，將所有資料綜合統整，最後轉化成為書面語或口頭語呈現出來。
後現代情境		在這情境中，最凸出的轉變涉及所謂的資訊工業或「智識技術」的興起，逐漸取代了以機器技術為基礎和勞資階級關係為主軸的社會結構特徵。
網路時代情境		個人網站的架設、部落格空間的設置、即時通訊軟體的發達、團體性組織的溝通平臺，都成為表情達意、溝通討論的好幫手；語辭的傳達產生奇妙性的變化，製造出令人讚嘆的產物——火星文。

　　要找到解決問題的方法，必須得先了解問題的現況，在第三章可以一覽全貌。從臺灣師資培育的政策發展，全面性俯瞰過程演變：1994 年師資培育法取代師範教育法，1995 年教師法的制定與實施，師資培育政策從一元化、計畫性、分發制、公費制改為多元化、儲備性、甄選制、自費制；師資來源由中央控管品質走向市場擇優汰劣機制；自 1997 年直至 2006 年為止，領有合格教師證的儲備教師，以國小師資人數最多已高達二萬多人。造成搶當夫子的浪潮高漲未退的特有景象：1989 學年度，國小教師欠缺六千餘人，教育部於各師院進修部成立國民小學師資班，招收大學畢業生，使之修習 29 個教育學分，以適應「特殊及偏遠地區」教師甄選需求，自 1989 年開辦後至 1994 年，共辦理七期；後因教育廳估計 1996 年、1997 年全

省國小師資之缺額高達五千名以上，國小依舊處於師資不足困境中，所以各師範學院再度開辦四十學分的學士後國小師資教育學分班；難料少子化情況嚴重，各縣市缺額極少甚至不開缺，導致錄取率年創新低。選擇捿身於其他相同性質的行業：「代理教師」就是過渡時期的首選工作，雖然只有一年的聘期，但每個月的薪額和初任正式教師一樣；雖寒暑假沒有薪資可領，加上年終獎金後也還令人滿意；同樣教學性質的補習教育業及安親班，都是替代的熱門選擇；轉往嘗試高考、普考、特考等公職人員；是更上一層樓朝研究所之路前進；拿粉筆一樣可拿槍桿，投入警察特考；出走到其他東南亞國家任教。認清現況回歸專業起跑點：在肩挑經濟重擔、面對家庭不願支持的雙重壓力之下，回頭「重操舊業」，似乎是別無選擇的路途；有些人樂天知命、隨遇而安，反而創造出事業的顛峰。

　　修辭是語言的利器，將不同的修辭形式搭配不同場合，所發展的應用策略為何？以常見的「譬喻」、「轉化」、「雙關」、「諷喻」、「誇飾」、「仿擬」等修辭格為例，在第四章可以窺見一二。

　　第五章流浪教師修辭策略的向度，內容多元豐富，都用一套修辭策略貫穿主軸，用口頭語和書面語二種語言型式建構，並選擇各個行業成功的例子來印證自己的觀點，強化整個理論模式。口頭語和書面語的修辭策略，共同的面向有「情境」、「題材、修辭」、「語言風格」三種；口頭詞是面對面的溝通方式，所以加入「肢體語言」的考量，書面語是採用文字的方式進行溝通，所以加入「字型、圖片」的考量，這是二者差異的地方。行業的選擇共有九大類：教師甄試、補習業、產品行銷、金融保險、企業講師培訓、大眾傳播業、學術仲介、作詞以及專書出版。

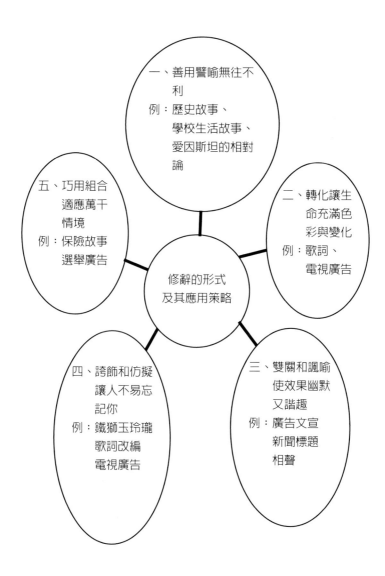

圖 8-1-1　修辭的形式及其應用策略彙整圖

表 8-1-2　修辭策略彙整表

修辭策略	情境	因應不同的場合、對象、談話目的、情緒氛圍，該有不同的表達方式以切合需求。
	題材、修辭	選擇與主題相關的詞彙、句型作為材料，運用不同溝通、表達方式，搭配修辭技巧加以催化，達成預期塑造的情境。
	語言風格	語言在特殊的交際場合中，為著適應特殊的交際目的而形成的言語氣氛或格調及其表達手段。
	肢體語言	在面對面的談話中，溝通大多是經由非語言的管道完成，聲調、表情、態度、動作等肢體語言影響很大，一個眼神、一個微笑就足以讓陌生人判定第一印象。
	字型、圖片	在使用文字進行溝通時，透過字型大小及色彩的變化、排列組合方式的不同，或加上圖片輔助、搭配，可以增加文字的趣味性及理解性。

　　第六章探討流浪教師修辭策略在新時代的轉進，從第一節「掌握社會的脈動」著手，了解經濟體系的變動及現況，諸如網際網路興起、部落格（Blog）風起雲湧以及長尾理論屢試不爽；接著第二節用「滑鼠在手能掌握所有」為方向，鎖定關鍵字廣告進行探究；第三節「就是愛說書」，進入說故事與閱讀層面，融入社會公益趨勢並晉升更高層次，憑藉企業團體整合社會資源的實力，借助流浪教師推廣、教學的能力，利用結合大於個別總和的力量，航向促成社會進化的終點，忙碌卻不盲從更不茫然；第四節「捉住感覺不會再走馬看花」，藉由觀光和文化唇齒相依的親密關係，文化透過觀光的活動來發展，觀光有文化的存在來支持，經由導遊或志工人員的解說與導覽，讓遊客看到臺灣的美好與特有文化，讓臺灣有機會和全世界做朋友，流浪教師教學專業，個個都是協助臺灣躍升世界舞臺的小兵。

　　最後第七章是「建構流浪教師修辭策略的理論」。第一節首提塑造出個人的語言風格，每個人都是獨一無二的個體，有著與生俱來的特殊性格，那麼就隨性所趨、隨心所往，順著自己的興趣及長項，盡情地發揮與展現，塑造出個人獨特的語言風格。第二節全面性考量「天時地利人和」三方面，在今日知識經濟的時代，人們重視的是智慧資產的價值，這也是我們的核心競爭力；物換星移，臺灣不變的是昔日地利之便中繼站與轉運點的角色，憑著同文同種的先天優勢、臺商進駐大陸累積的經驗及要訣，搭配中文的學習風潮，可以「修學旅遊」開創臺灣教育的新藍海；人際關係就像播種一樣，播種越早收穫就越早，撒下的種子越多收穫得也越多，「大樹底下好乘涼」，人生活在一個社會群體之中，良好的人際關係可以擴大樹蔭讓人心透清涼。最後一節「我流浪但我很高貴」，透過 SWOT 分析整體自我檢視，能善用每個優勢、停止每個劣勢、成就每個機會、抵禦每個威脅，找到自己想走的路，更期盼同路前進的志同道合者，一起為流浪教師建構更多相關知識，集結這群為數可觀的漂泊者來共襄盛舉，結合教育專業與人生使命——縱使流浪依然高貴。

第二節　未來研究的展望

　　有流浪教師的修辭策略就能夠找到工作了？這就好比在問有錢就能擁有一切？答案可以肯定的是——它不是所有，但沒有它什麼都沒有。語言是用來溝通的基本手段，除非離群索居否則就需要溝通，為了達成有效的溝通，修辭策略就有存在的必要；正因地位如

此重要，更凸顯這個理論建構工程浩大，建構過程艱辛自然不在話下。為了順利催生本論述，只好設限縮小範圍以利研究，只鎖定經由「設有師資培育中心之大學校院」及「師資培育機構」，這兩類學術機構所辦理的「教師在職進修學分班」、「學士後師資職前教育學分班」、「教育學程學分班」以及「師範學院大學學分班」的「國小教師」進行探究；事實上同樣類似的情況，也發生在國中教師及幼教老師身上，有此次理論建構的經驗，期盼未來能再從旁延伸、擴大範圍進行研究。

研究材料的選擇，整個社會面如此寬廣、遼闊，我僅能就所熟悉、接觸到的層面予以分析、整理，全部研究內容所羅列出的向度有：教師甄試、補習業、產品行銷、金融保險、企業講師培訓、大眾傳播業、學術仲介、作詞、專業出書、部落格寫作、關鍵字廣告企畫、說故事、導遊、修學旅遊教育等 14 種，加上如我現在所做的事——理論建構，但實際上尚有更多無法提及或納入研究的部分，諸如教師婚姻仲介、送貨員、擺地攤、賣小吃等，都是值得探究的選擇，希望這分論述能產生拋磚引玉的效用，期待因緣際會巧遇有志伙伴，一起在這塊夢田裡繼續耕耘，將採收的豐碩成果分享所有需要者，讓所有的流浪教師都能夠——拒絕遊牧。

參考書目

一、中文部分：

Career 編輯部，2007，《企劃達人——你的企劃能力寶典》，臺北：就業情報資

PCuSER 研究室，2008，《我要成名——部落格人氣 No.1 的秘密》，臺北：電腦人文化。

丁浩，2003，《芬蘭的鈴聲——NOKIA 征服全球的行銷魅力》，臺北：博思騰。

大串亞由美（Ayumi Ohkushi），2007，《交涉力——15 秒抓住對方，90 秒搞定一切》（許曉平譯），臺北：天下。

大衛·阿姆斯壯（David M. Armstrong），1994，《小故事，妙管理》（黃炎媛譯），臺北：天下遠見。

大衛·佛克林、伯妮絲·坎納（David Verkin、Bernice Kanner），2008，《新媒體消費革命——行銷人與消費大眾之間的角力遊戲》（晴天譯），臺北：商周。

中山真人（Nakayama Makoto），2007，《文案就該這樣寫》（王淞銓譯），臺北：商周。

中島孝志，2002，《網路讓你成為大紅人——20 代的網路人際關係》（鄧伊茜譯），臺北：培真。

中國教育學會，1999，《師資培育制度的新課題》，臺北：師苑。

中華民國師範教育學會主編，2002，《師資培育的政策與檢討》，臺北：學富。

丹·史坦巴克（Dan Steinbock），2002，《NOKIA！小國競爭者的策略轉折路》（李芳齡譯），臺北：商智。

丹尼爾·品克（Daniel H. Pink），2006，《未來在等待的人才》（查修

傑譯），臺北：大塊。

仇小屏、鐘玖英，2004，《靈活的語言——王希杰語言隨筆集》，臺北：
　　萬卷樓。

內藤誼人，2006，《套話高手——道高一尺魔高一丈的談話術》（郭豫
　　瑂譯），臺北：商周。

天舒、張濱，2007，《大師級的幽默》，臺北：創意年代。

毛連塭等著，2000，《創造力研究》，臺北：心理。

火星倫特攻隊，2006，《火星文基測》，臺北：華翰。

火星登陸小組，2006，《別 i 火星文》，臺北：華思。

火星喵喵、火星汪汪，2006，《火星文傳奇》，臺北：華思。

王璞，2000，《現代傳媒寫作教程》，香港：三聯。

王以仁，2005.06.12，《中國時報》，A15 版。

王利器，1982，《文心雕龍校證》，臺北：明文。

王志剛，2005，《贏在溝通》，臺北：達觀。

王志健，1994，《說唱藝術》，臺北：文史哲。

王其敏，1997，《視覺創意——思考與方法》，臺北：正中。

王海山主編，1998，《科學方法百科》，臺北：恩楷。

王偉忠，2007，《歡迎大家收看：王偉忠的※◎△…》，臺北：天下
　　遠見。

王國維，1981，《人間詞話》，臺南：大夏。

王溢嘉，2005，《褲襪‧天花與愛因斯坦創異啟示錄》，臺北：野鵝。

王溢嘉，2005，《褲襪‧天花與愛因斯坦創異啟示錄》，臺北：野鵝。

王樵一，2008，《網路雙雄——楊基寬、楊致遠》，臺北：超邁文化
　　國際。

王禮福，2005，〈師資培育政策轉變過程之研究——從「流浪教師現象」
　　談起〉，銘傳大學公共事務學系碩士論文（未出版）。

牛慶福，2003.06.27，《聯合報》，B1 版。

尼克‧摩根（Nick Morgan），2007，《你會說話嗎——展現個人魅力、
　　感染力與影響力的技術》（蔡櫻素譯），臺北：臉譜。

尼倫伯格、卡萊羅（Gerald I. Nierenberg、Henry H. Calero），2005，《姿勢會說話——身體語言解碼》（蔡慶蘭譯），臺北：遠流。

尼爾登・邦德（Rabbi Nilton Bonder），2007，《錢的教科書——怎麼賺？怎麼花？怎麼留住財富？》（晴天譯），臺北：大是。

田村仁（Tamura Zin），2006，《靠一行字賣翻天》（陳岳夫譯），臺北：方智。

石川弘義，1978，《體態言語術》（李泰臨、賴國徽譯），臺北：國際。

伊森雷索（Ethan M. Rasiel），2000，《專業主義——麥肯錫的成功之道》（黃家慧譯），臺北：麥格羅希爾。

休・伊威特（Hugh Hewitt），2007，《部落格——改變世界的資訊革命》（陳柏安譯），臺北：五南。

全雄烈（Jeon Woong Ryul），2007，《我25歲，年薪7百萬——網拍達人小美人魚的成功故事》（張琪惠譯），臺北：凱特。

多湖輝，1979，《深層語言學》（陳琴譯），臺北：國際。

安奈特・西蒙斯（Annette Simmons），2004，《說故事的力量——激勵、影響與說服的最佳工具》（陳智文譯），臺北：臉譜。

早川（S.I.Hayakawa），1994，《語言與人生》（鄧海珠譯），臺北：遠流。

老舍，1999，《寫與讀》，香港：三聯。

朱學恆，2007，《荒謬激出大創意》，臺北：方智。

朱學恆，2007，《荒謬激出大創意》，臺北：方智。

艾蓓德，1998，《成為說故事高手》（胡美華譯），臺北：財團法人基督教及中國主日學協會。

考情輔導室，2001，《師資班考試捷徑》，臺北：五南。

沈謙，1995，《修辭學——修訂版》，臺北：空大。

何永清，2000，《修辭漫談》，臺北：臺灣商務。

何南輝，2007，《連總統都喜歡聽的55個小故事》，臺北：知青頻道。

克里斯・安德森（Chris Anderson），2006，《長尾理論－打破80/20法則的新經濟學》（李明等譯），臺北：天下遠見。

克勞德・霍普金斯（Claude C. Hopkins），2008，《我的廣告人生——廣告巨人歷久彌新的行銷金律》（顧淑馨譯），臺北：圓神。

克萊恩（Allen Klein），2001，《天空不藍，仍可以歡笑——練習幽默》（劉育林譯），臺北：張老師。

呂興昌等，2006，《風格的光譜——十場臺灣當代文學的心靈饗宴》，臺南：國家臺灣文學館籌備處。

李木隆，2006.07.16，《聯合晚報》，4 版。

李幼君，2006.01.13，《臺灣日報》，5 版。

吉哥斯（Giggs），2007，《圖解網際網路》（李幸娟譯），臺北：世茂。

見尾三保子，2007，《教出孩子的好成績——讓孩子變成第一名的學習秘訣》（簡瑞宏譯），臺北：時報。

芮堡、凱羅（Gerard I . Nierenberg、Henry H . Calero），1987，《隱秘的語言》（張慧香譯），臺北：國際。

林敬，2000，《補教老師的教學錦囊》，臺北：稻田。

林龍，2006，《林龍帶路——寶島進鄉團》，臺北：文經社。

林克寰等，2006，《當如果遇上部落格》，臺北：網路與書。

林宏達，2007.09.20，《商業周刊》，1035 期。

林志成，2007.09.02，《中國時報》，4 版。

林政財編，2004，《口試（含試教、筆試）趨勢寶典》，臺北：志光。

林茂仁、邱馨儀，2008.01.14，經濟日報：臺北。

林清江，1995，〈多元與卓越〉，《師友月刊》，第 335 期：35～40。

林新發等，2007，〈我國中小學師資培育現況、政策與展望〉，《教育研究與發展期刊》，第 3 卷第 1 期：61。

林麗雪、高泉錫，2004.07.09，《民生報》，A4 版。

周寧，1992，《幽默與廣告》，臺北：商鼎。

周慶華，2004，《語文研究法》，臺北：洪葉。

周慶華，2007，《我沒有話要說——給成人看的童詩》，臺北：秀威。

周慶華，2008，《剪出一段旅程》，臺北：秀威。

竺家寧，2001，《語言風格與文學韻律》，臺北：五南。

官振萱，2006，《新世代工作地圖——不做天王，做地瓜》，臺北：時報。

青木仁志（Tsutawaru Gljutsu），2007，《傳達力——說別人想聽的，讓別人聽你的》（孫蓉萍譯），臺北：方智。

彼得古柏（Peter Guber），2007.11，《哈佛商業評論——全球繁體中文版》，16 期：82～92。

芭芭拉‧艾倫瑞克（Barbara Ehrenreich），2007，《M 型社會白領的新試煉》（林淑媛譯），臺北：時報。

芭芭拉‧明托（Barbara Minto），2007，《金字塔原理》（陳筱黠、羅若蘋譯），臺北：經濟新潮社。

阿黛莉亞‧C‧萊恩克（Adelia C.Linecker），2007，《我 12 歲，叫我老闆——從小開始有錢》（李金梅譯），臺北：理財。

亞倫‧皮斯（原名未詳）、芭芭拉‧皮斯（原名未詳），2007，《說話前，先想好要伸哪根手指——肢體語言終極天書》（吳俊宏譯），臺北：平安。

柯華葳，2005，《教師甄試首策——筆試、口試、試教教戰守則》，臺北：心理。

馬西屏，2007，《文字追趕跑跳碰——如何製作漂亮標題》，臺北：三民。

祝康偉，2008.03，《Cheers 快樂工作人》，90 號。

南美英，2007，《晨讀 10 分鐘》（孫鶴雲譯），臺北：天下。

派瑞‧馬歇爾、布萊安‧塔德（Perry Marshall、Bryan Todd），2007，《Google 關鍵字行銷》（曹嬿恆譯），臺北：麥格羅希爾。

紀家祥，2007，《行銷初體驗——行銷史上最簡單的 20 個行銷法則》，臺北：易富。

苗君平，2006.07.16，《聯合報》，C2 版。

徐中孟，2007，《文化大商機——中國文化創意藍海，21 世紀 12 新契機》，臺北：理財。

徐芹庭，1984，《修辭學發微》，臺北：中華。

徐海琳，2007.12，《動腦》，380 期。

島田洋七，2006，《佐賀阿嬤笑著活下去》（陳寶蓮譯），臺北：先覺。

班森・史密斯、東尼・魯迪吉里亞諾（Besnon Smith、Tony Rutigliano），
　　2004，《發現我的銷售天才》（曾清菁譯），臺北：商智。
郭光華，2004，《傳播學是什麼》，臺北：揚智。
郭奉元等著，2007，《說故事行銷效果大——成功行銷 120 招》，臺北：
　　三思堂
張至公，1997，《修辭概要》，臺北：書林。
張春榮，1991，《修辭散步》，臺北：東大。
張春榮，2001，《修辭新思維》，臺北：萬卷樓。
張春榮，1996，《修辭行旅》，臺北：東大。
張春興，1989，《心理學》，臺北：東華。
張春興，1999，《教育心理學》，臺北：東華。
張殿文，2005，《虎與狐——郭台銘的全球競爭策略》，臺北：天下遠見。
張德明，1994，《語言風格學》，高雄：麗文。
張慧美，2005，《廣告標語之語言風格研究》，高雄：復文。
張戌誼等著，2002，《三千億傳奇——郭台銘的鴻海帝國》，臺北：天下。
張戌誼等著，2005，《五千億傳奇——郭台銘的鴻海帝國》，臺北：天下。
張建鵬、胡足青，2005，《改變世界的一句話》，臺北：婦女與生活社。
陳正治，2003，《修辭學（增訂二版）》，臺北：五南。
陳亮諭，2006.07.22，《聯合晚報》，3 版。
陳美玉，2002，《教師個人知識管理與專業發展》，臺北：學富。
陳國司，2007，《行銷，不只是賣產品》，臺北：創見。
陳望道，1989，《修辭學發凡》，臺北：文史哲。
陳嘉英，2005，《感官的獨奏與越界》，臺北：萬卷樓。
陳燕模，2007.11.09，聯合晚報：泰山。
陸正鋒等，1979，《極短篇——第一集》，臺北：聯合報。
教育部，2006，《中華民國師資培育統計年報：九十四年版》，臺北：
　　教育部。
教育部，2007，《中華民國師資培育統計年報：九十五年版》，臺北：
　　教育部。

許晏銘，2006，〈個人數位出版時代──部落格〉，《全國新書資訊月刊》，4 月號：47～49。

馮國濤，2007，《幽默百分百－玩笑隨便開》，臺北：達觀。

莊華山，1998，《生命的吶喊──保險見證愛的真諦》，臺北：廣場。

梁瑞祥，2001，《網際網路與傳播理論》，臺北：揚智。

梅田望夫，2007，《網路巨變元年──你必須參與的大未來》（蔡昭儀譯），臺北：先覺。

傑若米・萊特（Jeremy Wright），2006，《部落格行銷－百萬顧客同步發聲，開啟雙向溝通的新消費時代》（洪慧芳譯），臺北：麥格羅希爾。

動腦編輯部，2007.01，《動腦》，369 期。

曾小歌，2007，《溝通成功術──升級你的人脈和影響力》，臺北：商周。

曾秀蓮等，2002，《教師甄試聖經》，臺中：領行。

黃大釗，2007，《敢說會說巧說》，臺北：宇河。

黃文鑠，2007，《網路拍賣煉金術──拍賣搶錢術》，臺北：博碩。

黃永武，2002，《字句鍛鍊法（增訂二版）》，臺北：洪範。

黃瑞祺，2001，《現代與後現代（二版）》，臺北：巨流。

黃慶萱，2004，《修辭學（增訂三版）》，臺北：三民。

黃麗貞，2004，《實用修辭學（增訂初版）》，臺北：國家。

黑幼龍，2004，《聰明擁有說服力──卡內基公眾表達關鍵技巧》，臺北：天下遠見。

黑幼龍、黑立言，2004，《人人需要銷售力──卡內基銷售談判九大法則》，臺北：天下遠見。

彭家發，1997，《認識大眾傳播》，臺北：臺灣書店。

程祥徽，1991，《語言風格初探》，臺北：書林。

朝倉千惠子，2007，《初見面一分鐘完全吸引客戶》（堂菓譯），臺北：方智。

喬許・高登（Josh Gordon），2006，《開口就讓你變心──打動人心的 14 種說服技巧》（袁世珮譯），臺北：麥格羅希爾。

喬安娜‧莎娜（Joanna Slan），1999，《趣味演說高手──運用幽默故事的演講》（高尚文譯），臺北：揚智。

喬愛玲‧狄米崔絲、馬克‧馬拉瑞（Jo-Ellan Dimitrius、Mark Mazzarella），2003，《魅力行銷──個人魅力公關小百科》（陳柏蒼譯），臺北：正中。

愷特，2007，《預測臺灣大未來》，臺北：知青頻道。

楊若麟，2007，《106 則顛覆人生的神奇小故事》，臺北：一言堂。

葉寬，1995，《創意賣保險》，臺北：印象。

葉怡均，2007，《我把相聲變小了──兒童相聲劇本集》，臺北：幼獅。

葉長庚，2006.05.13，《聯合報》，C2 版。

奧立佛‧薩克斯（Oliver Sacks），2004，《看見聲音》（韓文正譯），臺北：時報。

溝通達人工作室編，2007，《圖解卡內基人際溝通》，臺北：商周。

蓋瑞‧科瓦斯奇（Gary Kowalski），2006，《我的靈魂遇見動物》（劉佳豪譯），臺北：柿子。

蓋登氏編輯委員會編著，2007，《CEO 概念思考力》，臺北：蓋登氏管理顧問。

劉津，2003，《一生受用的財富》，臺北：讀品。

劉子操、郭頌平編，2003，《保險行銷學》，臺北：五南。

劉佩修，2007.09.20，《商業周刊》，1035 期：132～133。

劉春榮等，2004，《教師甄選百分百》，臺北：洪葉。

蔡宗陽，2001，《應用修辭學》，臺北：萬卷樓。

黎波諾（Edward de Bono），1989，《水平思考法》（余阿勳譯），臺北：水牛。

黎波諾（Edward de Bono），1998，《六雙行動鞋》（李宛蓉譯），臺北：長河。

廣岡勳，2008，《洋基王牌行銷》（李淑芳譯），臺北：時報。

蔣敬祖，2007，《Wii 為什麼會 Win》，臺北：意識文學。

潘蜜拉‧丹席格（Pamela N. Danziger），2007，《M 型社會新奢華行

銷學——征服消費者的 11 堂必修課》（馬志工譯），臺北：家庭
傳媒。

歐秀慧，2004，《語法與修辭——生活語言的修辭應用》，臺北：新文京。

歐瑞賢，2000，《教師甄試應試百寶箱》，臺北：聯經。

歐陽自珍、黃學誠合著，2007，《思考力決定孩子的競爭力》，臺北：
三采。

歐陽俊山，2004，《一定要感動你的小故事》，臺北：海鴿。

蕭世民，1992，《能言善辯 100 法》，臺北：漢欣。

賴慶雄，2006，《修辭練習大排檔》，臺北：螢火蟲。

賴聲川，2006，《賴聲川的創意學》，臺北：天下。

賴蘭香，2000，《傳媒中文寫作》，香港：中華。

彌賽亞，2006，《猶太人商學院》，臺北：易富。

戴晨志，1996，《你是幽默高手嗎》，臺北：時報。

戴晨志，2006，《幽默智慧王》，臺北：時報。

藍文娟編，2001，《卡奈基成功行銷 99 方略》，臺北：銳克。

藍凱誠，2006.07.17，《聯合報》，C2 版。

羅玲惠，1996，《保險人員的說話技巧》，臺北：漢湘。

羅柏特・歐森（Robert W. Olson），1994，《創造與人生》（呂勝瑛、
翁淑緣譯），臺北：遠流。

關紹箕，1993，《實用修辭學》，臺北：遠流。

饒見維，2005，《創造思考訓練——創造思考的心理策略與技巧》，臺
北：五南。

嚴長壽，2008，《我所看見的未來》，臺北：天下遠見。

顧景怡，2005，《選擇生命被看見——拍紀錄片的護士》，臺北：天下。

二、網路資料：

Pay Easy 陪妳 shopping 一輩子，http://www1.payeasy.com.tw/pay_event/bbp_12/cf_3/index.htm，2007.10.13。

104 人力銀行──新聞資料，http://www.104.com.tw/cfdocs/2000/pressroom/104news930930.htm，2007.10.06。

3Cbank 部落格，http://blog.3cbank.com/?p=1226，2007.10.13。

abooks 博客思出書服務網──編輯記事──出書是全民運動──窮山惡水的奇女子，http://tw.myblog.yahoo.com/abooks-abooks/article?mid=919&prev=941&next=917&l=f&fid=22，2008.07.16。

AVdio 摩庫影音基地──柯尼卡 konica 軟片廣告，http://avdio.blogspot.com/2007/06/konica.html，2008.04.05。

CNET 部落格，http://taiwan.cnet.com/cnetlife/blog/0,2000080833,20106869-1,00.htm，2007.10.13。

CNET 新聞專區，http://taiwan.cnet.com/news/software/0,2000064574,20109358,00.htm，2007.10.13。

ezPeer──家後，http://web.ezpeer.com/ftsearch.php?select4=ftlyrics&textfield2=%AEa%AB%E1&select1=0&pageID=3#，2008.07.16。

ezPeer──浪跡天涯，http://web.ezpeer.com/ftsearch.php?select4=ftsong&textfield2=%AE%F6%B8%F1%A4%D1%B2P&select1=0#，2008.07.18。

ezPeer──牽手，http://web.ezpeer.com/ftsearch.php?select4=ftsong&textfield2=%B2o%A4%E2&select1=0&pageID=2#，2008.07.16。

Google 廣告方案，http://www.google.com.tw/intl/zh-TW/ads/，2008.07.20。

HiNet 新聞網──兩岸──大陸首發團 760 人，http://times.hinet.net/times/article.do?newsid=1598024&option=mainland，2008.07.26。

MSN 搜尋關鍵字廣告刊登，http://market.msn.com.tw/ad/submitsite/，

2008.07.20。

Pchome 大補貼廣告，http://partner.pchome.com.tw/，2008.07.20。

Yahoo！奇摩知識+——你是我的眼歌詞改編，http://tw.knowledge.yahoo.
　　com/question/?qid=1607093008414，2008.04.05。

Yahoo！奇摩部落格——這裡收集及分享導遊領隊執照相關的資訊，
　　http://tw.myblog.yahoo.com/jw!Hb3_qYCZBRi2Rnhyvm84Mf4HvhI-
　　，2008.07.29。

Yahoo！奇摩關鍵字廣告，http://tw.emarketing.yahoo.com/ysm/contactus/
　　index.html?o=TW0149&cmp=TW0149，2008.07.20。

Yahoo 奇摩知識+——你是我的眼歌詞改編創作，http://tw.knowledge.
　　yahoo.com/question/question?qid=1008012611064，2008.04.05。

You Tube——藝能歌喉戰——余祥銓受難記，http://tw.youtube.com/
　　watch?v=A2UUW6tzLxg，2008.07.12。

You Tube——ebay 廣告唐先生，http://tw.youtube.com/watch?v=5wQx32
　　zyf0Y，2007.10.15。

You Tube——三菱汽車，http://www.youtube.com/results?search_query=
　　%E4%B8%89%E8%8F%B1%E6%B1%BD%E8%BB%8A，2007.10.10。

YouTube——放天燈，http://tw.youtube.com/watch?v=rL3zvCSibLo，2008.
　　04.05。

YouTube——白蘭氏－你肝膽相照的好朋友，http://tw.youtube.com/
　　watch?v =EVCcbXHA7y8，2008.04.05。

YouTube——百萬大歌星，http://tw.youtube.com/watch?v=C7IZKoxVth
　　Q，2008.07.12。

YouTube——百萬大歌星，http://tw.youtube.com/watch?v=ZqxjfNr1--E，
　　2008.07.12。

YouTube——味全廚易料理醬鍋鏟篇，http://www.youtube.com/watch?v=
　　MQZWI-T448s&eurl=http://blog.xuite.net/aidk.zpi/advertisement/146
　　30560，2008.04.05。

YouTube——前進篇 60 秒電視版，http://tw.youtube.com/watch?v=tYaZm

3seglQ，2008.04.05。

大紀元──新聞──臺灣新聞──臺灣準備接待大陸遊客首發團，
　　http://news.epochtimes.com/b5/8/7/4/n2178908.htm，2008.07.29。

中國大百科全書智慧藏──語言・文字──語言學──風格學，
　　http://www.wordpedia.com/search/Content.asp?url=/member/login.asp
　　&Query=&ID=50030，2008.08.03。

中華民國內政部全球資訊網，http://www.ris.gov.tw/ch4/static/st20-0.
　　html，2007.09.05。

中華民國統計資訊網──生命統計，http://www.stat.gov.tw/ct.asp?xItem=
　　15409&CtNode=3622，2007.09.05。

中華民國觀光導遊協會──導遊加油站──導遊接待作業及溝通技巧，
　　http://www.tourguide.org.tw/t_con1.asp?lain_con_id=3，2008.07.29。

中華汽車企業網站──公益活動人文關懷類，http://www.china-
　　motor.com.tw/commonweal/commonweal_01_1.html，2008.07.24。

天下雜誌──社會人文──人文反思──洋基投手王建民，http://www.
　　cw.com.tw/article/index.jsp?page=6&id=35024，2008.08.13。

天下雜誌──社會人文──人文反思──電視製作人王偉忠，http://
　　www.cw.com.tw/article/index.jsp?page=1&id=35015，2008.08.15。

天下雜誌教育基金會──希望閱讀──緣起，http://reading.cw.com.
　　tw/pages/public/origin/origin_index.jsp，2008.07.24。

北士視覺設計顧問──品牌故事──阿瘦皮鞋，http://www.pace.com.tw/
　　PAGE/talk/talk-main.htm#T1，2008.07.12。

可口可樂臺灣官方網站──關於 Coke，http://www.icoke.com.tw/iCoke/
　　about_coke.html，2007.08.15。

民視新聞網──最夯畢業歌「今年夏天」催淚，http://news.ftv.com.tw/，
　　2008.07.16。

全球華文行銷知識庫──市場情報分析，http://marketing.chinatimes.
　　com/ItemDetailPage/MainContent/05MediaContent.asp?MMMediaTy
　　pe=marketing_survey&MMContentNoID=16463，2007.10.13。

行政院主計處──答客問──政府統計──社會指標統計──國人教育
　　程度狀況如何，http://www.dgbas.gov.tw/ct.asp?xItem=11360&ct
　　Node=2389，2008.07.18。

行政院國家科學委員會──人文社會──知識經濟，http://www.nsc.gov.
　　tw/_newfiles/popular_science.asp?add_year=2004&popsc_aid=53　　，
　　2008.08.13。

法源法律網──師資培育法，http://db.lawbank.com.tw/FLAW/FLAWDA
　　T07.asp，2007.09.26。

修辭方式，http://www.chinese.ncue.edu.tw/rhetoric/figures.htm#28.1，
　　2007.10.10。

茶聯雅趣──茶詩的豐富形式之三──回文詩，http://www.anxiteaco.
　　com/clyq/csdffxs2.html，2007.10.10。

財團法人愛盲基金會部落格──活動訊息──「名人說故事」活動起
　　跑，http://tw.myblog.yahoo.com/cefbcefb/article?mid=187&prev=-1&
　　next=180，2008.07.24。

商業周刊──他，扭轉 1 億人命運，http://www.businessweekly.com.
　　tw/article.php?id=23847&p=2，2008.07.24。

國際合作知識網 Start Menu──專業知識──產業分析──SWOT 分析，
　　http://www.ipc.itri.org.tw/content/menu-sql.asp?pid=73，2008.08.16。

教育部－全球資訊網網站，http://www.edu.tw/index.htm，2007.08.26。

教育部電子報，http://epaper.edu.tw/e9617_epaper/home.aspx，2007.08.26。

策略管理，http://www.nsc.gov.tw/_newfiles/popular_science.asp?add_year
　　=2006&popsc_aid=26，2007.10.10。

超級星光大道──yam 天空部落，http://blog.yam.com/millionstar，
　　2008.07.12。

新臺灣新聞週刊──太魯閣水秀石美，http://www.newtaiwan.com.
　　tw/bulletinview.jsp?bulletinid=23663，2008.08.16。

楊宗緯參賽經典歌曲──音樂人──音樂介紹，http://tw.streetvoice.
　　com/music/user-song-list.asp?sd=409413，2007.08.12。

鉅亨網-新聞，http://news.cnyes.com/dspnewsS.asp?rno=7&fi=%5CNEWS
　　　BASE%5C20071005%5CWEB459&vi=32127&sdt=20070925&edt=2
　　　0071005&top=50&date=20071005&time=14:56:12&cls=index2_total
　　　news，2007.10.13。

電視廣告分析，http://tart.ntua.edu.tw/92game/92Tv/T04/index01.htm，
　　　2007.10.13。

圖象詩的「語言」意義－詹冰〈山路上的螞蟻〉，http://www.fgu.edu.tw/
　　　~wclrc/drafts/Taiwan/xie-hong-wen/xie-hong-wen_02.htm，2007.10.10。

維基百科——百萬大歌星，http://zh.wikipedia.org/w/index.php?title=%E
　　　7%99%BE%E8%90%AC%E5%A4%A7%E6%AD%8C%E6%98%9F
　　　&variant=zh-tw，2008.07.12。

維基百科——快樂星期天，http://zh.wikipedia.org/wiki/%E5%BF%AB%
　　　E6%A8%82%E6%98%9F%E6%9C%9F%E5%A4%A9#.E7.AC.AC.E
　　　4.B8.80.E4.BB.BB.E4.B8.BB.E6.8C.81.E4.BA.BA.E6.99.82.E6.9C.9F
　　　，2008.07.12。

維基百科——超級星光大道，http://zh.wikipedia.org/wiki/%E8%B6%85%
　　　E7%B4%9A%E6%98%9F%E5%85%89%E5%A4%A7%E9%81%93，
　　　2008.07.12。

維基百科——e Bay，http://zh.wikipedia.org/wiki/Ebay，2007.10.13。

臧聲遠部落格——就業診斷會客室，http://blog.career.com.tw/managing/
　　　Question_content.aspx?fm_id=33，2007.10.12。

臺中學儒文教機構師資班，http://www.public.com.tw/opsp/taichung-s/
　　　html/index.html，2007.10.05。

臺北市政府衛生局 SARS 專題網頁，http://sars.health.gov.tw/channel.
　　　asp?channelid=A2，2007.09.25。

臺灣民俗文化研究室——臺灣民俗——臺灣人的媽媽——媽祖，
　　　http://web.pu.edu.tw/~folktw/folklore/folklore_c11.htm，2008.07.29。

標點符號的用法——古今標點趣聞——有趣標點口訣歌，http://www.
　　　chiculture.net/0609/html/f02/0609f02.html，2008.07.24。

豐富的原住民文學，http://www.wretch.cc/blog/liautiamding/12810508，
　　2008.07.29。

魔鏡歌詞網──今年夏天，http://tw.mojim.com/tw043010.htm，2008.07.16。

魔鏡歌詞網──來去臺東，http://tw.mojim.com/tw06186.htm，2008.08.01。

魔鏡歌詞網──鹿港小鎮，http://tw.mojim.com/tw04681.htm，2008.08.01。

觀光導遊暨領隊人員國家考試總論，http://www.coopnet.com.tw/exam/
　　exam.htm，2008.07.26。

國家圖書館出版品預行編目

拒絕遊牧——流浪教師的修辭策略 / 廖惠珠著.
-- 一版.-- 臺北市：秀威資訊科技, 2008.12
　　面；　公分. -- (語言文學；AG0102 東大學術 8)
BOD 版
參考書目：面

ISBN 978-986-221-112-0 (平裝)

1.師資培育　　　2.修辭學

522.6　　　　　　　　　　　　　　　　97021091

語言文學類　AG0102

東大學術⑧

拒絕遊牧——流浪教師的修辭策略

作　　者 / 廖惠珠
發 行 人 / 宋政坤
執行編輯 / 賴敬暉
圖文排版 / 陳湘陵
封面設計 / 陳佩蓉
數位轉譯 / 徐真玉　沈裕閔
圖書銷售 / 林怡君
法律顧問 / 毛國樑　律師
出版印製 / 秀威資訊科技股份有限公司
　　　　　　台北市內湖區瑞光路 583 巷 25 號 1 樓
　　　　　　電話：02-2657-9211　　　　傳真：02-2657-9106
　　　　　　E-mail：service@showwe.com.tw
經 銷 商 / 紅螞蟻圖書有限公司
　　　　　　台北市內湖區舊宗路二段 121 巷 28、32 號 4 樓
　　　　　　電話：02-2795-3656　　　　傳真：02-2795-4100
　　　　　　http://www.e-redant.com

2008 年 12 月 BOD 一版
定價：370 元

讀 者 回 函 卡

感謝您購買本書，為提升服務品質，請填妥以下資料，將讀者回函卡直接寄回或傳真本公司，收到您的寶貴意見後，我們會收藏記錄及檢討，謝謝！如您需要了解本公司最新出版書目、購書優惠或企劃活動，歡迎您上網查詢或下載相關資料：http:// www.showwe.com.tw

您購買的書名：_____

出生日期：_____年_____月_____日

學歷：□高中 (含) 以下　　□大專　　□研究所 (含) 以上

職業：□製造業　□金融業　□資訊業　□軍警　□傳播業　□自由業
　　　□服務業　□公務員　□教職　　□學生　□家管　　□其它_____

購書地點：□網路書店　□實體書店　□書展　□郵購　□贈閱　□其他

您從何得知本書的消息？

　□網路書店　□實體書店　□網路搜尋　□電子報　□書訊　□雜誌

　□傳播媒體　□親友推薦　□網站推薦　□部落格　□其他_____

您對本書的評價：（請填代號　1.非常滿意　2.滿意　3.尚可　4.再改進）

　封面設計____　版面編排____　內容____　文／譯筆____　價格____

讀完書後您覺得：

　□很有收穫　□有收穫　□收穫不多　□沒收穫

對我們的建議：_____

_____

_____

_____

11466
台北市內湖區瑞光路 76 巷 65 號 1 樓

秀威資訊科技股份有限公司　　　收

BOD 數位出版事業部

....

（請沿線對折寄回，謝謝！）

姓　　名：_____　年齡：_____　性別：□女　□男

郵遞區號：□□□□□

地　　址：_____

聯絡電話：(日) _____　(夜) _____

E - m a i l：_____